解讀馬克思

姜新立・著

修訂版誌言

本書一九九七年十月出第一版，一九九九年十月出第二版。二〇一〇年三月出第三版之前曾作修訂，主要原因是前兩版內容字數多了點，著手減縮，以便讓讀者即使在旅途中也方便在舟車飛機中閱讀。

時間匆匆，第三版出版也快十年了，五南法政組劉靜芬副總編輯來電說準備出第四版，問我有無要修訂或增減，好讓本書有新面目。我欣然應允，並感謝劉副總編的美意及責任編輯林佳瑩的辛勞。五南圖書公司出版學術著作嚴謹，享譽兩岸及海內外，我作為本書作者能見到該書在五南出第四版自感欣慰。人生有限，學海無涯，基於學術知識是與時俱進的，尤其是研究對近現代社會科學及政治實踐影響最大的智識人物馬克思，我常反思自問我對馬克思及其馬克思主義在視域上理解的廣度，在探尋上掘挖的深度到底有多少？知識不僅在求深，而且在求真，如果有人問我：你對馬克思的研究「解讀」到何種地步？除了讓高明的讀者評價外，我的回答是蘇格拉底說的那句話：「就我所知，我（對馬克思）一無所知。」二十一世紀已經走過了五分之一，我的人生也步入暮年，基於知識的積累與反思，在本書出第四版的時候，我想對它再做一次內容上的修訂，以求對馬克思作較為全面的解讀，這樣才對得住讀者朋友以及自己的知識良心。

本書第四版主要修訂的部分在第八章和第九章。第八章增加論「科西的馬克思主義」一節，第九章改為「馬克思主義的未來」。

再次感謝五南公司的出版厚意，謝謝兩岸及海內外讀者朋友們對我的批評和指教。最後，謹以此書獻給啟蒙我進入「馬克思學」的胡秋原、鄭學稼、林一新三位先生。

姜新立

二〇一九年六月於台灣新北市新店安康小城山居

新版序言

時間過得真快，這本書二版出版也轉眼十年了，而我也由中山大學與政大東亞研究所博士班退休與停教，轉到佛光大學度過六個年頭了。人生苦短，知識無涯，除了認真授課，在知識追求與研究上未敢停歇。在我的有形知識生涯中，佛大應是我最後一站，下車之前，我完成《大轉變——後共產主義與後社會主義之研究》一書，現在還想寫一本論全球化的書，以及再修訂一次《解讀馬克思》，以便對我用力甚勤的「馬克思學」做一知識總結。

今年暑假我在國外探親度假，次子天仁在密西根首府蘭欣攻讀法學博士，而我也就近可到密西根州立大學圖書館利用豐富藏書及美好的校園環境對此書做一章章修訂，但是因為佛光大學有教職在身，也不能久留美國，因此修訂過程又有一半的時間是在佛光大學雲起樓四〇九研究室和圖書館度過的，我感謝上天在我晚年還給我知識反思機會。密西根州立大學校區遼闊，校舍古色古香；佛光大學座落在台灣東北角雪山餘脈半山腰，校園如人間仙境，這都給我許多知識靈感，觸動觀念，也讓本書的再修訂工作有較大的助益。

這次修訂乃基於二版字數份量太多，五南主編對我說是否可刪減些篇幅，以利新版印刷發行，我當然接受建議，是故修訂版我要將原政大東亞所博士班我所指定的幾位學生的讀書報告忍痛挪走。至於〈資本論導讀〉雖是我上林一新教授的筆記，但為紀念這位傑出的「資本論」講座，還是把它保留下來，讓這篇「導讀」保持它應有的學術地位。此外，我全書大翻修，幾乎是重寫，以便使新版

《解讀馬克思》更能呈現我的知識原味與趣向。也感謝五南圖書出版公司重新排版以新面目問世。再次謝謝海內外知識朋友的指教與鼓勵。

姜新立
二〇〇九年十二月於
佛光大學政治學系
台灣・宜蘭・礁溪

出版序言

我回國之後，雖然在中山大學中山學術研究所任教，但仍然回到政治大學東亞研究所給博士班開授「共黨理論專題研究」，因為東亞所曾培育我，應作知識回饋。

政大東亞研究所以研究共黨理論與中共歷史而聞名國內外，早年由著名學者鄭學稼教授擔任「共黨理論專題」講座，這門課程一直保持著它的知識傳統特色：廣博、深入、嚴謹與客觀。直到我接下這支知識之棒，依然如此。

這門課程所涉「共黨理論」，包括馬克思主義理論、馬列主義理論，乃至新馬克思主義理論及後共產主義理論等，在知識領域上橫跨哲學、政治學、社會學及經濟學等，它屬東亞研究所博士班的必修課，也是為該所博士研究生們進行最後一次理論知識重建工作，因此實在有必要出版一本理論知識較深的書籍，以便同學們參考研讀。然而，由於我幾乎每週須奔波於台北、高雄之間，雖然早已寫出授課講義，但在系統和內容上都屬初稿，許多地方都有待增訂與加強，因此遲遲不願出版，只在課堂上作為講義參考。

由於知識的快速進步，不進則退，在大量閱讀學術新著的基礎上，我的這門授課講義每年都在新增，同時指定同學們針對有關經典型著作撰寫讀書報告。這些著作全是英文本，同學們研讀之認真，撰寫之辛苦，令人感動，經過這樣一年的知識重建，清楚地看到同學們在理論知識上有脫胎換骨之勢，令人欣慰。

今年春天，我想以半編半著方式出一本「共黨理論專題」參考書，同時為國內理論知識界留下雪泥鴻爪。於是我將此意告訴我的博士生溫洽溢同學，他說構想甚佳，且有必要盡速出版，並主動表示願意參與整編工作。於是我將這幾年來這門課的講義及最優秀的讀書報告檢選出來交給洽溢整編，書名定為《分析馬克思——馬克思主義理論典範的反思》，並委請五南圖書公司出版。

總之，這本書是講義與讀書報告的合成物，也是我與東亞研究所一批青年準博士們在木柵指南山麓教學與討論的共同知識成果。本書的一切榮譽應讓我的博士生同學們先予分享；本書可能的錯誤則由我先來承擔。最後，感謝行政院大陸委員會的出版補助，以及五南圖書公司的慷慨出版。

姜新立　一九九七年九月二十日
於政大東亞研究所

目次

第一章　馬克思與馬克思主義理論典範

馬克思（Karl Marx，一八一八—一八八三）是現代共產主義的第一個奠基人，他的理論一般稱為馬克思主義（Marxism）。從嚴謹的知識立場論，我們不願將馬克思主義等同於共產主義。由二十世紀人類政治發展史看，隨著東歐共黨的瓦解和前共產蘇聯的崩潰，俄式共產主義實際上已如福山（F. Fukuyama）所說的已經走入「歷史的終結」，但此不表示馬克思主義已告終結，只要人類社會有剝削，有不公不義，只要人類社會是個不完美的社會，馬克思主義在知識上就有存在的潛勢與意義。

馬克思主義與共產主義最大的不同在於前者針對現代世界，尤其是資本主義體系進行知識上的分析和道德上無情的批判，而後者則是經由無產階級社會革命為人類建立一個所謂無階級的社會。然列寧（V.I. Lenin）所建立的現代第一個柏拉圖式的「理想國」已經崩潰，其在未崩潰之前，歷經史達林（J.Stalin）建構，在「一國社會主義」下將蘇聯整建成超級紅色「理想國」，但此「理想國」，連史達林的女兒都拒絕居住。後來蘇聯在赫魯曉夫（N. Khurshchev）努力下發展成為無階級的「全民國」，但仍避免不了最終的崩潰。

對於人類之未來，馬克思的共產主義具有理想國色彩，但共產主義在蘇聯的經驗顯然不符合馬克思主義的根本要求——一個充分實現個人自由的、沒有剝削的、公平而正義的社會。顯然，一個公平而正義的社會為人類所欲求，則進入「後資本主義」與「後共產主義」時代及「後馬克思主義」

的人類，在二十一世紀已經到來後，更應對馬克思及其馬克思主義作深刻反省與思辨，爬梳其理論思維，研究其理論意義，反省其人格價值，既對二十世紀人類之歷史命運具有檢證意義，亦對二十一世紀之人類世界提供觀測圖像。

平實而論，卡爾．馬克思，是人類二十世紀以來最具影響力的人物，馬克思的思想及理論對人類的影響不僅是在政治或社會運動上，同時也在知識與思想領域中發生重大影響。

馬克思生時，生活困頓，後半生在流亡與貧困中渡過，死時恩格斯（F. Engels）在其葬禮上致弔辭，稱馬克思的知識成就一如達爾文發現物種進化律，馬克思發現了人類歷史社會變遷規律。不論恩格斯如何稱頌，但在場參加馬克思喪禮者只有九人，可以想見馬克思死時的落寞。

然而，馬克思死後，一個多世紀來，卻成為家喻戶曉的人物。在政治上，世界上有三分之一的人口生活在所謂「馬克思主義」作為理論指導的政治體系中，而非馬克思主義的國家中，其政權領導人由政治面教導其所屬人民去反對「馬克思主義」。從政治上去堅持馬克思主義或反對馬克思主義，無可厚非，因為雙方都是把馬克思主義當作一種「政治意識形態」，此涉及政治權力與價值信仰，必須做出價值取向。如果從知識上來對待馬克思主義，便不涉贊成與反對，而是要去理解它。一個多世紀以來，馬克思及其思想因為政治理由，遭誤解太深了，只有在知識上能還馬克思以原貌。馬克思在知識上的影響力，誠如麥克里蘭（D. McLellan）所言，甚至超出其在政治上的影響力，其影響的知識面涵蓋整個人文與社會科學。馬克思作為人類近代思想巨人當之無愧。對於像馬克思這樣的大思想家，像「馬克思主義」這樣的大理論，與其盲目的歌頌，或無謂的批評，不如要像大哲斯賓諾莎所說：「不要哭，不要笑，要理解」。

作為一個思想家，不只要有天分，更重要的是用功。馬克思十八歲進入波昂大學攻讀法律，後來又進入柏林大學攻讀哲學，最後向耶那大學提出博士論文，時年二十四歲，當時「青年黑格爾派」中有人稱馬克思是盧梭（Rousseau）、伏爾泰（Voltaere）、霍爾巴赫（Holbach）、海涅（Heine）、黑格爾（Hegel）等人的熔鑄物，此即指馬氏為天才型人物。但他用心於知識學問，窮年累月埋首於大英博物館及其書房中，最後留下五十大卷全集，不能不說他是個追求知識十分辛勤的人物。昔日朱執信曾說過：「求學應如馬克思，做人應學尼采」，就是對馬克思追求知識的肯定。

馬克思主義早年由黑格爾派變成費爾巴哈信徒，轉入唯物主義，到巴黎後受法國社會主義思想影響，成為社會主義者，因恩格斯的啟發，研究政治經濟學，由唯物史觀、剩餘價值研究資本主義及其制度，終將社會主義變成有力的學說，根本否定西方現存社會、制度與文化。在社會主義運動史上，馬克思應是影響最大的一個人。不論他的思想與理論正確與否，其博學深思，堅強人格，絕不庸俗，反對勢力，是無可否認的。可以對馬克思主義提出強烈批判，但不可對此思想巨人毫無敬意。馬克思主義是一個由理論到實踐的「世界觀」和知識系統。如由理論而言，馬克思主義是一個與科學合作的知識系統，一個綜合了哲學、史學、經濟學、社會學、人類學、政治學為一體的知識系統。誠如胡秋原所說，馬克思主義的各部分分析開來，理論價值縱不甚高，但合起來，其平均分數實非一般系統個別所易與。如果要批判馬克思主義，也須在哲學、史學、經濟學、社會學等領域有所創見，如果以為馬克思主義可以一種學問或幾句話就可打倒或否定，就是「不用心」。

馬克思的思想與理論是德國古典哲學、法國社會主義和英國古典政治經濟學的融合體。但在思想發展和理論建造上可分成幾個不同的時期和階段。在思想發展上研究者將馬克思思想分為青年馬克思思想、中年馬克思思想、老年馬克思思想。所謂青年馬克思思想表現在他一八四四年以前的著作中，包括他的博士論文及其後來被發現並出版的《經濟學哲學手稿》（*Economic and Philosophic*

Manuscripts of 1844）。青年馬克思思想本身就經歷了五個轉折點，此即觀念論—浪漫主義—黑格爾主義—自由理性主義—反黑格爾主義。研究青年馬克思思想，不能忽略康德、黑格爾、青年黑格爾派，以及費爾巴哈（L. Feuerbach）對馬克思的思想影響。中年馬克思思想指一八四五年到一八四九年，有濃烈的唯物論思想，但也有明顯的意志論色彩，此時他是一個完全的、急進的科學社會主義者，此時期的思想主要表現在《德意志意識形態》、《費爾巴哈論綱》、《共產黨宣言》中。一八五〇年以後直到一八八三年馬克思辭世止，可以看作老年馬克思時期，此時以經驗論為主軸，並夾雜著實證主義、實在論、歷史主義與民主主義。晚期馬克思最著名的著作是他的《資本論》，但後來被發現的《歷史學筆記》、《人類學筆記》也甚為重要。

不論怎麼區分馬克思的思想發展，此中意見甚多，看法各異，西方學者大都將馬克思分成二個，即「青年馬克思」和「老年馬克思」，如塔克（R. Tucker）、阿圖舍（L. Althusser）、戈德奈（A. W. Gouldner）、胡克（S. Hook）皆然，然已故的中國學者鄭學稼力排眾議，提出三個馬克思的說法，即青年、中年與老年馬克思。最近西方也有提出第三個馬克思的說法，如克拉德（L. Krader）、戴蒙（S. Diamond）便是，此即文化人類學的馬克思。然而不論有幾個馬克思，其中有一個思想主軸線相貫穿著，此即人本主義（Humanism），亦即站在「人是目的」的尺度，對人的本質及人間狀況和人類命運做無限關懷是馬克思思想的基礎。也唯有由此，才能了解馬克思眼裡的政治壓迫與經濟剝削所指為何。

由馬克思思想到理論的研究，其中爭論頗多，主要是作為思想家的馬克思難以被理解的原因甚多，其中一個知識原因是馬克思的著作絕大部分在其身後陸續被發現、出版，而且馬克思本人既沒有留下也不想留下「確定的原理」，以使後世人們在領會或理解上沒有差誤。而且馬克思的著作係針對十九世紀的世界說話，閱讀他的全集，似乎沒有多少東西是為一切時代而寫作的。何況他的著作絕大部分用艱澀的德文寫作，而其手稿又潦草不堪，許多經典著作在解讀上無形增加相對難度，凡此種種都是研究馬克思的困難所在。

馬克思的著作多達五十卷，除非有足夠的時間，否則不易讀完。對於專門研究馬克思思想與理論的學者而言，最好能讀完《馬克思恩格斯全集》，否則，至少需精讀經典著作，這是研究馬克思的必要條件。至於介紹和研究馬克思及其思想理論的學術性著作，不包括政治宣傳品，其何止千百，簡直是汗牛充棟，此處也就暫且不提。

古典馬克思主義經典性著作，至少包括如下種類，在此提出來以供讀者參考：

《黑格爾法哲學批判》（一八四三）
《論猶太人問題》（一八四三）
《經濟學哲學手稿》（一八四四）
《神聖家族》（一八四五）（與恩格斯合著）
《費爾巴哈論綱》（一八四五）
《德意志意識形態》（一八四六）（與恩格斯合著）
《哲學的貧困》（一八四七）
《共產黨宣言》（一八四八）（與恩格斯合著）
《法蘭西階級鬥爭》（一八五〇）
《政治經濟學批判手稿》（一八五七～一八五八）
《資本論》（一八六七）

《哥達綱領批判》（一八七五）
《反杜林論》（一八七五）（恩格斯著）
《家族、私有財產與國家之起源》（一八八四）（恩格斯著）
《費爾巴哈與德國古典哲學的終結》（一八八八）（恩格斯著）

對於馬克思的思想遺產——古典馬克思主義，在二十世紀即將結束的前夕，從研究學問乃至反省人類世界命運角度看來，已到了可以清算的時候了。遠在一九二〇年代奧地利學派龐巴維克（**Bohm-Bawerk**）寫出《馬克思主義體系的終結》來對馬克思主義作出理論清算，在時間上稍微早了些，不如現在清算來得合適。然而我們的「清算」不是「批判」，而是一種知識的深度反省與理論解構。

所謂「馬克思的馬克思主義」既不同於「馬克思列寧主義」（**Marxism-Leninism**），也不等於「恩格斯的馬克思主義」，它在概念內包和外延上意涵如後：馬克思本人的思想觀念；被不同的馬克思派聯繫著自己的時代、自身的問題與自身的目的，而加以解說或詮釋的馬克思思想觀念，或稱為被加了顏色的馬克思主義；係一種社會運動，一種政治反對派的教義，一種依循馬克思的思想觀念而行事的政治權力意識形態；一種有關當代人間狀態的哲學；一種當代最重要的社會理論；一種實踐哲學；一個有關資本主義的邏輯或科學。

如果用這種概念去詮釋馬克思主義，則「馬克思主義」的影響是全世界性的，雖然有部分國家採用「馬克思主義」之名，尤其是用它的政治和經濟理論去形塑自身的政治形制和社會型態，但從更普遍意義上說，馬克思主義與人類二十世紀關係密不可分。當然，對馬克思主義的理解，由於每個人有不同的學術分工、民族文化、政黨利益、個人認知等差異，有人把馬克思主義視為是民主的；有人當作極權的；有人當成科學的；有人看作人道的；有人當成實證的；有人視為經濟主義的；有人當成自發論式的，不一而足。其實如果去除宗派立場，經由知識層面去詮釋馬克思主義，戈德奈認為有兩種馬克思主義，其一是「批判的馬克思主義」，其二是「科學的馬克思主義」。也有人說，如塔克，馬克思主義可區分為原初馬克思主義與成熟馬克思主義。阿圖舍認為有兩個完全不同的馬克思主義，而且兩者中間存在著認識論的斷裂：其一是成熟的科學的馬克思主義，另一是哲學的人本主義的馬克思主義。阿圖舍還給它們另外名稱，其一是意識形態人本主義的馬克思主義或哲學的人本主義，其二是科學結構主義的馬克思主義或理論上的反人本主義。阿圖舍認為一八四〇年到一八四四年屬於馬克思的早年期，此時馬克思思想並非受黑格爾的問題思考所宰制，而是受康德、費希特的問題思考所影響。因為馬克思此時研究人作為自由與理性的個體存有，並批判普魯士專制體制的非理性主義。此中只有在一八四二年後，馬克思逐漸離開倫理的觀念論，趨向於摻有費爾巴哈思想的自然人本主義。只有到一八四四年，馬克思才成為黑格爾左派。到了一八四五年，由《德意志意識形態》、《費爾巴哈論綱》，阿圖舍發現此時馬克思思想開始與其前一時期思想本身產生認識論的斷裂，去除哲學人類學，開始產生歷史唯物主義。一八四五年至一八五七年是馬克思思想理論轉型發展期，阿圖舍舉《共產黨宣言》、《哲學的貧困》、《價值價格與利潤》等為證指出馬克思思想已趨成熟，但仔細觀之仍夾雜早期意識形態名詞，一種準黑格爾式語言可在《政治經濟學批判手稿》（*The Grundrisse*），甚至《資本論》的前幾章中找到。整個馬克思思想的發展，是一場永不停止的理論革命。依阿圖舍的說法，此場「革命」並不存在著一種由觀念論到唯物論的轉變，也不是一場由形上學到辯證法的轉變，而是一場「認識論的革命」，亦即是一場由意識形態到科學的轉變。如此說來，所謂兩種馬克思主義應指哲學的共產主義與科學的社會主義而言。這樣的對待與區分馬克思主義基本上和將馬克思對待與區分為「青年馬克思」與「老年馬克思」是相呼應的。

所謂「批判的馬克思主義」主要指青年馬克思思想。它是一種人本主義，亦即一種透過歷史而實現「全人」的一種哲學。此一概念在《巴黎手稿》中明確地被馬克思所界定，成為馬克思哲學人本主義一個整合部分，而所謂手稿中有關「人的異化」問題可以視為馬克思主義心理學的大綱。因此，批判的馬克思主義是青年馬克思哲學人本主義的又一名詞。馬克思的哲學人本主義不是把社會變遷當成一定客觀條件成熟下的產物，亦即不把社會發展當成一種非以人的意志為轉移的內在規律所操持，而是當作是人類意志貫徹下的產物。馬克思的《費爾巴哈論綱》第十一條所謂「哲學家的任務不在於去解釋世界，重要的是去改變世界」最能說明批判的馬克思主義的精義所在。即馬克思是呼籲人類要以行動或革命實踐去改變社會並創造未來的。此處要特別注意「實踐」這個字，它是指人類基於自由意志所做的一種選取性行動，人類經過「實踐」可以獲得解放自己。基於此，可視馬克思主義是一種「實踐哲學」，它對人生及社會採取哲學批判態度。這種批判的馬克思主義因為主觀主義色彩濃厚，可以看作是一種「唯意志論」，也可稱為「政治的馬克思主義」。

所謂「科學的馬克思主義」，則指老年馬克思思想，它視人類社會變遷有一定的內在規律，社會科學是生產力與生產關係矛盾的結果。所謂資本主義，馬克思在《資本論》中的分析，它是人類社會演化的一個階段，此一階段在客觀條件中已命定為一個更高級的社會。所謂社會主義的產生條件，馬克思採取的是一種經驗性的科學分析，客觀主義色彩濃，而且極端重視下層建築社會經濟結構的變動，以及革命客觀條件的成熟，被人當作「決定論」看待，也可稱作「經濟的馬克思主義」。

阿圖舍所謂的因認識論的斷裂而出現兩種馬克思主義的說法，只能從認識論上加以把握與理解，也就是方法論問題，此與本體論無涉。一八四五年是個分界線，在此之前馬克思繼承並批判著黑格爾，尤其是青年馬克思的「異化論」，在此之後，超越黑格爾，不談哲學批判，而採政治經濟學經驗分析與科學批評。前述「批判的馬克思主義」之所以是主觀主義的，因為它是在黑格爾的「精神現象學」模式下所形構的有關資本主義中的人的現象學。它把理念當作人之自我理念，把財產都當成人的主觀現象，把客觀世界當作是人在生產活動中的自我對象化，把工人當作是自我異化者，把勞動分工當作奴隸式的非自由勞動，甚至異化勞動，把世界史的過程當作是人由喪失自我到發現自我並贖回自我的過程。科學的馬克思主義之所以是客觀主義的，因為它把資本主義當作政治經濟研究對象，它把著眼點放在社會，而非自我。所謂「資本」，它不是一種個體力量，而是一種社會力量，從對整個資本主義體系作經驗分析，以說明資本主義因內在矛盾之不可克服而必然崩潰之因果關係。

「批判的馬克思主義」與「科學的馬克思主義」只是認識論上的差異或對立，如由本體論上觀之，則只有一個馬克思主義，所謂「批判的」與「科學的」，所謂「自由」與「必然」，所謂「意志」與「決定」（被制約），都是馬克思思想中的深層結構因子，它們只是一個原本單一的、本然的、無基本對立的馬克思主義內在成分。為此，弗羅姆（E. Fromm）認為根本沒有必要將馬克思一分為二。他認為「批判的馬克思主義」與「科學的馬克思主義」只是「青年馬克思」與「老年馬克思」思想特徵在理論上的表現，其實二者具有內在關聯性。亦即馬克思思想有本質一貫性。如果說馬克思主義中的「主觀主義」與「客觀主義」有何對立性緊張狀態可言，則此緊張狀態也不是馬克思主義本身所獨有，而是西方思想理論深層結構中的一部分，對馬克思而言，他既未創造此一緊張狀態，也無意特別用心加以解除。馬克思所能做的，只是加以轉換與超越，使其兩者的互通，前後一貫。例如馬克思早期在《巴黎手稿》中所謂的人的自我異化、勞動異化視為異化的人際間之內在衝突一事，在《資本論》中已轉化成所謂勞動與資本的社會衝突，甚至已將「異化的類自我」轉化成

「階級分化社會」。有了這種「異化的自我關係」轉化成「異化的社會關係」，才能把勞動者與資本家間的異化關係看作「勞動」與「資本」之間的社會關係，基於此才能理解馬克思所說的資本不是一種個體力而是一種社會力。

既然批判的馬克思主義與科學馬克思主義在馬克思的思想深處可以統一，又何須強分為兩種馬克思主義呢？這須由孔恩（T. Kuhn）的典範論來看待它們。可以把「批判的馬克思主義」與「科學的馬克思主義」當成馬克思主義中的兩個典範。此即，馬克思過世後仍然存在著批判的馬克思主義與科學的馬克思主義兩大流派。乃是不同的人們或集團在不同的社會歷史條件下對馬克思主義理論的掌握與運用。以「批判的馬克思主義」而言，作為一個理論典範，其科學共同體中的成員至少包括下列人士：G . Lukacs, K . Korsch, A. Gramsci, J.-P. Sartre, L. Goldmann, S. Avineri, M. Horkheimer, T.W. Adorno, F. Neumann, F. Jameson, A. Schaff, L. Lowenthal, E. Fromm, W. Benjamin, H. Marcuse, A. Wellmer, A. Schmidt, J. Habermas，以及《標的》（*Telos*）雜誌成員。所謂「科學的馬克思主義」作為一個理論典範，其科學共同體中包括：G. Della Volpe, L. Althusser, N. Poulantzas, A. Glucksmann, R. Blockburn, D. Little，以及《新左派評論》（*New Left Review*）成員。

如果把馬克思主義分成兩個理論典範，則就不能不承認馬克思的思想理論在一八四五年曾經與黑格爾哲學作了認識論上的決裂，自此，馬克思主義成為科學，而非哲學批判，它所挾持的是結構主義的方法論，而其典範基礎是成熟的「資本」政治經濟學，而非一八四四年手稿中的「意識形態化的」哲學人類學。「科學的馬克思主義」尋求堅實的社會結構；而此結構係客觀存在物，即使在非文理脈絡之下亦可察知。「批判的馬克思主義」強調歷史主義、社會流動與變遷，係對事態作文理爬梳後的機能性解釋。「科學的馬克思主義」在認知型態上視對象有固定場域，不同的客體須以不同的範疇加以指謂，而其範疇化的標準在於強調一種清晰無曖昧的一個對象及一個範疇的置位。「批判的馬克思主義」不認為對象有硬邊，不強調「上層建築」與「下層建築」間須加以明確區分，而強調須以「整體」對待之，在「整體」內的對象其場域不具明晰性。一般而論，「科學的馬克思主義」將社會文化世界中的對象與事物分成兩個基本結構，而「批判的馬克思主義」反對這種區分，「社會世界」是一「整體」，如果機械地加以分割成二個層級或結構是一種庸俗化和過分簡單化。「科學的馬克思主義」把社會世界發展路向看作難以以「單純意志」可加以改變或使之偏斜，亦即它視「社會世界」是強加在人們身上的客體，而不是一種流體媒介可供人們任意加以干涉或操作。「科學的馬克思主義」聯繫科學與技術，此科學與技術就是「生產力」，它們是現代世界的基本特徵與「現代化」的效果聯繫在一起。「批判的馬克思主義」聯繫著人文主義文化。如此看來，兩者的基本區別可以兩者對西方文化的「大傳統」之關係而加以辨識。不論是「批判的馬克思主義」還是「科學的馬克思主義」都是歐洲文明大傳統的傳承者。「批判的馬克思主義」傾向於歐洲大傳統中人文哲學面向，亦即人文主義文化，而「科學的馬克思主義」傾向於歐洲大傳統中的近現代科學與技術，亦即器物工具主義文化。

有了不同的理論與典範，則在政治上兩種馬克思主義的政治路線和價值取向也迥然有異。其中，「科學的馬克思主義」強調工具判準，投身於組織工作，注重政治實然，講求戰略與戰術；而「批判的馬克思主義」投身於一組政治價值的實踐，可為一個概念，一個意識，甚至一個革命的精神或目的而獻身，注重政治應然。「批判的馬克思主義」視革命之未來須基於意識明晰、內在勇氣與真正投入；「科學的馬克思主義」視革命之未來不在於革命者英雄主義之賜予，而在於歷史之自身及其社會的客觀矛盾，以及對這些矛盾所作科學的評估，並須揭露此矛盾所顯現出來的政治危機。「批判的馬克思主義」其使命在於確保革命目標與固持革命鬥志；「科學的馬克思主義」其任務在於確保組織工具及其功能之選擇。一個尚未取得政治權力的職業革命家容易成為一個批判的馬克思主義者；一旦取得政治權力後這個職業革命家又會轉過來變成一個科學的馬克思主義者。「批判的馬克思主義」視人為社會結構的創造者；「科學的馬克思主義」視人為社會結構的產物。總之，「科學的馬克思主義」是對人性做了客觀而嚴肅的研析之積澱，它不依賴人而是依賴社會結構以解決歷史問題：「批判的馬克思主義」不依賴具體化的歷史，不依賴社會結構，不依賴自然，而是本諸於人的意志與意識，以克服自然，創造歷史，構築經濟。但由於「批判的馬克思主義」在政治經驗上常經歷史挫折與革命低潮，故在感情結構上多少帶有悲觀主義色彩，至於「科學的馬克思主義」接受社會發展客觀原則，尤其是馬克思的資本主義必然崩潰說，此帶給科學的馬克思主義者以希望和未來，故在感情結構上較具樂觀主義色彩。「科學的馬克思主義」由於忽視政治因素，難免陷入政治空想主義；「批判的馬克思主義」由於忽視經濟因素的重要性，不自覺陷入經濟空想主義。如此說來，兩種馬克思主義多有缺點與不足，也多有優點與長處，而且前者之優點正好是後者之缺失；後者之優點正好又是前者之缺失，兩者互補長短，本為一體兩面。如此看來，馬克思實在是一個矛盾式的觀念論上的唯物主義者。

第二章　馬克思的哲學觀

馬克思知識論

瑞斯尼克（S. Resnick）與吳爾夫（R. D. Wolff）在〈馬克思主義知識論：經濟決定論的批判〉一文中指出，馬克思主義理論傳統面對的兩難困境：馬克思主義與經濟決定論之間的理論關係。馬克思主義理論傳統中的用語和概念，諸如下層—上層結構，生產力和生產關係，客觀和主觀的社會條件，歸根究底的決定因素和道德物質誘因等，由馬克思和恩格斯著作引借的概念或重新賦予概念新的意涵，用以證明馬克思主義是一種經濟決定論，亦即社會整體中的經濟面向決定社會體系中非經濟領域的運行。因此，馬克思主義者不僅需要持續地回應非馬克思主義者對馬克思主義中經濟決定論的批判，同時也必須與拒絕經濟決定論指控的馬克思主義者進行對話。

就知識論而言，不管馬克思主義陣營中如何去面對經濟決定論的指控並與之爭論，都無法解決馬克思主義經濟決定論的困境。失敗的原因，就在於馬克思主義者的辯護忽略馬克思主義特有的方法論和知識論論述。換句話說，之所以無法解決馬克思主義中存在經濟決定論的困境，主要的原因在於馬克思主義的方法論是不同於非馬克思主義的理論傳統；而彰顯馬克思主義本身特有的方法論、知識論是解決經濟決定論困境的主要利器。

非馬克思主義傳統知識論之共同的、傳統的立論基點，在於假設兩種不同生活領域的存在：對「實在」探討的目標在於掌握實在的真理，亦即區分真實的本質和虛假的表象。古典的、官方的馬克思主義認為，馬克思理論的主要貢獻在於發現本質的真理，即社會體系的經濟面向決定了非經濟、特別是政治和文化領域的存在。所以古典的、官方的馬克思主義者因而致力於論述在既定的制度機制中，這種經濟決定過程是如何發生進行的，並與其他關於社會實在的錯誤論述進行理論鬥爭。

然而，一些少數的馬克思主義者或非馬克思主義者認為，古典的、官方的馬克思主義者的觀點是一種獨斷的、機械式的化約論。我們可以發現在盧卡奇（G. Lukacs）、柯西（K. Korsch）、葛蘭西（A. Gramsci）、法蘭克福學派、馬庫色、沙特或克羅采等人的著作中，共同的主要理論基調就在於拒絕將馬克思理論等同於經濟決定論。儘管如此，這些人的理論立場並非是完全一致的。其中有人站在人道主義的立場，宣稱歷史進程的本質是「人」，或者人的存在先於一切，或者人道計畫等等。其他人則致力於凸顯社會實在的非經濟面向對歷史進程的形塑力量，實際影響了社會實在的經濟層面，以解消馬克思主義社會理論的經濟決定論色彩。

雖然馬克思主義理論傳統出現百家爭鳴的現象，但是並未能給經濟決定論致命的一擊。例如：恩格斯為了闡明馬克思的論點，站在折衷立場聲稱經濟因素決定非經濟層面起了最終的、歸根究底的作用。然而，恩格斯的折衷論點基本上給予爭辯雙方各自爭論社會實在真理的理論空間；同時，也給予雙方結盟對抗非馬克思主義的機會，因為雙方都忠於以下的觀點，社會作為一整體，經濟因素起了最終或歸根究底的決定性作用。

馬克思主義的政治團體為了政治策略的需要，也必須審慎思考社會實在中非經濟因素對社會主義革命的積極效用。基於策略性的考慮，社會的非經濟因素諸如工人階級的政治和階級意識、民族主義的權力、性、種族、宗教信仰、議會的作用以及軍事集團等等，在理論上具有首要地位，其重要性甚至超越經濟因素。因此，在政治運動、社會運動的進行過程中，恩格斯的折衷解釋再度成為忠於馬克思主義理論的合法性依據。

不管是理論性的爭議或是政治實踐的需要，恩格斯的調和觀點基本上無能力徹底解決馬克思主義的理論困境。因為雙方只是重新思考經濟因素和非經濟因素間關係的問題，所關切的只是哪一個面向決定另一個面向。換句話說，不管是彰顯經濟因素或非經濟因素的作用，兩者無非都是一種「決定論」的論述模式。

所有參與經濟決定論的爭論者，無不援引以下的兩種證明模式來陳述各自的論點：第一種觀點是經驗主義的證明模式。論者提出許多的「事實」證明自己的論點，宣稱從經驗的事實可以證明他們理論的真實性。就經驗主義者來看，歷史並不構成理論的問題，而是證明理論效度的普遍性工具；第二種觀點是一種理性主義的方法論。理性主義的運作模式主要是從一基本前提出發，即馬克思已經發現社會實在的真理，馬克思已經掌握了實在的本質。因此對他們而言，對社會實在本質的爭論，便簡化為對馬克思理論的正確檢證和理論建構的爭論。

所有參與經濟決定論的爭論者，其論點無非是建立在經驗主義和理性主義方法論的基礎上，藉以反駁將馬克思理論等同於經濟決定論。更重要的是，大部分的學者在其文章脈絡中經常以經驗主義和理性主義兩種模式的論述來強化證明自己的觀點。之所以如此，是因為基於經驗主義的論述，往往會轉化成理性主義的論述，反之亦然。

論者經常批評理性主義的唯物論，謂其為了確證馬克思的理論是關於社會實在的真理，最後經常訴諸經驗主義所謂的經驗性證明，以顯示馬克思理論的效度。另一方面，學者則批判經驗主義論述的方法論立足點。經驗主義要如何才能證明他們所謂的「事實」是關於馬克思「理論」效度的獨立判準，因為不管是「事實」或「理論」，無非都是人類心智活動的產物。為了回答上述的問題，經驗主義的馬克思主義者往往乞靈於理性主義的觀點，宣稱他們所建構的兩個獨立領域觀點，即關於理論與事實間關係的理論，是真實世界的本質或真理。然而，像經驗主義者的主張，亦即「事實是獨立於理論，這樣的陳述是可以被經驗檢證」的循環論證，像這種理論本身已經預設了需要進一步受到經驗檢證的經驗主義，業已經解消了它自身的理論效度約定。

參與經濟決定論爭論的馬克思主義者，例如理性主義者是通過對馬克思理論的邏輯，即對社會總體性的真理之探討予以嚴格的概念化，而傾向於非經濟決定論的立場。另外一方面，經驗主義者則論證社會實在非經濟因素，如政治的或文化的決定作用，並加以檢證。

一般而言，其實我們不難從馬克思、列寧著作的字裡行間發覺經驗主義或理性主義的論述，以作為證明馬克思主義是否為經濟決定論的理論依據。我們可以從多年來參與爭論的各種理論歸納出四種類型，而這四種理論類型或多或少已經為馬克思主義的理論傳統增添知識新意。

理性主義者認為，資本主義社會的本質即為馬克思理論中所揭露之經濟領域的決定性角色。所以對理性主義者而言，「生產方式」或「商品形式」便成為資本主義社會實在的本質，而他們的理論工作主要則在於審慎地確證、推演馬克思在《資本論》中挖掘資本主義社會本質的論述邏輯。相反地，對於某些經驗主義者而言，這類決定社會生活的經濟本質則應該從真實的資料中去尋找。結果，歷史便成為馬克思主義者認為經濟是起歸根究底作用的真實資料。

此外，我們必須將上述兩種經濟決定論研究途徑小心翼翼地與非經濟的本質主義，特別是人道主義區隔開來；儘管經濟主義和人道主義之間彼此相互攻詰，但是兩者卻站在相同的方法論立足點上。

理性主義之經驗主義傾向者與理性主義之人道主義者一樣，兩者皆透過對黑格爾的「精神現象學」（人道主義者）和「邏輯學」（經濟決定論者）的理性主義式的解讀，而重新發現馬克思與黑格爾之間複雜的思想關聯性。但是據筆者研究，馬克思與黑格爾二人皆拒斥經驗主義和理性主義的方法論，儘管馬克思與黑格爾二人各自從不同的方式、以不同的結論反駁經驗主義和理性主義論述的方法論觀點。

知識論問題同樣是非馬克思主義哲學傳統爭論的焦點，維根斯坦、孔恩、奎恩（W. O. Quine）以及費耶阿本（P. Feyerabend）等人都曾發表重要的著作，提出知識論上的觀點。因此，問題就在於：在馬克思主義傳統中，經驗主義和理性主義的普遍性特點為何？以及在經濟決定論問題的爭議中，經驗主義和理性主義的特殊性又為何？對此一問題的不同陳述即：與先前的哲學傳統相較，馬克思是否已達成一種包括「認識論的斷裂」在內的基本理論的斷裂？

學者們反對經驗主義與理性主義的知識論立場，部分原因是兩者所造成的理論性和政治性結果。經驗主義者立論的基點在於某些給定的事實，而忽略對經驗主義這類給定事實獲取的手段與對給定事實的確證。就筆者看來，經驗主義者往往夾帶著非馬克思主義傳統的概念，進入馬克思的理論架構中。例如，經驗主義者援用資產階級的「日常生活」這類以直接性的「經驗」反對理論之真理性的運作程序判準的概念，架接在馬克思主義的理論中。正如盧卡奇對「資產階級直接性」著名的批判，他認為無產階級革命的成功與否取決於無產階級是否能夠否定、打破烙印在無產階級意識上之「直接給定的日常生活」（即等同於經驗主義所謂的「事實」）。而這正是馬克思批判李嘉圖的理由所在：「當他（李嘉圖）分析商品的價值時，他總是曝露在所有現實情境的影響中……我們必須譴責李嘉圖將現象形式視為普遍法則之立即的、直接的證明或闡述，而不是去詮釋這類現象形式。」

馬克思主義政治實踐的錯誤與失敗，不須歸諸於經濟決定論的爭論未獲解決。事實上，馬克思主義政治實踐的折衷觀點，即在經濟因素具有首要性理論脈絡中承認非經濟面向的重要，其實是恩格斯折衷理論的摹本。不管是政治實踐的折衷派或恩格斯的調和理論，兩者皆是在經濟決定論和反經濟決定論中來回擺盪。這是因為上述雙方都企圖將經濟和非經濟因素之間的基本關係構建成普遍性的概念，以證明經濟因素是非經濟因素的本質，或者相反。這都是因為上述雙方未經批判便將資產階級的知識論概念連接在馬克思主義理論架構之上。

馬克思的知識論是建立在與黑格爾的理論對話之上，他反對客觀主義和主觀主義的知識觀。馬克思認為，其實不管是理論或是思想，本身無非都是社會形構的所有層面之一。茲分述如下：

第一，社會實在的理論層面只不過是社會實在的所有面向，包括：經濟、政治、文化等之一。理論是一種思維的過程，而這種思維過程的存在必須受到社會實在的、其他面向的制約和決定。其次，我們了解到這種思維過程其實包括了不同概念架構或科學或知識或理論，然而對我們而言，它們的功能都是相同的。思維過程的建構以及決定思維過程的建構是一種相當複雜的過程，思維過程是受到組成社會整體性的其他過程之影響和決定。社會總體性中的其他過程的建構與形成亦復如此。這種社會面向／過程的觀點絕對是一種非化約論論述，因為沒有任何一種過程可以被簡單解釋為受到社會其他面向的決定或是影響。

「矛盾」的概念可以用來説明構成社會總體性的每一面向、過程之間的差異、分殊和衝突。這種對矛盾的界定，其實已經預設一種多元決定；同樣地，從多元決定論的概念可以看出，社會總體性中不同面向過程的綜合影響。因此，要證明馬克思理論中任何一面向、過程的存在，必然涉及對該面向、過程矛盾本質的證明，因為矛盾本質正是人和社會面向、過程存在的必須前提。

第二，思維或理論應被理解為社會總體性，亦即被社會多元決定的一個側面。然而這類社會層面、過程運作後的特殊結果，則不能被理解為社會總體性的本質或關於社會總體性的真理。特殊的思想、概念和理論所反映的只不過是對由思想、概念和理論構成之社會總體性的一個面向。

第三，馬克思理論了解到，存在社會總體性中的每一多元決定理論，其理論結構已經包含了這種理論結構所能接受的證明程序。馬克思理論拒斥傳統的絕對真理觀，不認為存在著檢證理論效度的獨立判準。馬克思理論對絕對真理的拒斥，使馬克思理論有別於傳統經驗主義和理性主義的知識論。馬克思理論立基於多元決定論而主張真理的相對性。

第四，思維過程的多元矛盾使其表象與理論面向產生差異甚至對立，並且在每一理論中造成斷裂和矛盾。任何理論的誕生和發展都是一種特殊的社會總體性的產物。就像其他理論，馬克思理論一樣包含自身理論的矛盾。馬克思理論既與其他理論鬥爭，同時也必須與自身理論所具有的矛盾奮鬥。

由上述的理論特點可以得出結論，馬克思理論與其他理論最大的差異就在於馬克思理論的特殊知識論觀點：馬克思主義的辯證唯物論本身是由多元決定論的概念而獲得證明的。換句話說，多元決定論不在於經濟因素對非經濟社會面向的相對重要性；而是追究所有社會面向之間的結構關係，以及個別面向是受到其他所有面向制約等條件所構成的複雜社會總體性。因此，馬克思理論有其特殊的、獨特的基本概念，以及由此概念所建構的理論真理。例如：馬克思理論中的基礎——階級概念，本身即指涉在社會中抽取剩餘勞動的社會面向、一種社會的經濟過程。

馬克思理論彰顯多元決定論，矛盾、階級是構成社會總體性的基本要素，並且由此馬克思理論得出它關於真實總體性的特殊觀點。因此，馬克思理論的主要目標就在於推演出多元的和矛盾的階級結構以及社會總體性的動力。更重要的，正因為馬克思理論的階級觀是一種多元決定的階級概念，因此對馬克思理論而言，不可能得出階級是構成社會實在的最後決定因素或本質。「階級」作為建構社會實在所有的面向之一，在馬克思理論中成為進入社會分析領域的概念性功能。馬克思理論同時強調要正確地研究其他的社會面向——伴隨著政治、文化等面向產生的其他非階級非經濟面向之間如何互動，此構成馬克思主義中心之階級過程的多元決定形式。因此，馬克思理論是一種特殊的多元決定論知識觀，而不是經濟或非經濟的決定論。

總之，馬克思、恩格斯的知識論是黑格爾對傳統哲學知識論之批判的繼承，馬克思主義知識論的特點主要如下：

第一，馬克思、恩格斯認為，所有知識必須以「概念」即所謂的「範疇」為中介，換言之，決定知識性質的差異主要取決於不同的中介、概念架構或邏輯方法以構成不同知識、理論。因此，對馬克思而言，知識、理論的產生是因為概念的選擇、界定，以及外在環境的轉換特質開展的結果。所以每一理論或科學無非都是某一特殊概念對流變之外在環境的回應，並根據外在環境的流變而修正。而這類的過程涉及一種新概念的建構，拋棄不合時宜的舊概念，並建構系統性的概念結構。所以，馬克思的知識觀是一種「脈絡性」的知識觀，並不存在經驗主義所謂的純粹的「事實」，或理性主義之絕對「本質」的宣稱。

第二，馬克思企圖證明概念和概念架構既非固定不變的、絕對的，也不是實在的本質，而是被建構出來的。對馬克思而言，理論是社會和自然環境的產物，而社會和自然環境則是由許多理論所建構起來的。

第三，在黑格爾的影響下，馬克思接受黑格爾的觀點，認為知識或理論生產的過程，是一種特殊的辯證統一過程。

總而言之，馬克思理論的知識論，是對傳統哲學之理性主義和經驗主義知論批判與揚棄。

基於以上的論述，我們必須重新理解馬克思的理論，以解決馬克思主義者之間關於經濟決定論的爭議。基於對馬克思理論特有之知識論的理解，筆者認為馬克思理論具有以下的意涵：

第一，馬克思理論獨特之處在於它不能化約為知識論的立場，或者是社會之概念。因為每一種理論，包括馬克思理論在內，都是由一組相互建構、相互決定之概念所組合而成的，因此我們必須由各別之知識觀來區分理論之間的差異性。我們對知識論和社會，甚至是知識概念和社會總體性的關注，主要的目的在於區分馬克思理論和非馬克思理論。

第二，馬克思理論，都是由許多不同概念多元決定的。其他理論則是立基於本質主義的知識論立場，推論某些社會面向是其他社會面向的起源、原因、目的或主體。不管是經驗主義或理性主義，都是一種本質主義的知識觀，而馬克思理論基本上是反對本質主義的。

第三，馬克思理論是一種關於社會總體性的理論，馬克思理論以特殊的知識論觀點去建構它的社會總體性知識。馬克思理論的主要目標，在於闡明受社會其他非階級面向之多元決定的階級關係，以及這階級關係如何參與非階級面向之多元決定的過程。

第三章　馬克思的世界觀

馬克思有關人類狀態的哲學論述既受讚譽也遭貶抑。四個世代的西方經濟學家、哲學家、歷史學家、社會學家以及政治學家都對他非難，英國的哲學家艾克頓（**H. B. Acton**）在其批判性著作《時代的幻覺》（*The Illusion of the Epoch*）中，苛刻的判定馬克思理論簡單地為「一種哲學的混雜物」。在諸多相同的脈絡上，胡克教授一度辯稱，「嚴格地檢驗馬克思的理念將不可能，因為它們沒有嚴格地被形塑」。甚至非常贊同米勒斯（**C. Wright Mills**）哀悼馬克思理論是「充滿真實黑暗」（**full of genuine murk**）與「包括諸多曖昧的或不適當」。

著名學者非難馬克思雜亂與混淆的範圍延伸超過方法論層次。例如：阿宏（**Raymond Aron**）在其著作《工業社會的十八篇演講》（*Eighteen Lectures on Industrial Society*）、吳爾夫在其著作《馬克思主義：一個學說百年來的一生》（*Marxism: One Hundred Years in the Life of a Doctrine*），以及索羅金（**Pitirim Sorokin**）在其著作《現代社會學的理論》（*Contemporary Sociological Theories*），都抨擊馬克思理論概念含糊。經濟學家包伯（**M. M. Bober**）當他認為馬克思的著作「在表達與矛盾上含糊的、疏忽的」時，也發表相同的批評；歷史學家費登（**Karl Federn**）更有力的表達他的批判：「馬克思主義者的術語是含糊與難了解的」。簡言之，存在著一個廣泛的駁證與專家的意見，即馬克思理論致命的缺點在於不清晰與欠形塑。

有一些激進的不同批評意見，例如，馬克思的本體論（究屬於何種？）、認識論（是樸實的唯實論，拓荒的實用主義，或是何者？）、倫理學（甚性質與觀點為何？）、方法論性質（確定的或規範的？）、辯證法（是形而上學的或啟發式的？）、政治理論（是無政府主義的、民主主義的，或極權主義的？）。也有人將焦點範疇置於對馬克思的歷史唯物論——生產力、生產關係、上層建築之批評。

任何嚴肅詰問馬克思的思想，皆不免由於馬克思所處的知識理論立場對這些人而言得不到助益且感到困惑；另一方面，馬克思著作有關的原文也充滿概念的雜亂。在他的理論途徑，一個人可以辯解的去感覺到像是一個工人在建造聖經，混亂似乎無處不在。

英美學界的批評，說明一個世紀以來的詳察還是無法了解到最重要範疇的意義是什麼？以及它最基本的哲學議題觀點是什麼？然而，讓我們跳出這些批評直接地了解馬克思的思想，可能較適當。

在《德意志意識形態》（*The German Ideology*）發表之前，馬克思的思想仍然處在一個形塑的階段。寫於一八四四年至一八四五年馬克思二十六歲時之著名的《經濟學哲學手稿》成為最重要指導性文件。雖然這些著作對於進入馬克思發展中的思想提供了一層迷惑的見識，然而一些他曾經發表的評論皆在《手稿》的結論中，甚至在《德意志意識形態》及《共產黨宣言》中，我們仍然可以看到馬克思理論架構的邏輯。

一般都同意《政治經濟學批判．導言》（完成於一八五九年）是在馬克思的著作中展現給予我們馬克思概念架構最扼要及易懂的形式。依筆者看，在這個階段，馬克思的理論已經達到一種徹底的成熟。

馬克思的理論架構能被解析為如下幾個不可或缺的組成種類：生產力；生產關係；法律和政治的上層建築；意識形態；社會意識的形式。

此外，馬克思也將注意力放在上述數種基礎關係的研究：

> 生產關係或經濟結構相應於一定階段發展的生產力，除了前革命時期當它們束縛了這些力量之外。
>
> 社會意識的形式相應於生產關係或經濟結構，諸如法律和政治的上層建築與意識形態。
>
> 生產方式（對於馬克思而言即是生產力與生產關係的總和）決定著社會的、政治的以及生活的精神進程，換言之，即法律和政治的上層建築、意識形態與社會意識的形式。

基於經濟及簡單的目的，我們可將三種關係簡化為二種：

在「生產力」與在現象範圍的支架下而出現的生產關係，說明了馬克思全部的理論架構之間建構了一種複雜的關係。此種複雜的關係我們稱之為技術決定論。

「生產關係」或經濟結構的影響，在馬克思全部理論架構中構成第二種複雜的關係；也就是說，生產關係或經濟結構與上述被指示現象的一般範圍支架間的關係。這個第二種的關係是相當重要的關係，我們稱之為經濟決定論。

由此，馬克思告訴我們，社會歷史進程要從上述五種因素及二種基礎關係的基本掌握上來解決。

然而，筆者還是要指出：

馬克思「生產力」的基本概念是一個謎。首先，生產力似乎不可從「生產關係」中分離出來，例如倘若我們認為生產力就像一艘漁船，我們可以看到它不只是包含一種複雜的技術工具與技巧，也非常確定參與其中的人們，即舵手、船上服務生、全體船員、船長等之間需要去進行的關係。從這樣的組織關係中分離，則釣漁船全然即非一種真正的生產力，而只是一種工具與技巧的混亂連結，但是倘若生產力必須用這種方式包含生產關係，那麼馬克思對於它們是社會進化分離因素的中心思想顯然也站不住腳。

另一方面，這裡存在著與從制度的和意識形態的「上層建築」而來的生產力之潛在力量。因為此種生產力需要以法律去保障它們的運作，也因為它們需要思想去道德化它們的存在目的，它們似乎因此也終極地不可從法律和意識形態的上層建築中分離。總之，馬克思生產力概念在經過嚴格的理論分析下有問題存在。

什麼是「生產關係」的形式，其意義仍然存有更多的問題。它可能指涉技術關係的類型，如馬克思在《導言》中談及的「財產關係」的律法形式的建議、市場關係，或同時是幾種關係的總合，或什麼都沒有。倘若它代表第一種意義，則問題的重點在於技術產出。倘若它代表第二種意義，則是存在於「根本的」生產關係與法律的上層建築作用於下層之間的區別。倘若它代表第三種意義，以及代表幾種關係同時存在或僅僅是曖昧的，則沒有任何按原文的證據去表明它，那麼，馬克思的概念是不清楚的。總之，馬克思理論中最重要的「生產關係」領域在概念解析上模糊不清。只有這樣，才能了解艾克頓所謂的馬克思讓我們陷入「魔鬼的迷惑」中。

什麼是法律和政治的「上層建築」也是不清楚的。一方面，因為如此一種上層建築與生產關係在方式上的描述是重複的。就是說，財產關係經由上層建築和生產關係建構的經濟基礎並無不同而先被描述著。另一方面，制度的上層建築如此深地滲透進入生產力的運作，意即不可能去想像兩者的分離。因為，法律與政治上的上層建築在某些地方是同時包含生產力與生產關係的，因此馬克思的觀點認為它是一種明顯的社會因素似乎是一種理論上的缺憾。

「意識形態」或「意識形態的形式」之主張同樣是雜亂的。它能夠意指所有的理念，不僅僅非科學的和（或）虛假意識，這些理念全受到統治階級的喜愛。倘若第一個意念是馬克思的意圖，那麼在理解生產力的性質上就有一個明顯的困難。倘若是第二個狹義的意念，就得到一個生產力的過程如何沒有一些「非科學」理念的問題——例如，好與壞——隨附的、指導的，以及與人行動有關的動機。倘若意指第三個，那麼，就有一個統治階段「喜愛」的意識形態形式標準問題；例如，在什麼標準下「愛你的鄰居如同你本人」的戒律會被解釋為統治階級的理念？以及若最後的理念就是馬克思內心所想的，就有一個展示的困難在於統治階級喜愛的理念也有必要的謬誤與（或）非科學的。簡單扼要地說，馬克思的「意識形態」觀點，一如普拉米那茲（**J. C. Plamenatz**）的批評，格外地混淆。

什麼是「社會意識的形式」？毫無疑問地因為它被假定為「意識形態」的同義字。但是馬克思提議它與後者是有所差別（參見《德意志意識形態》），但他不曾解釋如何不同。

「技術決定論」有待釐清，因為在生產力與生產關係或經濟結構之間的一致性是不清楚的。倘若生產關係被解釋為得自人們在工作中純粹的技術關係，那麼就實際上有一個在這樣關係和生產力之間的一致，然而只有前者被包含在後者之中才有可能。但是倘若他意謂生產關係是另外的理念——意即，財產關係的理念——而相應於生產力，他可以自重複的危險岩石中逃脫而結束錯誤的危機漩渦，就像阿宏在其中的爭論，這裡可能正確地當土地是一大群土地所有者的個人財產、生產者共同勞動的集體財產或國家的財產時，它等同於農業生產力的技術組織。

最後，「經濟決定論」表示單一因果關係的缺點——就是說，生產關係或經濟結構決定著法律與政治的上層建築、意識形態，以及社會意識的形式。它違背辯證的論點是在於包含一個樸實的單一因果關係的關係網絡問題上；因為它否決所有人類自由與道德反應；因為它是與實際的歷史相互矛盾的；以及因為它是邏輯上荒誕預測的過失。總之，馬克思思想的複雜核心常被誤解為「經濟決定論」。

因經濟、技術決定論，而導引出阿圖舍馬克思主義的「理論上的反人文主義」。但塔克卻注意到馬克思的「人的一般理念」。卡明卡（Eugene Kamenka）反對阿圖舍的馬克思主義清除人的本性因素。

其實在馬克思的成熟著作中，人的主體性並未遭到理論擠壓，它實際上在馬克思晚年的《歷史學筆記》中還強調著。

馬克思思想結構的每種種類與關係的意圖已經有許多部分形成含混，以及它的基礎結構常被認為虛妄，但作為馬克思的研究者，筆者在此要指出，馬克思的著作需要系統地爬梳：一步步地重建它的種類架構、它的決定關係，以及在根本上，馬克思對「人的類本性」概念。

筆者嘗試從馬克思龐大的及難解的主體中去抽取一種清晰及完整的結構如後：

壹、人的本性

馬克思一般理論架構基礎即是關於「人的本性」問題，事實上，這也是在他的成熟著作中有關社會與歷史的本體論結構上予一種明確與有價值的觀點——人的本性——我們將以這個觀點來建構其世界觀結構的根本要素。

首先即是馬克思經由其「生產力」的特殊概念來意指人的本性的一個潛在因素，我們可以進一步地說「生產力」，對於馬克思而言它們必須包括發展的「勞動力」之能力，且它們必須有製造物質使用價值的確實能力。但是勞動力與物質使用價值宜應分別地設定，前者是人們自身的勞動能力，後者指因需要而由他們發展與使用的能力。生產力因此假定這樣的需要與能力，以及一種人的本性的觀念在這些方面是隱含在馬克思的理論中。他重複地告訴我們的僅只是這個。因此他說：「人使自身的、自然中沉睡著的潛力發揮出來」；以及「沒有需要，就沒有生產」。

簡言之，一種人的本性的觀念包括能力與需要經由他的「生產力」特殊概念而被置於馬克思的理論架構中。但是馬克思不僅假定這是人的本性的需要與能力，他同時也建構他的「人的本性」明確概念在其理論中。

在《資本論》中，馬克思規定了由於歷史因素之人的本性，反對邊沁的功利主義。根據馬克思對「人是勞動性的社會存在物」的建構，我們可顯示它在人的一般與歷史性質的理念是什麼。但是首先去闡明存在於「人的一般本性」與「在每個時代歷史地發生了變化的人的本性」之間的區別是最重要的。前者指涉人被表明的一般地與獨立於特別歷史形式外的特質，而後者指涉人被表明在一個確定的歷史背景下的相同特質。因此前者的指示物是一般的與不變的，然而後者的指示物則是特別的與變動的。

一、人的一般本性

當他談論到人是一個「種類」時，馬克思追隨傳統哲學的計策將人從動物中區別開來。在《德意志意識形態》中為人所知的一段，例如，他告訴我們人可以經由他們的「意識」、他們的「宗教」或「任何你所喜歡的事」的德行而從動物中區別開來。但是，他繼續這麼說，人只有當他開始去生產以延續他自己生存的生活資料時，才確實將他自己提高於動物之上：「一當人開始生產自己的生活資料時，人本身就開始把自己和動物區別開來……」因為對馬克思而言，不同類存在的人類行為即是人能單獨生產他的生活資訊，所依循的就是人所解釋能夠為他類存在的人的本性生產的特別能力。

在《資本論》關於勞動過程一段核心的討論中，馬克思清楚地界定這樣的特別功能。它是人的創造的智能。而且在這一段中，馬克思持續既有的做法將人從動物中區別開來：

「我們要考察的是專屬於人的勞動。蜘蛛的活動與織工的活動相似，蜜蜂建築蜂房的本領使人間的許多建築師感到慚愧。但是，最蹩腳的建築師從一開始就比最靈巧的蜜蜂高明的地方，是他在用蜂蠟建築蜂房以前，已經在自己的頭腦中把它建成了。勞動過程結束時得到的結果，在這種過程開始時就已經在勞動者的表象中存在著，即已經觀念地存在著。他不僅使自然物發生形式變化，同時他還在自然物中實現自己的目的。這個目的是他所知道的，是作為規律決定著他的活動方式和方法的，他必須使他的意志服從這個目的。」

在這個段落中最重要的是注意馬克思明確地反對存在於人與動物間區別的一種「行動主義」。對此他說實際行為的形式，蜘蛛與蜜蜂諸如一位建築師執行了複雜的「活動」與「建築」。但是，牠們的活動僅是實行了天賦的才能，然而人的活動卻是展現了「目的」或「計畫」的一種心理構造而喚起其「想像力」，以及了解命令投射的活動。

我們應該說，這個人的本性的特別質性對於馬克思而言是能夠使人珍奇地去「喚起他的想像力結構」與「真實的建造它」這種投射性意識的能力。在馬克思「喚起他的想像力結構」與「真實的建造它」區別人們能力的概念與整個西方在這裡將意識當作人的獨特特徵的哲學傳統是有幾分相似。「投射性意識」此種類區別的能力使得馬克思假定人能提供其獨特的人的生產手藝。它是同源於

「工具人」之字。不論它是被限制的、被剝奪的、曲解的，或另外被制定的，它仍然是特別能夠使人成為一種「製造工具的動物」，並以此改變世界。用他自己的語言，「工業的歷史」是它的生產，「是一本打開了的關於人的本性力量的書，是感性地擺在我們面前的人的心理學」。投射性意識的能力，簡言之，此種人的本性的要素馬克思無處不在稱之為人的「積極的自由」。基於此種原因他宣稱「自由是完全的人的要素」。人的自由對於他而言，是建構在經由他的「人的本性」的辯證事項而被規定的。

基此，馬克思對人的本性做進一步的發揮：

（一）此種特別的人的「投射性意識」對馬克思而言在創造藝術的活動中達到它「真人」的表現。對於在「寫作」上使他看見此種自然能力更自由與完整的展現在創造性與工具性的方面上。以這樣的創造性藝術去指謂人是自由的。由是所有人的投射性意識或「創造性意向」能夠求得「絕對的精巧」。對於馬克思而言，人是生產者，但最終，人是藝術家。

（二）馬克思的觀點絕不排除聚集的計畫或設計之可能性。此種聚集的投射性意識之作用能夠帶來「部落的社會，自然的的人類」存在，辯證的實踐在後日具體普遍的共產主義社會上。這些論述使馬克思肯定人能由「必然王國」走向「自然王國」、無階級差別的烏托邦。

（三）人的投射性意識假定的特別能力之認知，對於馬克思而言，人的狀況是一種「社會性的類存在」。

人的「種差」之主題，是屬於被我們稱為「投射性意識」的，而重複申說遍及於馬克思的著作中。在《資本論》中出現關於人類勞動的上述用法之前二十年，即在《經濟學哲學手稿》中討論過人與動物的本質有何不同：

「人的類特性恰恰就是自由的、有意識的活動……動物和牠的生命活動是直接同一的……人則使自己的生命活動本身變成自己的意志和意識的對象……有意識的生命活動把人與動物的生命活動直接區別開來……誠然，動物也生產。牠也為自己營造巢穴或住所，如蜜蜂、海狸、螞蟻等……而人再生產整個自然界……人不僅像在意識中那樣在精神上使自己二重化，而且能被動地、現實地使自己二重化，從而在他所創造的世界直觀自身」。

而且他在《資本論》與其他地方指出生產力是獨立自主的工作，此種特殊的心智能力的「具體化」。他說，「勞動是這種力存在於他之中的證明」；或在《政治經濟學批判》中：「自然界沒有製造出任何機器、機車、鐵路、電報、精紡機等等。……它們是人類的手創造出來的人類頭腦的器官；是物化的知識力量」。

「投射性意識」的實質的能力是，對馬克思而言，人的本性的根本特徵：長期隱藏在《手稿》到《資本論》中。

一旦我們知道馬克思關於人的本性的必要核心——其投射性意識的「類特性」——我們可以看見它如何清晰地固守他的立場，例如，他在社會生產中強調的「意識計畫」；他在對人類工作命令的憤怒與「愚蠢的瑣事勞役」的反對；他對資本主義體系「盲目地」支配人類生產活動上的敵視，他對理念與思想無法實踐的藐視等等。事實上，我們可在他非常多的字彙中產生意識的疑問，以及他無情的使用諸如「具獸性的」、「使疏遠的」、「怪物似的」、「不人道的」、「野蠻的」、「殘忍的」及「野獸的」名詞。

但是，馬克思解釋人的本性的特徵不僅是經由一個必要的能力去構成設計與真實的建造它，而且經由一個相應的、必要的需要來行之。此種「需要」充滿在從馬克思最早到最晚期著作中。

在《政治經濟學批判》中，如同在別處，馬克思抨擊庸俗的「生產工作」：

「……但是克服這種障礙本身，就是自由的實現」，「自我實現，主體的物化，也就是實在的自由——而這種自由見之於活動恰恰就是勞動——這些也是亞當斯密料想不到的」。

「斯密在下面這點上是對的」，馬克思繼續說：「在奴隸勞動、徭役勞動、僱傭勞動這樣一些勞動的歷史形式下，勞動始終是令人厭惡的事情，始終是外在的強制勞動，而與此相反，不勞動卻是『自由和幸福』。」馬克思進而指出，人在工作中不是因此被強迫性的，而是在創造的實踐中自由地實現他的主體，這種工作的「純粹的」形式是人需要作為人的：它是作為真人存在的「生命基本的需要」。

人的本性之「要素」對於馬克思而言，不僅是投射性意識的類區別能力，而且是人的同性質的需要以意識來實現。此種能力與需要的連結建構了馬克思「人的概念」的實體，並包容著他的世界觀基礎結構。

事實上，我們看到馬克思體系的根本動力，即隱藏在所有人的技術的、經濟的、法律的、政治的，以及意識形態的活動而生成的力量。如何使有生機的作用被限制，在馬克思的觀點，在社會歷史制約的支撐物之上將是大多數這個研究其餘部分的主題。但是雖然馬克思無疑地視人的本性經由如此物質制約下像強制地「被決定的」，甚至「被耗盡的」一樣，但這充其量是一個「理論上的反人道主義者」，他的人的本性觀點是清晰地優於「不人道」束縛。錯失這個，就會錯失對他整個世界觀的立場的理解。

總之，馬克思人的概念，諸如無論他在生產、在革命，以及在實踐的認識論的種種強調，存在於「人」對於他自身而言廢止他為了物質的追求而驅使停止成為「人」的前提。馬克思全部的理論建構依賴在此「人的本性」的前提。

總而言之，所有馬克思陳述有關「人的一般本性」，全部的輪廓是一種能力與需要的動力連鎖，而動力的根本泉源即是為了創造自我實現的能力與需要。一般而言，人的本性的需要強迫他去行動；而人的本性的能力是使他能夠去行動。這些強迫的需要及其實踐能力是最初的歷史表現，依次，是生產力的實行與類存在兩者。

二、歷史形塑過的人性

正如我們前述發現他對邊沁的評論，馬克思分析「人的本性」對規定處理此一因素不僅是「一般的」，而且是「在每個時代歷史地發生了變化的」。在其著作的許多地方，馬克思清楚地認為人的性質的歷史性是持續的與有價值的。在《資本論》中他定義人的本性為創造生產的獨特性能力，但他也說，「同時改變他自己的本性」。然後，在《哲學的貧困》中，他評論到：「整個歷史也無非是人類本性的不斷改變而已」。因為人的天生特性是被視為一種附加歷史修正的過程，馬克思在《資本論》第三卷中歸之於人有「第二本性」。

為了避免對馬克思人性論的誤解，筆者在此澄清馬克思的一種歷史性人的本性概念：他說的「人的本性」的「修正」、「改變」或「轉換」，不是藉由變更他的人的普遍本性而被表明。在早先的強調，「人的一般本性」繼續一樣，它所有的修正存在於它確定的特定項目。例如，對食物的普遍需要是不改變與超歷史的；但它對品質、範圍、滿意模式等確定的特定，則根據特別的社會歷史環境，某種意義上我們將會描述。

「人的一般本性」以及「在每個時代歷史地發生了變化的人的本性」是被表明在能力與需要的項目；根本的能力與根本的需要保持原狀，當然，能力與需要是在想像中去產生一種計畫與在現實中去實行它。

此種能力與需要的變更發生在最初經由生產力的影響過程中。生產力變更自然的能力與需要在於：它們要求的技巧；它們提供的物質產量；它們包含的人的關係；它們對自然環境的變更影響。「生產力」是被馬克思視為是歷史發展的原則。因此人的本性的能力與需要致使生產力變更發展在一種相對進步的方向中前進。

因為「生產力」是人他們自己的創造，其對人們的影響最終是人對自己的影響：因此人的本性的歷史性，其實也是人自我創造的結果。

現在讓我們更特別地思考馬克思視為是歷史地變化的人的本性的根本能力——投射性意識的能力。這裡我們掘出馬克思意識哲學的基本結構。

如同前述，此種歷史地變化的或任何其他能力的獲得對於馬克思而言最初經由生產力的影響，或更精確地說，根據生產力的發展。因此，馬克思說：「在現實中，意識的這個限制是與物質生產力的一定發展程度……相適應的」。也就是說意識的界限，延伸到它允許發展生產力的領域。投射性意識能力是歷史的變更，對於馬克思而言在於其功能性範圍，功能性範圍隨技術的升級而增長。這樣的歷史不是精神內容的項目，而是在下層建築中它自己基本能力與它允許的或「功能性範圍」的領域。

馬克思對人的本性能力之歷史限制基本敘述可以歸納為四個原則。同時，這些原則建構了可以被稱之為馬克思的哲學人類學的一般結構：

（一）人的本性的能力X，對所有歷史的社會成員是共有的；

（二）X是被限制在經過技術與經濟條件（潛在的被限制或妨礙物）影響下的一種特定「功能性範圍」之內；

（三）X是經過技術的與經濟條件影響（潛在的被釋放或準備就緒），從前者「功能性範圍」中被釋放的某種明確範圍；

（四）X現在由上述方面再投射出去，表現它自己在某些新的、明確的能力（諸如一定的歷史技巧，作為從純粹潛在的或能力的區別）。

（一）、（二）與（三）提到人的本性自己的範圍，當然，（四）是在此一範圍之外，說是一種明確的勞動力量才能，也就是說，部分的生產力。（一）項屬於「一般」人的本性的範圍，（二）與（三）則提供了馬克思人的本性能力歷史限制理念的本質邏輯。

然而，馬克思對人性的「歷史的限制」之說明，在於需要與能力並存的觀點上。

為何馬克思視人的需要為跟隨著生產力的發展而擴大其範圍？此種需要擴大他們的範圍，是根據生產體系成長的一定對象供給他們：「對象不是一般的對象，而是一定的對象，是必須用一定的而又是由生產本身所中介的方式……」。馬克思在這裡提出一個例子。一般而言，對於食物的需要，總是一種對於食物的需要；但是其明確目標範圍被放寬從非常簡單的「野蠻人」飲食，到現代歐洲人多方面的食品。也就是說，對於食物需要的歷史限制是，以需要—目標（need-object）的範圍方式，擴張生產力在他們的物質產物方面變得越來越豐饒的。此種意識在實質上即馬克思「生產說明了消費者的需要」，不僅在於對食物需要的例子方面，而且一樣在於適當的對所有其他的需要方面。換言之，人的需要與人的生產力二者互相處於辯證的關係中。需要刺激生產：「沒有需要，就沒有生產」。但是生產，依順序地確立在對它決定目標的需要、日益增多地更廣泛區域的方向、社會的科技歷史地進步。在這方面，當它自己有魄力的去變更之時，人的本性是「歷史變更的」。

對於馬克思而言，人只有獲得完全的人的地位後，才能對他的歷史性需要與他的工具化工作做出界定範圍。對於他而言，所有此種需要是變為物質地「被征服」，經由技術的成長而變為「被剝除」。

馬克思人的本性的全部概念，既存續在一種假設的實證論主體上，又存續在道德哲學上。馬克思著作的全部標準與道德的內容是立基於一種倫理前提，簡要地說就是：人應該物質地實現他自己。

貳、科技

生產力是分別經由人的本性的需要能力而被刺激與被實現。它們具體化或產量化為使用價值，對於馬克思而言，科技／生產力在這些方面是人的本性的對象化。

馬克思從未直接地定義「生產力」，而是使用許多名詞，諸如「生產條件」、「生產工具」，以及「生產資料」，這些使得很難去了解他是企圖以隱蔽的名詞簡潔明白地陳述正在談論的事實。

概括而論，所有馬克思在生產力的表述，以及用它隱蔽的意識解釋這個名詞，一個恰當的定義是：「生產力作為使用價值而存在」。

生產力的明顯候選人是：工具（從手工具到機器）、人的勞動力（從用手操作的到合乎科學的），以及自然資源（從煤礦床到魚類）。然而，在這裡需要一種更系統與詳細的解釋。

首先，前述的定義有力地排除所有人的本性、經濟、上層建築或從它參考範圍中的意識形態現象。這樣，一種自然的能力或需要（作為反對一種明確的生產能力）、一種所有權關係（作為反對一種科技的關係）、一種上層建築的法律（作為反對一種物質的法律）、一種意識形態的公式敘述（作為反對一種實踐科學的公式敘述）——沒有一個可以使它適當地被說成是「作為使用價值而存在」。因此，毫無資格作為一種「生產力」。

對於馬克思而言，生產力有兩個基本的類別：勞動力及生產資料。

第一個構成了生產的「主觀因素」與第二個構成了「客觀因素」。第二個應該被留心的是常常進一步被區分為自然的與人工的生產資料，而這些後者有時進一步被再分為生產的「一般條件」（運輸與通訊系統）與生產的「工具」（工具與機器）。但是，一般而言，生產資料是作為不屬於人類生產力的種類，然而勞動力是作為所有人類生產力的種類。在兩個情形中，正在談論的生產力多少作為商品使用價值的存在——無論它作為一種人類技巧，同時，還是一種自然資源、一種公共效用，或在其他方面的一種科技工具。

這些不同種類的生產力，主要的是勞動力。馬克思在《資本論》中定義勞動力為「人的身體即活的人體中存在的、每當人生產某種使用價值時就運用的體力和智力的總和」。關於勞動力的此種特性描述有許多重點應該被澄清：

勞動力的「可能性」是被區別從人的本性的「能力」。存在於這兩者間的不同是，可能性是從事一種特殊工作試驗的能力，然而能力則不是：前者僅是可能為了後者而先驗存在。

馬克思使用形容詞片語「精神的與物質的」，他想像精神的與物質的可能性為能力的不同類型。相反地，對於馬克思而言沒有純粹的物質勞動力能力，因為後者總是包含科技的、規則管理的活動，亦即，活動需要某種形式的精神仲裁。而且也沒有純粹的精神勞動力能力，因為後者必須限定在某些物質的行為上，倘若它們在物質的生產方面是可用的；換言之，勞動力的「精神的與物質的可能性」是知識（know-how）的形式，在任何被給予的情形中包含著精神與物質的內容兩者。

這樣的勞動力「知識」的形式內容是實踐科學的知識，這個原因經由馬克思以「財富的最可靠的形式」而提到。不像哲學、宗教、政治等等的觀點，實踐科學的觀點完全是作為使用價值而存在。事實上，這樣的科學對馬克思而言，就是在所有歷史的時期內生產力出類拔萃，特別是在資本主義時期。

人的勞動力有兩種不同的類型——非熟練的（unskilled）與熟練的（skilled）。非熟練的勞動力是「遠離任何特別的發展，存在於一個社會的每個平凡個別的有機體勞動力」。正確地說那一組可能性是包含如此不須特別科技的勞動力；另一方面，熟練的勞動力是「倍增地」非熟練的勞動力；也就是說，勞動力含有比社會標準更密集的工作可能性，「一種既定數量的、熟練的且是等於一種更大數量的簡單勞動。」

勞動力「生產任何種類的使用價值」，包括「作為生產商品或直接地生產、訓練、發展、維持或再生產勞動力自身的勞動力」。事實上，馬克思在這裡嚴謹地意謂，只要當他們是物質地需要去「生產」與「再生產」勞動力，那麼能生產的可能性也認為是有生產價值的。在這裡去完全地認識此種環繞馬克思有生產價值的勞動力概念之範圍是重要的。

對於勞動力存在的方式也是生產力在同樣方面的考慮，例如燃料與貯藏設備對於機械設置，它是生產力。但是，正如我們早先所提議的，此種對於勞動力存在的方式經歷了歷史的發展；或者，用其他方法敘述，它們所滿足勞動力的需要經歷了歷史的發展，亦即科技跟隨「一個國家的文化水平」而成長。

此即，因為生產力是從一個世代到下一個世代的文化累積：

一種科技種類的歷史陳列品進步，由之，其他種類也一樣的進步（此即馬克思所謂的「進步的幻想」）。

人「不是自由的去選擇他們的生產力」，而是由於他的生存而創發科技。

人必須或「不得不」保護他們的生產力「井然有序以使他們不能被剝奪所獲得的結果與喪失文化的果實」。

馬克思在《德意志意識形態》中指出，生產力從經濟形式上說，在它們被強迫性地建構所有人的生存與表現的物質基礎之內有明顯的關係：「個人怎樣表現自己的生活，他們自己就是怎樣。因此，他們是什麼樣的，這與他們的生產是一致的——既和他們生產什麼一致，又和他們怎麼生產一致」。

分析至此，已知馬克思視生產力等同於科技：

生產力是提高人類在動物之上；回答與形塑人的需要的目的；實現與擴展人的能力。

生產力設立起經濟的秩序；以及告示法律的、政治的上層建築和意識形態的內容。

生產力並建構了所有人類知識的基本的實體。

此外，生產力還能克服自然與社會生活的根本的限制；以及人為了生存與，最後用它解放人。亦即，生產力經常減少社會必要的勞工，以及因此從人的雙肩上解除了「亞當的詛咒」。

換句話說，生產力是積極的力量與人的歷史的最終決定者，冷酷地形成另一種創造，一種新的宇宙的秩序。

總而言之，「科技」即生產力，是馬克思眼裡的「上帝」。

參、經濟結構

「生產關係」作為一個整體，建構了經濟結構。經濟結構依順序地，馬克思稱之為所有歷史上的人的社會的「構造」（anatomy）、「實體」（essence）、「形式」（form）或「基礎」（base）。

雖然生產關係或經濟結構的這種種類似乎是所有馬克思分析概念上的關鍵，其精確的意義是一個世紀以來仍然無法解決的爭議問題。馬克思自己，與其世界觀的所有基本的思考，從未對此提供一個確切定義。而且很難從他的著作中去抽出一個，因為他的用法是太豐富而且省略。雖然有這些困難，然而，我們可以得到一種滿意的特性描述。

第一件事即必須做出清楚有關馬克思的「生產關係」或「經濟結構」，不是那種意義——與許多解釋相反——去提到技術關係連結不同人的與非人的生產力到三者互相關係。

另一方面，生產關係類似於財產關係，「財產關係」對於馬克思而言，當他在《政治經濟學批判．導言》與在別處，只是生產關係的「法律用語」。當然，它們是生產關係，因為它們意謂的所有權是生產力的所有權。如此就技術關係而論是暗地在生產力中的操作連結，生產關係是在這些生產力與他們的所有人間的財產連結。

生產關係是人對於生產力的關係以至他有權力去使用或剝削它與排斥其他人這麼做。因為生產關係不僅是包含那些擁有權力去使用或剝削生產力的社會成員，而且包含那些能夠被排斥的相同成員，他們最終地三個一組在結構上出現——與人對生產力經由其權力的邏輯去從他們之中排斥其他人有關係。如此，生產力的實際所有權必然包含了生產力的「異化」（alienation）關係。

使用生產力與排斥其他人如此做的權力是被區別於剝削生產力與排斥其他人如此做的權力。後者包含獲得不應得財源的權力或其他人無酬的勞動的利益，然而前者則不是。此種不應得的利益也許對於馬克思而言是採取強迫勞動的形式；或貨幣利息、租金或利潤的形式；或其他不被他分析的形式，諸如行政公共部門階級的薪水。另一方面，權力只是去使用生產力與排斥其他人如此做而不包含去保護不應得的利益的權力。生產關係允許所有者更加使用它們的生產力作為存在生存者，甚至這種使用能夠被保護而沒有同時容許剝削。簡言之，對於馬克思而言，在剝削與使用生產力的權力之間存在著差異，這些不同存在於壓迫者的權力與被壓迫之間，預期奴隸狀態，奴隸不是任何生產力的一個所有人，而是他自己被一個人所擁有。

一個社會的生產關係與它的分工相同，也就是說，在一個社會中什麼權力與生產力是一個社會的成員有效地擁有與其在社會分工的場所相同。

此種一致存在於一個社會的生產關係與分工之間，存在於其成員的所有權場所與職業場所之間，是重複的也潛隱的被馬克思所證實。因此，「分工」是存在於生產力與生產關係之間的剪刀差範圍，它促成技術關係。

「生產關係」比法律的或政治的關係更「真實」、「基礎」與「根本」。因為它們包含著權力（powers）與後者包含著只是權利（rights）。正如已經被假設的一樣，權力與權利可以規律一致，但它們時常沒有。因為權力總是負擔物質的實現，然而權利則不是，是故「生產關係」的權力在此種意義上對於馬克思而言比法律與政治關係的權利更「真實」、「基礎」或「根本」。

「生產關係」——像是人的本性、生產力，以及馬克思社會歷史學的本體論——是歷史地被想像建構的。這樣，雖然所有的「生產關係」經過連續時期經由普遍財產已經顯示輪廓而被描寫，但它們不同時期有不同時期的面貌。

馬克思對「生產關係」的概念已經建構起來了，我們可以認定這些關係在它們的整體之中就是「經濟結構」。

對於馬克思而言，經濟結構的根本與定界限原則是它的統治階級模式。正確地說生產方式在這裡包含——無論可耕的土地在農村的封建制度，還是工廠與機器在都市的資本主義體制生產關係實際的操作及其經濟結構。

> 經濟結構的統治階級模式是指從直接生產者身上榨取無酬剩餘勞動的獨特經濟形式，要在生產條件的所有者與直接生產者的直接關係……為整個社會結構，找出最深的秘密，找出隱藏的基礎。

當然，隨著特別的經濟結構與「運動法則」，馬克思描述了一種更加明確的圖景。例如，在其資本主義經濟結構的階級構造敘述中，他描述了一種複雜多樣由不同團體而組成在統治階級之內，諸如「大的擁有土地的財產」、「高度的財政」與「大型的工業」；以及工人階級，諸如農業的、工業的與服務業的勞工；與在這兩大階級之間（「無用的中產階級」），及在他們之下（「缺乏階級意識的無產階級」）的其他階級。因此，確定與明確的馬克思經濟結構階級構造的陳述可能是：階級是如此基本地經由公共生產關係的邏輯而產生。

有關經濟結構的「運動法則」，馬克思一八四五年後艱辛的學術工作其努力之核心即在此。也就是說，資本主義經濟結構法則的特殊項目是馬克思成熟分析的系統調查之單一的最廣闊地被處理的領域，主要的在後兩卷《資本論》與三本《剩餘價值論》中。此處筆者不擬進入這種厚重著述的細節中，筆者只說明這套原則的重要在理解馬克思經濟結構「運動法則」的意義為何——不論它是亞細亞的、古代的、封建的或資本主義的。

經濟結構的運動是發生在它之內的生產力的循環或交換——實質上，在統治階級與直接生產者之間，也就是說，生產者與統治階級交換某些或所有他們的勞動力，為了接受從後者而來被需要去保持他們生活的生存物質收入，這種交換的實際的生活必需品使正在談論「運動」連續的流動安全。例如，在資本主義經濟結構中，在資本家與無產階級之間有一種勞動力與工資不斷地交換，一種重複不停的循環或生產力換手的「運動」，而在系統中交換是必須與連續的——因此在這個連結上馬克思固執的、有機的組織體之意像——作為資本家去繼續成為資本家與無產階級去繼續成為生產者。

這種運動的「法則」，多少有點固定的數量與標準的模式，以及在統治階級與直接生產者之間重複的與遵從結構的交換，這樣那樣生產力範圍的規律性。但是對於馬克思而言最重要的是隨著剩餘勞動（或剩餘價值）經由前者從後者所發生有規律的抽取，在資本主義案例中就發生這些「運動法則」。隨著資本主義的特別經濟結構，簡言之，「運動法則」控制著生產關係的統治階級模式而構成了一個巨大的理論體系。但是對馬克思而言，這些經濟法則的根本內容總是繼續作為經由統治階級從直接生產者而來的剩餘勞動之規律抽取。

資本主義特別的「運動法則」，被馬克思視此種「法則」作為不同於這些在歷史上任何其他的經濟結構。只有隨著資本主義從事這些「運動法則」，交換價值的角色不再是作為其經濟的形成物，而是在使用價值之間有一種簡單的媒介（使用價值↓貨幣↓使用價值），但是作為使用價值成就的最後目的是被削減為一個工具（貨幣↓使用價值↓更多的貨幣）。就是說，在資本主義生產與循環的目的與目標是被翻轉的。一旦使用價值，或人的需要或慾望的服務，隨著貨幣只是作為在使用價值循環的一個中間人，現在貨幣與使用價值，或人的需要或慾望的服務就僅只是資本循環的中間人。換言之，對於馬克思而言資本主要需要的經濟法則，是社會生產與循環過程的系統的非人化。整個《資本論》，實際上，可以讀作在人與資本之間一種有關生死鬥爭的揭發。在那裡貨幣成長的資本「運動法則」殘酷地「吸乾人類的血」。

在總結上，正如隨著一種特別的經濟結構，馬克思描述了一種比只有統治階級與勞工更加明確的與複雜的階級結構圖景，他描述了一種比只有前者從後者「抽出無酬剩餘勞動」這樣一種經濟結構的「運動法則」，它「最內部的秘密」法則：「秘密」是系統地「被隱藏」在法律的與政治的上層建築、意識形態與正在談論的社會的社會意識形式之中。

如此看來，馬克思的「經濟結構」即「經濟階級」結構，簡述如下：

> 所有階級構成的經濟結構——一般來說，統治階級、生產的勞工階級，以及任何保持原狀的階級、除所有這些階級之外的次階級——只是經濟階級：就是說，每個只是一個「自在」（in itself）階級或次階級。不論任何是被組織或自我意識作為一個階級，即不論是任何的「自為」（for itself）階級，是一種上層建築「反映」到經濟狀態的問題：它不是一個經濟的問題。因此馬克思說：「經濟條件首先把大批的居民變成勞動者。資本的統治為這批人創造了同等的地位和共同的利害關係。所以，這批人對資本說來已經形成一個階級，但還不是自為的階級。在鬥爭……中，這批人聯合起來，形成

一個自為的階級（class for itself）。……而階級同階級的鬥爭就是政治鬥爭。」

經濟階級，正如我們已經指出的，不僅需要共同的生產關係去視作一個階級，而且需要——作為歷史地富有意義的——在共同的所有權利益之間如此被包含的「矛盾」。對於馬克思而言，這種基本的矛盾總是在統治階級的所有權利益與直接生產者的所有權利益之間：一種矛盾是暗中的在一個經濟結構的非常意圖之中，在生產關係的「統治階級模式」的非常意圖之中。

經濟結構的統治階級模式包含有，基本的矛盾存在於統治擁有者的利益與直接生產者被抽取的剩餘勞動（價值）的利益之間。對於馬克思而言階級經由他們的共同利益與某些其他經濟團體的共同利益的矛盾的邏輯而存在，但是對馬克思而言，「基本的」或「必要的」階級與階級矛盾包含了統治擁有者與直接生產者。

從經濟結構與它的「統治階級模式」的這種描述，我們能夠理解明顯地或者沒有階級對立的形式社會應是一個生產力的、共有的所有權共產主義社會，此一社會它有新的交換的「運動法則」。這裡，不僅是所有歷史的交換模式之剝削的局面被超越（沒有剩餘價值經由所有權獨占的邏輯中由一個階級從另一個階級中抽出）；而且交換本身呈現一種新特徵。交換不再是一種「施」為了「受」的問題，而是「施」根據一個人的能力與「受」根據一個人的需要，交換在共產主義的「理想國」中是以「各盡所能，各取所需」這樣有系統地進行著。

肆、國家

馬克思的「生產方式」中，在經濟結構之上豎立著國家或「法律的與政治的上層建築」（警察、軍隊、法院與官僚政治制度）。這種國家或上層建築是社會的「官方的階層」，它建立在一定的經濟結構之上。一般而言，馬克思堅持這種辯證式的上下層區別——政法的上層建築與經濟的下層基礎。闡明這種普遍的區別在經濟結構（E）與法律—政治的上層建築（S）之間是一組明確的構造：

S關係意謂是以正式的「權利」與「契約」的方式；然而E關係意謂是以實際的「權力」與「強制」的方式而存在。

S是「普遍的利益」的法理上的代表；然而E是特別的物質利益的事實上的組織。

S的形式是顯見的與制度的；然而E的形式是被隱蔽的與不被承認的。

何以經濟秩序被想像為「基礎」與國家是它的「上層建築」？為何馬克思想像前者作為主要的，以及後者作為次要的？

馬克思由辯證結構功能主義看此問題：

法律的與政治的上層建築出現在整個與部分只有根據已經存在固有的生產關係或經濟結構的物質利益之對立與適應中。因此，馬克思才說法律的與政治的上層建築是「社會經濟結構的官方的、現行的、有意識的表現」。在此處統治階級的物質利益——去維持它的其他剩餘勞動的徵用——是系統地對立生產階級的物質利益從而這種剩餘價值是被徵用。倘若，馬克思認為，沒有這樣固有的在經濟秩序物質利益的系統對立，作為在被反映的共產主義社會，那裡將沒有私人權力去抽取社會的生產力，那麼也將沒有法律的與政治的上層建築被需要去做公共部門管理；因此，馬克思才說在這樣的統治階級的生產力所有權取得存在之前沒有國家。因為上層建築必要的物質基礎——對立的生產關係是歷史地被建構，如尚未被建構，自無國家可言。只要作為法律的與政治的上層建築是這樣視其生存在經濟體系所有權的分配之上，國家就是衍生物。

只要存在於需要或生產或經濟結構的階級模式法則與需要有所改變，法律的與政治的上層建築法則也要隨之改變，否則便要發生衝突對立。例如，已制定的上層建築的市民權利會被暫停或忽視，倘若他們的動作代表著對統治階級生產力獨占的反抗，或對經濟基礎的「運動法則」之一種威脅，在這個意義上來說，經濟結構優位於法律的與政治的「上層建築」之上。

因為人不能靠法律的與政治的「上層建築」內容生活，然而他們能與靠生產或經濟結構關係的生產力內容生活，他們根據後者行動而不是前者，此即為何中世紀封建莊園經濟模式上建立的政教合一的上層建築能在中世紀人民生活起著主要作用。

國家是被馬克思認為作為保護統治階級經濟結構與其物質利益的、固有的對立之一種廣泛的多樣化方式而存在。我們能夠連結以下一組的敘述來解析「國家」的形形色色之描述與旁白：

它確認了某些或所有存在的生產關係（權力）與作為法律的財產關係（權利），因此確認了統治階級的所有權獨占與剩餘價值的抽取。

它強化了某些或所有存在的生產關係經由強化的法律財產關係的邏輯來「表現」前者，以及再一次強化統治階級的獨占性所有權與剩餘價值的抽取。

它調整了需要適應統治階級永存的所有權獨占與剩餘價值的抽取；例如，在一種資本主義社會的形成，經由週期性地規定工資、堂皇的保護責任、勞動力的強迫出售、投資資本主義的冒險、從事帝國主義的戰爭，以及迫害唱反調者。

它裁斷了個人與團體在財產要求之上的爭論，此種爭論產生於統治階級經濟秩序的固有對立，方式上總是與後者的不滅並存。

它誤導了一個社會的某些或所有人成為經由它正式地被明言內容的某種「神祕化」與「隱蔽的」特徵，而接受統治階級的所有權獨占與剩餘價值的抽取：根據它自己的術語，經由個人的「意志」與「同意」的字彙掩飾經濟的強制；根據它法律的與政治的權利之「抽象的」性質，建立形式的平等或相互關係以聽任封建領主或統治階級以「無酬」方式進行剩餘勞動的榨取；當少數或統治階級利益是事實上被保護時，它號稱去展現的是利益的共同體或「虛幻的共同體」；也就是說，當事實上它的法不過是「被奉為法律的你們這個階級的意志一樣」，因此它的政治機械結構「是一個階級用以壓迫另一個階級的有組織的暴力」。

總之，法律的與政治的上層建築運作總是作為一種經濟下層建築的「表現」或「反映」。

現在我們注視他認為國家作為不可避免的去維持這些統治階級經濟利益的方式。思考此處其「反映」的隱喻。「反映」不只反射由於它出現的有機體之構造，而且它不可避免的去維持這個構造。因此，雖然馬克思視國家的「反映」機械結構為依賴在統治階級經濟的「構造」之上，他認為這個「構造」的繼續存在，雖則存在，但需要國家的這個「反映」機械結構去保護它。

因為統治階級成員的個人經濟權力是最為重要的，因此，這些在上層建築的統一主體的權力之某些組合是必須去保證被需要，去維持系統地利益抽取與維持經濟秩序之下最大限度的安全。國家因此被產生，去維持社會契約理論、統治階級的「巨靈論」（Leviathan）的語言：後者的權力組合進入一種單一的、有主權的主體統轄所有底層的經濟體系，作為「一個階級用以壓迫另一個階級的有組織暴力」。

只有當這種不可缺的法律—政治的上層建築去維護統治階級經濟秩序是明確地被理解時，我們才能理解為什麼馬克思認為上層建築的階級鬥爭——以及對馬克思而言所有的階級鬥爭是「政治的」或上層建築的——在歷史上是如此重要：「至今一切社會的歷史都是階級鬥爭的歷史」。

在總結上，馬克思想像國家作為保護統治階級經濟霸權不可缺少的「面具」或「武器」；認為其存在像這樣需要它經由統治階級而來的控制，並維持這種霸權，而維持政治的階級鬥爭是保持或得到這種控制的唯一有效的方式。

伍、意識形態

如同所有他的其他基本的理論範疇一樣，馬克思的「意識形態」（ideology）概念已經引起多年的異議與非難。例如，一種普遍的解釋使等同於像這樣精神活動的用語，以及從這一種在馬克思理論中明顯而易見的，主要的，似非而是的論點而被結論：就是，當意識形態被說成像國家一樣成為物質生產方式的一種僅僅的「反映」時，它必須也成為它實際科學形式中後者的一種根本條件與要素。因作為生產力之故在他們的結構與操作中必定包含實際科學的觀念。

馬克思的「意識形態」概念第一次出現在《德意志意識形態》中，它是與恩格斯寫於一八四五年至一八四六年作為攻擊當時優越的德國唯心論傳統。從最初，意識形態就不是被視為像這樣精神活動或信仰，而馬克思與恩格斯在他們著作的開頭句子中變成明顯的「人的自我概念」：那就是，人各式各樣被關節相連的社會自我意識形式——從宗教到經濟、從道德與美學到法律政治等。而在他著名的《政治經濟學批判．導言》中，他也說道：

在考察這些（革命）變革時，必須時刻把下面兩者區別開來：一種是生產的經濟條件方面所發生的物質的、可以用自然科學的精確性指明的變革，一種是人們藉以意識到這個衝突並力求將它克服的那些法律的、政治的、宗教的、藝術的或哲學的，簡言之，意識形態的形式。我們判斷一個人不能以他對自己的看法為根據，同樣，我們判斷這樣一個變革時代也不能以它的意識為根據（例如，它思考它自己是什麼）。

此外，在《路易．波拿巴霧月十八日》，他討論了「意識形態」：「正如在日常生活中把一個人對自己的想法和品評與他的實際人品和實際行動區別開來一樣，在歷史的戰鬥中更應該把各個黨派的言詞和幻想，將它們的本來面目和實際利益區別開來，把他們對自己的看法與它們的真實本質區別開來。」像馬克思在這裡解釋的一樣，他的「意識形態」是緊密地類似我們每日的合理化概念。

然而，在意識形態指示範圍的重要限制不應該被解釋為貶低它作為一種社會歷史因素的地位。相反地，意識形態的存在作為公眾自我概念的主體，溶解了一種官方通用的自我意識到大多數或所有其他形式的知識——包括私人的——是很可能會順從在一種或另外的方式，因為人是一種「社會的動物」。雖然，馬克思有時鬆散地談論「意識」而沒有修飾，但馬克思意識形態概念是重要地被限制在它指示的範圍——不僅重視人的（作為反對不屬於人類的）主觀特質，而且重視它存在的公眾模式

——我們按計畫安排這些與其他的觀察結論進入一組意識形態的標準中：

（一）它是被有系統地陳述觀念所建構，作為反對只是留下一種潛意識、種族的記憶、感覺及精神的層面。

（二）它提到人的事務，作為反對不屬於人類的或自然的現象。

（三）它的內容是物質地非生產性的，作為反對在全部或部分存在可用的去製造物質的使用價值。

（四）它獲得在一種公眾模式上，例如任何刊物或公開演講的形式，作為反對一種私人模式，例如個人的反應、會話或出現於法律或政治司法權外面的信件。

（五）它是受到國家控制，經由某種認可的邏輯，例如執照或許可證，被需要從國家作為任何公眾模式去形構觀念。

作為任何解釋意識形態的，它必須符合以上所有這五個標準。

最後的標準是特別重要的，因為它解釋了馬克思著名的堅決主張，即一個社會的意識形態是它統治階級的意識形態。畢竟，統治階級是擁有去控制國家作為它集體的自我保護機構；因此，只要當意識形態受到國家的監督，它接著就受到一種統治階級機構的監督。意識形態因此不僅是經濟地被統治階級約束，而且也一樣被上層建築約束。因此，一個社會的意識形態是被馬克思說成是統治階級的意識形態，而一點也不是它時常被了解的哲學問題，事實上，它受到基礎鞏固的社會力量、國家、經濟實際的控制。

雖然馬克思「意識形態」的概念意謂著較之已經照慣例被擁有的一種更加被限制的領域，它仍然清楚地包含在大眾傳播媒體、學校、教堂、學術上的、法律的、政治的、美學的，與所有其他公眾通訊形式的領域之內，甚至某些私人範圍的領域也被影響。

雖然我們現在有了一套界限馬克思「意識形態」的標準，一種非常重要的議題仍需要探究。那就是，遍及於他的著作，馬克思視「意識形態」為「虛假意識」與非科學。

經由這種區分的標準，馬克思視「古典」政治經濟學與其他「真正地科學的」理論——特別地是馬克思的理論它自身——是非意識形態的。這就是為什麼他稱自己的理論為「科學的社會主義」。

雖然，馬克思一般地、貶意地使用「意識形態」名詞，但我們要去指出馬克思視人的事務科學與非科學的概念為「意識形態」明顯的亞綱。我們這樣做的理由是：

倘若人的事務被馬克思不能當意識形態的科學概念對待，那麼歷史唯物論便不能被阻止在意識形態以外。

最善於説服的理由是人的事務的科學概念不是意識形態的，是因為倘若它們是意識形態的，它們在嚴格的馬克思主義者意義上不應該被當作認識。然而，像我們顯現在這篇章過程中一樣，馬克思的理論是適當地被想像為既是「意識形態」又是「知識」。

因為這些理由，我們的結論是馬克思「意識形態」的概念包含科學的與非科學的人的事務概念。但我們現在要質問何種標準是他運用去區分意識形態的這些亞綱，倘若我們是去理解其概念的十分複雜性與重要性，這種本質上的區別需要解釋。

不幸地，馬克思從未在人有關他們自己科學的與非科學的概念之間建構出一種一般的區別，而是只建構一種政治經濟學的概念。他説的政治經濟學是科學的政治經濟學：「研究真實的生產關係」。因此對於馬克思而言，李嘉圖在其著作中，「終於有意識地把階級利益的對立、工資和利潤的對立、利潤和地租的對立當作研究的出發點」，屬於科學的範圍。

無疑地，馬克思人的事物科學概念的觀念不是單獨地被限制在這個考慮上。他也堅持在古典科學的經驗方法規範；在不可缺的一種對人的事物的歷史途徑中，尤其是區別意識形態科學與非科學時，馬克思最基本的考慮似乎是所有歷史社會的經濟「要素」——它的生產關係、階級結構，以及交換規律。這對在他之前的政治經濟學家而言，在他們的著作中並未完成充分的解釋。

陸、社會意識的形成

雖然馬克思常談論「意識的形式」，他通常以這樣的一種方式去論述「意識形態」或「意識形態的形式」。然而我們現在提出的馬克思「社會意識的形式」想法是明顯地不同於意識形態而來的意義。

關於「社會意識的形式」的種類在馬克思解釋模式中有一種明顯與一般的狀態，我們是依賴馬克思不斷的論述它與「意識形態」之間的區別：例如，基於《德意志意識形態》中在「道德、宗教、形而上學和其他意識形態，以及與它們相適應的意識形式」之間的區別。

其次，我們是依賴這裡字面上的德文之事實——Bewusstseinsformen，及康德以有關「意識形式」的看法，被認作與意識形態同義的。這是有缺陷的解釋與一種被限制的哲學歷史的範疇概念。

意識形態與社會意識的形式有所區別，答案是：前者是簡潔明白陳述所構成，因此後者是這種簡潔明白陳述的被假定的原則。依順序地，這兩者之間的關係是後者影響前者。簡言之，這種「社會意識的形式」概念有一種康德先驗理解形式的歷史唯物主義之變形物概念。

「社會意識的形式」與「意識形態」是已經發表的人的事務概念的兩個層級——影響的形式與被影響的內容。況且雖然一個社會的意識形態與意識的形式可能作為一個事實的實質，同時，意識形態與個人的意識形式雖都屬於這個社會，但它們不是必然或總是如此相互被包含的，而且馬克思也沒有要求這樣看待。

其實社會意識的形式是像文法的規則，這樣的「形式」被馬克思意謂為「一般」影響從古代到現今時代的意識形態簡潔明白陳述的廣闊的複寫本：

（一）實存的社會秩序它會表現為意識形態的一種「永遠的必然性」。

（二）實存的社會秩序追求道德上的善。因此，在意識形態的簡潔明白陳述中，它是被描述為具有某些倫理實體的屬性——「神的意志」、「理性」、「公正」、「文明」等等。

（三）凡是不順從實存的社會秩序是該受非難的。因此，在意識形態中，社會的反對者是被描寫為「極端主義者」、改革者為「鼓動者」、外國的反對者為「野蠻的」、不服從權威為「暴力的」、為窮困者代言為「群眾煽動家」等。

（四）什麼促進社會秩序是值得稱許的。因此，在意識形態中，不偏離的服從這個命令解釋為「道德的」與「品格高尚的」；對外國的征服為「英雄的」與「榮耀」；暴力鎮壓反對為「堅決」與「堅定」；運用法律規定的權力遍及於其他人為「責任」與「公共的服務」；不抵抗的接受剝削為「忠誠」與「可信賴性」等。

（五）不論什麼階級是被認為經由個人在社會秩序中而代表他們內在的價值。因此，在意識形態中，古代時期奴隸被認為成為奴隸是「天生的」；封建特權經由「貴族的血統」而為有特權的；資本主義時代失業經由「先天的懶惰」而為失業的等等。

（六）社會秩序代表所有社會中的利益。因此，在意識形態的解釋中，所有公民的「意志」、「同意」、「利益」從它而來。

（七）一部分的社會（或社會組織）必須總是代表整個的社會（或社會組織）。因此，在意識形態中，一個社會沒有統治者或一個工作地點沒有主人是難以理解的，是一個「失序」、「無政府狀態」或「混亂」的國家。

（八）統治階級的社會財產是伴隨權力而來。因此，在意識形態的簡潔明白陳述中，以武力擁有封建地主的領土是被表示為「地主財產」；統治階級的集體武器是被表示為「法律」或「國家」，獨立與公平地使所有的公民服從它的統治；大資產階級的私人資本被表示為自治的主體狀態，它自我「生產利潤」、「創造工作」、「帶來繁榮」等等。

（九）最終的社會在不同時期的意識形態中，被當作「天命」、「上帝」、「神的旨意」、「自然」、「看不見的手」等。

現在我們對於這些「一般社會意識的形式」可以提出許多的澄清：

它們是明顯地非常親密地有關聯。這就是為何我們已經同時稱它們為社會意識的「框架」。這個「單一的透鏡」或「公眾的心意識框架」組織為一種歷史地與社會地既定的發展，它最終地出現在意識形態的簡潔明白陳述中。馬克思對意識形態有關的觀念只是這些達到公眾表現的社會實體觀念。這些是社會歷史活動的觀念。

「社會意識的形式」純粹是一種社會的意識，它是影響「意識形態」作為一套無辨別力的規定的原則而存在。

先驗的「社會意識的形式」是與康德哲學傳統的觀念名詞類似。相同的社會意識形式可以容忍非常不同的意識形態構造。

社會意識的形式與其他種類的現象之間關係的維度，建構了馬克思的一般「意識形態」理論架構。是國家，以及經濟結構，而且也符合人的本質。那就是，社會意識的形式建構了社會的機械結構，它也是人的本質的意識能力的「抑制羅盤」。總之，「社會意識的形式」在馬克思的理論綱要中建構了一種為上層建築的「橋頭堡」，固持社會已制定的經濟結構於原封不動。

柒、經濟決定論

在馬克思的知識史中沒有比「經濟決定論」更受到注意、批評與困擾。自從馬克思出版《資本論》以來，外加恩格斯的解釋，「經濟決定論」爭論搖擺在正統馬克思主義者之間到今天。

首先我要指出，馬克思沒有意思視其理論為「經濟決定論」：他不是說非經濟現象是唯一地被經濟秩序所決定。當馬克思寫到「決定」時——或者，更精確的說，德文 bedingen（在英文中傾向於被解釋為「制約」）與 bestimmen ——以普遍的意向去理解「唯一地決定」是一種對馬克思批評評論的最大危害。

他也曾指出「意識形態」這些科學的原則與理論是技術地可利用的在維持或改善有生產價值的產出，即意識形態也構成生產力要素。

他不是說上層建築是經由經濟結構而被決定的。遍及於他的著作他描繪注意到法律、政治、意識形態等的需要在維持經濟結構的方面上也只是相對重要的。

我們發現在馬克思的著作中，「經濟結構」決定了個人的行為、法律與政治的上層建築，意識形態，以及社會意識形式。

但我們反對視「上層建築」、「順從」或與經濟結構相「一致」的絕對概念。

一種有說服力反駁庸俗的經濟決定論是這樣的。首先，書籍本身是經由一種大的資本家公司而被出版與為公司賺得有實質價值的利潤，因此明顯地強化了經濟結構；其次，國家鎮壓它的出版以防止對資本主義經濟秩序形成更多的挑戰。這樣，上層建築對經濟結構的反制庸俗經濟決定論提出了映象（**mapping**）論，它發生在一種特別的經濟結構與特別的法律、政治和一個社會的意識形態現象（或簡言之，它的上層建築）之間。在這個映象中，一定的經濟結構內容是被反射在上層建築之上，但我們要指出，這種「映象」應被展示約束在一種「有限制的範圍」之內，那就是，在順從經濟結構的領域之內。

其實馬克思的「下層建築」與「上層建築」間的關係是一種「社會選擇」關係。它是經由這種混合決定的機械結構、社會選擇與映象的德行，如此馬克思才能夠維持他醒目的方法論觀點，即歷史唯物主義科學能夠從社會的生產關係來推斷一個社會的意識形態形式。

如果把馬克思的理論當成經濟決定論的理論則是無法辯護地陷入單一因果關係的謬誤。完全是一種根本不了解馬克思的思想體系。頗柏（**K. Popper**）批判馬克思也不是簡單地稱他是一種經濟決定論者理論的罪行。簡言之，標準的異議指斥或庸俗的指謂馬克思主義是經濟決定論的概念無論如何是謬誤的。

馬克思的「生產方式」內在關係除了是一種辯證的經濟結構條件制約，而非決定的關係，筆者擬提出以下概念總結說明：

馬克思決定的經濟結構，根本的社會形式就是去強制地規定一種社會生活（工作、政治、公眾的觀念構成）的所有面向是由統治階級模式的所有權關係所組成，它的「運動法則」就是剩餘勞動從社會直接生產者而來的系統的抽取。

這些構造的經濟結構的所有權關係是被定義作為社會成員在何處擁有權力去使用或剝削生產力與排斥其他人如此做的關係，即它「為整個社會結構……找出最深的秘密，找出隱藏的基礎」的關係。

這些構造的經濟結構的所有權關係是一般地經由馬克思作為個人的所有權關係，即「私有財產」而被想像。那就是，所有權關係的所有人主體是一個人，或者在接合或共同所有權的案例中是一組人。

另一方面，這些大體而言與事實上能夠成為官方所有權關係的是「國家財產」，它為馬克思所承認，但只是暫時。在這裡，所有權關係的所有人主體是一種占據者的國家機構，或者在一組占據者的案例中，它最高的占據者運用正在談論的所有權關係的各式各樣權力。

因為除了政府機關的占據者或最高的占據者如此運用它之外，政府機關所有權不能被運用，後者是有效地擁有正在談論的生產力。因此，作為這種政府機關占據者與只有作為這種政府機關占據者，他才能使用或剝削官方所有權關係的生產力內容，以及排斥其他人如此做：那就是，運用它的所有權力量，它是實際上，後者能夠全然被運用的唯一方式。

剝削生產力意謂著，從他們之中抽出不應得的利益。個人的所有權，因此這個意謂著所有人主體抽出利潤。政府機關所有權，因此它意謂著所有人主體抽出職等薪水。在前者案例中，利潤屬於一個作為主體所有人的個人，以及在後者案例中它屬於一個作為主體所有人的政府機關；然而當後者是與必須經由一個人而被占據，它是這個占據者作為占據者收到不應得的利益。

在一個社會所建構的生產力所有權關係的整體，像我們所說的一樣，它的經濟結構確定的特徵是這些所有權關係的統治階級模式。然而，經濟結構僅是經由它的統治階級模式而被定義，而且是經由它的「運動法則」，因此統治階級所有人的生產力從社會建構與從事這些生產力的直接生產者「抽出」而產生剩餘勞動。

它經由統治階級經濟結構與它剩餘價值抽取的「運動法則」兩種本質的原則，決定了一個社會生活的所有其他面向——工作與閒暇、政治、法律，以及意識形態——即經濟決定論就是達到：一個過程，像我們已經展示的一樣，是主要第一個社會選擇的問題。那就是，不論什麼符合作為維持統治階級模式的所有權關係與它剩餘價值抽取的需要是被允許存活。將這個主要的經濟條件制約論的「法則」應用於社會，那裡有國家機關所有權的生產力，以及這些機關的最重要占據者是統治階級的成員，我們可以推斷說任何意識形態現象揭露或挑戰這個機關所有權或它占據者的集體利益，則注定要從社會上消失。

如果把馬克思的理論視為「經濟決定論」，則無從了解馬克思所強調的人生歷史鬥爭中何以能由「必然王國」走向「自由王國」。

因此，馬克思所強調的是對於人最終應從經濟決定論束縛中解放出來，而不是「被決定」。

捌、科技決定論

如果不認為馬克思主張經濟決定論「決定」法律、政治，及意識形態的上層建築，可否認為他主張「科技決定論」？筆者認為是可以的，因為：他認為在一種較低的層級，「生產力」（科技）發展的程度「決定」經濟結構。所以，他也稱前者為後者的「基礎」，以及重複地說這兩個與三者互相「一致」。換言之，馬克思斷定在生產力與經濟結構之間的關係是相應的增強他斷定在經濟結構與上層建築之間的關係。

決定的關係使得馬克思因此提案在一個社會的生產力與經濟秩序之間是他科技決定論的要素。當然，通過這層關係，生產力也影響了「整個龐大的上層建築」。它們也決定了人的本質的需要與能力，也在一種充分發展的社會秩序崩潰的特別時期中，這樣的生產力經由階級鬥爭，強迫上層建築的變遷而被促成「打破」經濟結構。最後，馬克思聲稱在少數時機中生產力內容是直接地進入結構以上。然而一種科技地決定種類的關係，是一個社會生產力發展的程度與它的經濟結構之間最根本地有關的。

生產或經濟結構的關係符合一定程度的科技生產力發展，只要當經由被包含在前者的統治階級而來的剩餘勞動抽取模式順從經由後者被規定的科技的必要條件時，新的生產關係必然出現。

馬克思要求在一個社會的生產力與生產關係之間的一致。因此，有必要作以下更進一步的澄清：

馬克思認為在一個社會的工業科技與它的經濟秩序之間存有一致的根本的一般原則。

對於馬克思而言，在一個社會被發展的生產力與它生產或經濟結構關係的一致是可能稱為一種集體的人的生存的一般社會法則。

當生產力發展的程度在它的一致關係與生產或經濟結構關係發生矛盾時，生產關係必須讓位於生產力，新的生產力也取代了舊的生產力，否則舊的經濟形式將被取代。

人們永遠不會放棄他們已經獲得的東西，然而這並不是說，他們永遠不會放棄他們在其中獲得一定生產力的那種社會形式。恰恰相反，為了不致喪失已取得的成果，為了不致失文明的果實，人們在他們的交往（commerce）方式不再適合於既得的生產力時，就不得不改變他們繼承下來的一切社會形式。這就是為什麼馬克思強調，「它發展到一定的程度，就造成了消滅它自身的物質手段。……社會內部感受到它束縛的力量和激情，就活動起來。這種生產力必然要被消滅，而且已經在消滅」，「無論哪一個社會型態，在它所能容納的全部生產力發揮出來以前，是絕不會滅亡的」，與「新的更高的生產關係，在它的物質（例如生產的）存在條件在舊社會的胎胞裡成熟以前，是絕不會出現的」。

在這裡科技的因素是被馬克思視為「打開了關於人的本質力量的書，是感性地擺在我們面前的人的心理學」。筆者最後要指出：

現代科技的根本方法是「分析生產進入它的組成狀態的過程」：那就是，在更類似的名詞，即轉換生產過程進入一連串的裝配線細圖功能。然而人的本性的需要是作為「自由的勞動」而存在。那麼，它隨著現代科技的必要條件與人的本性產生根本的矛盾，人會在科技下被「物化」乃至「異化」。

現代科技的方法是生產過程的標準化。然而人的本性的根本需要是根據自我增高的投射而去生產。因此，在馬克思的理論思考中，現代科技與人的本性的必要條件之間有矛盾。

科技的發展促使人的需要去成長，擴張了馬克思所說的「必然王國」。但是馬克思也認為，物質的環境只有允許人的本性全部實現在他們從「必然王國」中釋放人的範圍，並走入「自由王國」，這才是人的自我實現。因此，經由馬克思自己的解釋，現代科技的需要擴張發展是與人的本性的必要釋放相矛盾的。不理解這一點，則無法理解馬克思何以無情地批判資本主義。

對於馬克思而言，自然資源建構了「自然假定」、「條件」、「物質」及所有人的生產的「實驗室」，質言之，「生產資料」乃「人的主體性的實踐場域」，而科技發展則是保護與改造自然資源（生產資料）作為人的實現的最根本的條件。

第四章　馬克思的歷史理論

壹、馬克思歷史理論的闡釋

馬克思的理論知識遺產中最具學術原創力者是其歷史理論。此理論恩格斯稱它為「唯物史觀」，以後的馬克思主義者，尤其是馬列主義者稱它為「歷史唯物論」，並把它當成「普遍的歷史理論」。其實馬克思從來不曾把他的歷史理論當作「普遍歷史理論」看待，並用它來作為解釋人類一切社會歷史變遷的一般原理。早在一八七〇年馬克思回信給米海洛夫斯基（N. K. Mikhailovsky）時就說他自己根本無意使唯物史觀成為「普遍的歷史哲學」。而在一八八一年馬克思給查蘇莉奇（Vera Zasulich）回信中也說「資本主義制度的歷史必然性只限於西歐」。可見馬克思本人只把他的歷史理論當作一種解釋歷史的觀點、途徑，而不是「普遍原理」。

馬克思的歷史理論不是一夕而成，而是逐漸形成，它既是一種因果解釋理論，也是一種結構功能理論，它是一種歷史經濟解釋，但不是「經濟決定論」。研究馬克思的歷史理論不要只從《德意志意識形態》或《共產黨宣言》著手，應由他青年期所寫的《一八四四年經濟學哲學手稿》開始，而他的《黑格爾法哲學批判》、《論猶太人問題》、《神聖家族》這些著作中也散布著馬克思論歷史與社會發展問題的文字。馬克思歷史理論的原初概念潛存於前述一八四四年手稿中，如果忽視這一點，就無法全然了解馬克思思想中的社會學、哲學內容，從而片面地強調其思想中的歷史學與經濟學觀點。

馬克思論人類歷史發展既採線型論又採類型論，而對社會系統的分析則採辯證結構論，即所謂「生產方式」。線型論不在強調單線發展，而在強調非重複過程；類型論強調特殊型態，如「古代生產方式」、「封建生產方式」、「亞細亞生產方式」，同時強調構造說，此即「下層建築」與「上層建築」，外加辯證矛盾觀，如「生產力」與「生產關係」的矛盾。整個人類歷史發展過程，馬克思的動態觀點是黑格爾式，此即人類歷史社會發展與變遷在過程上每一時刻都是一個新節點，它既帶有新的特徵，又對舊特徵在揚棄下作了新聯繫。對黑格爾而言，歷史的發展是「絕對精神」的展現，而其內在矛盾具體化為宗教衝突或民族國家間的戰爭。馬克思顛倒了黑格爾的形而上學與神祕主義，把歷史發展置於唯物論與經驗分析基礎之上，然其變遷過程仍然是辯證式的。由於馬克思的歷史解釋，尤其是對「生產方式」的「下層建築」作實證經驗分析，故才有「科學的解釋」之譽，它不同於黑格爾的哲學式解釋。可是在深層基礎上，馬克思一如黑格爾，把歷史當成一種現象學（Phenomenology）來處理，柏林（I. Berlin）便持此觀點。黑格爾的精神現象學試圖展現人類意識發展下的一個歷史秩序；馬克思的歷史現象學試圖展現人類意識發展下的一個歷史秩序；馬克思的歷史現象學試圖說明作為自由的、主體性存在的人類如何以人與自然的辯證互動去創造歷史。如果把馬克思的歷史理論解釋成歷史係受物質實體運動或社會經濟條件所決定，則是把馬克思的歷史理論當成另一種「神祕化」來看待，此絕非馬克思的原意。

應該如何理解馬克思的歷史理論呢？各家說法不一，為避免失去判準，還是把馬克思在一八五九年寫的《政治經濟學批判．導言》中一段重要的理論文字摘錄於後：

人們在自己生活的社會生產中發生一定的、必然的、不以他們的意志為轉移的關係，即與他們的物質生產力的一定發展階段相適應的現實基礎。物質生活的生產方式制約著整個社會生活、政治生活和精神生活的過程。不是人們的意識決定人們的存在，相反地，是人們的社會存在決定人們的意識。社會的物質生產力發展到一定階段，便和他們一直在其中活動的現存生產關係或財產關係（這只是生產關係的法律用語）發生矛盾。於是這些關係便由生產力的發展形式變成生產力的桎梏。那時社會革命的時代就到來了。隨著經濟基礎的變更，全部龐大的上層建築也或慢或快地發生變革。在考察這些變革時，必須時刻把下面兩者區別開來：一種是生產的經濟條件方面所發生的物質的、可以用自然科學的精確性指明的變革，一種是人們藉以意識到這個衝突中力求克服的法律的、政治的、宗教的、藝術的或哲學的，簡言之，意識形態的形式。我們判斷一個人不能以他對自己的看法為根據，同樣，我們判斷這樣一個變革時代也不能以它的意識為根據；相反地，這個意識必須從物質生活的矛盾中，從社會生產力和生產關係之間的現存衝突中去解釋。無論哪一個社會型態，在它們所能容納的全部生產力發揮出來以前，是絕不會滅亡的；而新的更高的生產關係，在它存在的物質條件在舊社會的胎胞裡成熟以前，是絕不會出現的。所以人類始終只提出自己能夠解決的任務，因為只要仔細考察就可以發現，任務本身只有在解決它的物質條件已經存在或者至少是在形成過程中時，才會產生。大體來說，亞細亞的、古代的、封建的和現代資產階級的生產關係是社會生產過程的最後一個對抗形式，這裡所說的對抗，不是指個人的對抗，而是指從個人的社會生活條件中生長出來的對抗；但是，在資產階級社會的胎胞裡發展的生產力，同時又創造著解決這種對抗的物質條件。因此，人類社會的史前期就以這種社會型態而告終。

在上述馬克思經典性定義敘述中，最難理解的而且造成爭論最大的是「生產力」與「生產關係」兩個概念，以及「下層建築」與「上層建築」之間的「關係問題」。根據麥克里蘭（G. McLennan）的說法，他在《馬克思主義與歷史方法論》一書中指出有三種不同解讀意見：其一是生產力優位性，並將生產力解釋為科技，從而出現經濟決定論、技術決定論等看法。所謂正統派或基本教義派便執此觀點；其二是生產關係優位性，並將生產關係當作社會關係看待，而且視自然本身也被社會化，生產力應被看作社會關係。辯證法派，例如胡克、盧卡奇等，多執此種看法；其三是生產力與生產關係互動論，避免單極論，新馬克思主義中的結構主義派，如阿圖舍、普蘭札斯（N. Poulantzas），都執這種看法。根據雷德（M. Rader）在《馬克思的歷史解釋》中的說法，他認為關於「基礎」（下層建築）——「上層建築」模式的分析也有三大類型，一是基本教義論，採單線論，直視經濟系統（下層建築）決定上層建築，此即「經濟決定論」，並且成為「科學的社會主義」基本特徵，持這種看法的馬克思主義者、非馬克思主義者很多。另外就是辯證互動論，認為基礎與上層建築相互影響，任何一方都無法單面地影響或決定另一方，亦即基礎或下層建築決定上層建築，上層建築也反作用於下層建築，但不論如何相互作用，都是「生產方式」內部的作用。其三是有機整體結構論，認為「生產方式」就是一個社會系統，具有機性及整體性，具採內因外因並重分析。如人與自然的互動會辯證地影響生產力與生產關係的互動；同時注重共時性與歷時性的分析，如分析「資本主義生產方式」，不能孤立地採斷代分析，必須聯繫西歐的「封建生產方式」，並對涉「亞細亞生產分式」。此即一八四六年底馬克思致安能可夫（P. V. Annenkov）信中所謂人類所處情況乃「由以前已經獲得的生產力和在他們之前已經存在的社會形式所形成的情況。任何後來的世代都是靠著先進的世代所獲得的生產力而存在的，這一個簡單的事實，就是人類歷史中間構成了一種聯繫」之謂。

在這三種解讀分析途徑中，最有問題的是基本教義派或正統派直視馬克思歷史理論為「經濟決定論」，它不但是過分簡單化的化約還原解釋，而且根本把社會變遷看作機械唯物論下的產物，這不是馬克思的原意，完全是「庸俗馬克思主義」的解讀。其實，恩格斯對基本教義派及馬克思歷史理論的誤解早已察知並表示不滿：

……依據唯物主義的歷史理解，現實生活的生產和再生產在歷史過程最後地成為決定的因素。不論馬克思和我，都沒有主張過更多的東西。倘若有人作這樣的曲解，說經濟的因素是唯一決定的東西，那他就會把這個原理轉變成沒有意義的抽象的、不合理的空話。經濟狀況是基礎，但上層建築的多種的因素：階級鬥爭的政治形式及其成果——勝利的階級在戰爭之後所創立起來的憲法之類——法律形式，以及這一切現實的鬥爭在鬥爭成員的腦袋裡的反映，如政治的、法律的、哲學的學說，宗教的觀念以及這觀念之進一步發展為信仰系統等，這些因素對於歷史鬥爭的過程也會發生影響，而且在許多場合對於它的形式還起著主要的決定作用。這裡存在著這一切因素的相互作用。（一八九〇年九月二十一日至二十二日恩格斯致布魯赫（J. Bloch）信）

說因為我們不願意承認歷史上起作用的各種思想體系部門的獨立的歷史發展，因此也就否定了它們對於歷史的一切作用。這種看法的基礎乃是呆板的，把原因和結果當作僵硬地相互對立的兩極來看的非辯證法觀念，是對於相互作用的絕對忽視。這些先生們常常故意忘記了：當一種歷史的現象被其他的、追根究柢被經濟的原因推動到世界上來時，它就能夠對於周圍環境甚至於它本身的原因發生反作用（一八九三年七月十四日恩格斯致梅林信）。

我們把經濟條件看作歷史發展中最後的決定條件。但種族也正是一種經濟的因素。在這裡有兩點是不能忽視的：

政治、法律、哲學、宗教、文學、藝術等等的發展，都建立在經濟上。但它們在自己之間互相影響著，並且對於經濟基礎又有著反作用。絕不能說，只有經濟狀況才是唯一能動的原因，而其他一切都只是被動的結果。應該說，在追根究柢總是給自己開闢著道路的經濟必然性的基礎之上有著相互作用。

人們創造他們自己的歷史，但直到現在都還不是在總的意志指導之下按照一個總計畫去創造……他們的努力相互交錯著，因此所有這樣的社會都會被必然性支配著，這必然性的補充和表現形式就是偶然性。（一八九四年一月二十五日恩格斯致斯達根堡信）。

當我們說到物質生活條件是第一位的原因時，並不因此就否認觀念的領域本身又能夠反過來對這物質生活條件發生第二位的作用，如果一個人不懂得這一點，那麼他就無論如何也不可能了解他所寫的那個對象。（一八九〇年八月五日恩格斯致斯密特信）。

即使是正統派也並非全是庸俗的經濟決定論者，「俄國馬克思主義之父」普列漢諾夫（G. Plekhanov）在其名著《馬克思主義的基本問題》中也指出經濟諸條件對意識形態的影響是間接的，社會變遷一部分直接由經濟所影響，一部分由在經濟上所發生的社會政治組織所決定的社會人的心理所影響。「義大利馬克思主義之父」拉布里歐拉（A. Labriola）也不認為經濟因素是社會發展的決定因、政治因、思想因也會間接地決定影響社會變動。他還說如果機械而盲目地對待唯物史觀，就會走到關於但丁《神曲》的一種新的蠢才式解釋。

然而為什麼會有庸俗的「經濟決定論」詮釋？是否馬克思歷史理論的基本觀念中有概念不清或自

相矛盾的地方？馬克思所說的「下層建築」必然「決定」其「上層建築」嗎？未必然。許多馬克思學家認為「經濟決定論」是對馬克思歷史理論的一種曲解。他們認為馬克思並未說「非經濟現象」只被「經濟秩序」所決定，而且馬克思也不認為那些可以增進生產效用的科學原理與原則可當成「意識形態」，甚至馬克思也未曾說過被「經濟結構」所決定的那些現象在關係上對「經濟結構」全然無用。此外，最嚴重的是馬克思在原著中使用德文「bedingen」，被誤譯成「determine」。其實應譯為「制約」（condition），雷德對此字特別留意並加以解說。雖然麥克摩崔（J. McMurtry）認為「經濟決定論」符合馬克思歷史理論意涵，但他也不是直接把「決定」當成「決定」，而是認為馬克思使用此字傾向「限定」（limit）之意。所以嚴格而言，是不適宜把馬克思的歷史理論獨斷地、機械地化約為「經濟決定論」。

在駁論馬克思的歷史理論是否為「經濟決定論」方面，大部分學者都從內容分析途徑來處理這些問題，不論是途徑處理由經驗主義出發還是由理性主義出發，雖然旨在駁論「經濟決定論」，但雙方只是重新思考經濟因素與非經濟因素之間的關係問題，不論是強調經濟因素與非經濟因素，從某種意義上說無非都是一種「決定論」的論述形式。新的駁論方式由本體論出發，視「社會實在」為「社會總體」，其中的「矛盾」立場是一種過程上的差異、分殊與衝突，此已預設出一種多元決定（overdetermination），非經濟化約所能涵蓋。

此外，是否可以把馬克思的歷史理論當作「技術決定論」看待？麥克摩崔在其《馬克思世界觀之結構》與柯亨（G. A. Cohen）在其《馬克思的歷史理論：一個辯護》等書中都有特別提到這個問題並加以析述。問題的關鍵在於如何去理解「生產力」以及它與「經濟秩序」間的決定關係。麥克摩崔指出，馬克思視「生產力」即人類本質的對象化，而且指任何可用來製造一種實質上「使用價值」的事物，甚至馬克思視「技術」即「上帝」，因此可以把馬克思的歷史理論當作「技術決定論」。柯亨指出，馬克思視生產力即生產者的生產能力，或生產者的科學知識與技術能力。柯亨還說馬克思給予生產力以解釋的首要性，如「生產力的發展貫串全部歷史」。如「一個社會生產關係的性質係由其生產力發展水平而定」等語都是馬克思對生產力給以解釋上的首要性。此處也有「技術決定論」的影子。

馬克思的歷史理論雖不能把它視之為「經濟決定論」，但卻是歷史的經濟解釋，這是與以往其他多種史觀相異的地方，也是馬克思的原創性特徵。然而，對馬克思歷史理論爭論不休肇因於馬克思、恩格斯著作中所存在的某些困境所致。此包括五個方面：

一、**辯證法**：馬克思注重社會辯證法、恩格斯注重自然辯證法。馬克思的辯證法離不開社會實踐；但在《資本論》中馬克思又說辯證法是一個客觀過程。可作為解釋世界的「一般規律」，但馬克思又不喜歡以「一般規律」代替具體分析。其實馬克思的辯證法不在強調物質世界獨立的純粹客觀運動法則，而是著重無法擺脱階級對抗以及階級實踐相關聯的社會變遷活動邏輯。馬克思對辯證法有二種形式相衝突的説法，此為其困境一。

二、**對社會意識之分析**：「不是意識決定存在，而是存在決定意識」，此即物質世界先於人類精神而獨立存在，因此人的思想只能是世界圖像之反映。但在《資本論》及《費爾巴哈論綱》中，馬克思又提到人與蜘蛛、蜜蜂的不同在於人能實踐，此實踐即自我實現，不但具有主體能動性的特徵，而且人可以預見目標之達成，如此思想意識不但是對物質實在的一種反映，而且能夠透過主觀上預見人類實踐的結果去建構物質現實。可見其困境在於馬克思試圖把哲學唯物論及哲學觀念論結合起來所出現的矛盾使然。此為困境二。

三、關於社會變革機制：馬克思在《政治經濟學批判．導言》中的客觀公式是強調社會變遷的機制在於生產力與生產關係的客觀矛盾，但在《共產黨宣言》中的主觀公式則著重無產階級階級意識的覺悟以及無產階級與資產階級的階級鬥爭。以上表現為人類主體與社會結構的矛盾。馬克思在其著作大部分地方都清楚明確的論述與主張生產力（技術）決定論，但在具體分析中馬克思又違反技術決定論觀點，強調勞動分工關係和合作方式的重要性，但在某些地方又強調階級鬥爭和唯意志論。到底馬克思歷史進展和社會變遷採結構矛盾抑或階級衝突，還是勞動分工與合作？馬克思之說頗曖昧，此為困境三。

四、關於歷史觀念：在青年期手稿中，馬克思把歷史進化描述成一個人類本質的必然發展，看成是歷史及社會異化之克服與人類本質之復歸，亦即歷史即人化之過程。但在《資本論》中，馬克思把歷史過程看作服從於特定規律的自然歷史客觀過程，他還說，不論個人在主觀上怎樣超克各種關係，但在社會變遷上總是這些關係的產物。他甚至還說資本主義生產是一種自然規律，它會以鐵的必然性發生作用並且是正在實現的現實趨勢，也是工業較發達國家向工業較不發達國家所顯示的現代化未來的圖像。然在《神聖家族》中，馬克思則說歷史什麼事也沒做，它並不擁有任何無窮盡的豐富性，它並沒有在任何戰鬥中作戰。創造一切，擁有這一切，並為這一切而鬥爭的，不是「歷史」，而正是「人」，現實的、活生生的人。「歷史」並不是把人當作達到自己目的的工具來利用的某種特殊的人格，「歷史」不過是追求著自己目的的人的活動而已。馬克思視歷史是主觀的還是現實的？在概念上不明確，此為其困境四。

五、關於歷史公式：馬克思視亞細亞的、古代的、封建的和現代資產階級生產方式當成是人類社會經濟型態演化的幾個時期，此中「亞細亞生產方式」是類型論，由古代生產方式至資本主義生產方式之過程階段是線型論。歷史發展公式到底是多元類型還是一元線型？人類社會變遷是歷史不可避免性還是政治可能性？馬克思似乎未能克服此中矛盾，此為困境五。

以上這些困境要克服，須對歷史唯物論加以重構，把歷史唯物論拆開，放入新形式中，將其範疇框架進行系統的清理和重新組合，此有待當代馬克思學者的努力。

對馬克思歷史理論進行重構有以下幾個原則：

在社會面，社會並非僅僅是許多個人的總和，而是個人彼此發生聯繫和關係的總和。然此一概念必須建立在社會是人們相互溝通的基礎上，亦即人類在實際勞動過程中形成他們的社會關係。因此，認識社會須先考察生產過程，此一過程既是改造自然的過程，也是分工合作的社會過程。對於社會及生產不能在一般的形式上來分析，而必須在歷史的形式中來考察。「生產方式」概念為歷史地分析社會的一種形式，其中包括特定的生產關係及一定的生產力水平。生產關係既包括對生產資料特定的控制形式，又包括榨取剩餘勞動的特定形式，因此生產關係實際階級關係、社會關係、法律關係、政治關係，甚或財產關係。生產方式概念是理論典範，可拿它當作成為分析具體社會形式的抽象分析工具，但它不能被看作具體的「歷史階段」，在對多數具體歷史或現存的社會作考察時，我們發現同一共時性中存在著一種以上的生產方式。

在意識方面，社會意識是在社會實踐中產生的，馬克思派認為統治階級的思想意識是每一個時代中占主導地位的意識形態，亦即意識形態服務於統治階級的利益，它可以透過意識宰制有助於再生產統治階級的特殊利益。但亦不可忽視意識形態的相對獨立性，馬克思主義成為意識形態過程中是以站在資產階級統治的對立面並對之進行社會批判而存在的。

在歷史方面，歷史不過是追求自己目的的人的活動，歷史不是先驗地預設的計畫實現。歷史是在人的本質賴以實踐地展開自身過程中才成為合理的。因此，此是人類的實踐賦予歷史以意義，並予歷史以理性，這才能更進一步理解歷史即人的理性在客觀時空中實現。歷史唯物主義是一種非目的論理論，它不應該提出任何必然到來的終極目標。歷史唯物主義既然具有辯證結構發展觀，應該拒絕被當成線型論發展觀看待。人類科學技術進步並不是歷史本身所固有的，它只是當良好的社會條件具備時，在實踐基礎上的一種可能性，因此也不宜把馬克思歷史理論看作「技術決定論」。另外，歷史的變遷不必然由於社會矛盾及階級鬥爭激化而致，只有當對抗性的生產方式占統治地位的社會裡才如此。

在個人方面，馬克思歷史理論固然強調人是社會存有，但也強調個人的主觀能動性，透過實踐，人類不僅再生產他們的物質生活和社會，而且透過人的「能動性」（投射意識）作用於世界，並改造世界，進而由此改造人性，但人不能完全根據自己的自由意志來行動，人是以自己實踐的對象化產物為條件的，人出生在他們無法選擇特定社會關係中，並在既有的生產力基礎上從事活動，只有當用「革命」行動實踐人類本質，以改變客觀條件時，才能肯定人的主觀自由意志。人類只能在社會之中並且透過歷史的過程使他們本身以成就個人的自由解放與實現，因此可視歷史過程就是人自由之實踐過程。歷史唯物主義並不提出一個把個人融化在共同體中的未來集體主義，馬克思所強調的是一個人的自由發展是一切人的自由發展的條件之這樣一個未來社會。

總之，對馬克思歷史理論的重構旨在由片面解釋困境中抽取出馬克思的歷史理論本質概念，並探索此一理論的一切要素是否一貫，各種要素之間的連結是否有效，因此重構必須能找到原有理論的斷裂處。重構不需要對馬克思歷史理論進行根本的和系統的修改，也不需要對馬克思的學說進行獨斷式的肯定，而只須在同樣的要素間建立起新的平衡，這些要素有的潛存於馬克思的著作之中，有的是由馬克思的思想的一般邏輯推演出來。

貳、柯亨對歷史唯物論的解讀

分析學派馬克思主義之所以對普遍性的歷史理論感到興趣，主要是基於四點理由：

（一）馬克思、恩格斯的著作作為一種歷史唯物論，具有普遍性意涵。

（二）是歷史的記錄本身。因為我們從一段長時間的角度來進行思考，歷史本身則展現出一種趨勢，而在歷史趨勢中我們可以發現一種持續的力量在運作著。

（三）第三個根源主要是分析學派馬克思主義者解釋性概念的偏好。因為分析學派馬克思主義認為真正的解釋必須建立在一種普遍性原則之上。他們認為，若不是從普遍性的原則來對歷史進行詮釋，或許可以說明某些歷史事件，但這種解釋絕不是一種真正的科學解釋。因此，分析學派的馬克思主義企圖建立一種普遍性的歷史理論，這是因為他們堅定地認為唯有普遍性的原則，才能對歷史進行科學性的理解。

（四）分析學派的馬克思主義之所以傾向於普遍性的歷史理論，主要還是因為他們對革命社會的企求。因為普遍性的歷史理論可以闡明，革命性的轉型如何可能、何時到來等問題。如果普遍性的理論不存在，那麼革命必定是一種危險的志業，缺乏智識性的根基，或根本不存在成功的可能性。

就分析學派的馬克思主義而言，柯亨於《馬克思的歷史理論：一個辯護》一書對歷史唯物的理論建構，具有經典性的地位。這不是因為人人都同意柯亨關於歷史唯物論的觀點，而是因為他的觀點具有一種明晰性；同時他的論點也具有廣泛的相關性，以致於許多學者、包括馬克思主義學者在論及這個議題時，都不得不與柯亨對話。柯亨企圖捍衛歷史唯物論的傳統模式。他的整個理論計畫是以馬克思《政治經濟學批判．導言》中的一段話作為中心，而這段話則是被認為是馬克思關於歷史唯物論最有系統、最一貫的論述。而在柯亨的影響下，馬克思下列一段話就成為整個分析學派馬克思主義最重要的文獻：

> 物質生活的生產方式制約著整個社會生活、政治生活和精神生活的過程。不是人們的意識決定人們的存在，相反地，是人們的社會存在決定了人們的意識。社會的物質生產力發展到一定階段，便與它們一直在其中活動的現存生產關係或財產關係（這只是生產關係的法律用語）發生矛盾。於是這些關係便由生產力的發展形式變成生產力的桎梏。那時社會革命的時代就到來了。隨著經濟基礎的變更，全部龐大的上層建築也或慢或快地發生變革。

就柯亨看來，馬克思這一段話雖然是簡約的方式，卻是傳統歷史唯物論觀點最重要的原則。

透過對馬克思《政治經濟學批判．導言》以及其他文本的重建，柯亨彰顯出馬克思的歷史觀是一種人類自由逐漸開展的歷史。因為柯亨認為，人類社會的匱乏主要源自人類對自然控制能力的不足；

因此柯亨得出一種技術決定論的歷史觀，即歷史發展的主要動力在於生產力的發展，而生產力的發展拓展了人類對自然控制的能力，因此也就開展了、豐富了人類自由的可能性。這類的觀點同樣出現在柯亨的《歷史、勞動、自由》一書中。柯亨論道：「馬克思主義視歷史為自由開展的過程，即擺脫自然強加在人類身上的稀少性，某些人對其他人的壓迫的過程。統治階級和主體階級則是不公平地分擔自然稀有性的成本，而馬克思主義預言持續不斷地階級對立現象，並與這種現象進行對抗。」

社會的經濟結構與生產力的發展之間存在著複雜的關係。大部分的時間中，經濟結構激發了生產力的發展，但是生產力積累有時會超出經濟結構的涵蓋能力。當這種現象發生，經濟結構將會歷經無數的困難，最後將為較能適應生產力發展的經濟結構所取代。資本主義是經濟結構演化的特殊階段。在資本主義體系的運作下，人類對自然的控制達到新的高點，並且使人與自然建立了一種全新的關係。資本主義是階級分化社會最後同時也是最高的階段，但是資本主義的經濟結構無法滿足自然與社會之間新建立的關係。這將是人類經濟組織革命時刻的到來。

柯亨認為他是一位唯物主義者，但是他的唯物主義是建立在物質與社會，而不是物質與意識區分的基礎之上。所謂「物質性」是指人與自然互動的種種因素，是一種社會必須隨之調適的外部制約因素，以及個人與社會再生產所需的因素。另一方面，所謂「社會性」，則是指涉某些人對他人所擁有的權利和權力。柯亨認為「物質性」是「社會性」的根基，並且物質的發展是人類歷史的主要內涵。從柯亨對科學知識的理解可以發現，他對物質—意識二分法的貶抑。科學知識明顯地應該落在意識的範疇中，但是柯亨將可用的科學知識視為一種生產力（指社會的物質性），而不是上層建築的一部分。

物質與社會的區分，同樣是柯亨理解生產力和經濟結構的關鍵。所謂「生產力」，是任何可用來完成經濟性生產的事物；生產工具、原料、勞動力都被列入生產力的範疇中。「生產關係」則是對生產力的權力關係，以及對控制生產力者的權力關係。社會的經濟結構則包含了所有的生產關係。

柯亨強調，生產力不是經濟結構的內在組成部分，但是卻決定了這個經濟結構的特質。生產力或許可以被視為是經濟體系或者是整個社會的物質內涵。另一方面，經濟結構則是生產力的社會形式。生產力和生產關係的區分表現出柯亨對唯物論的特有觀點：本質上這是自然與社會的對立。這類的對應觀點同樣表現在古典馬克思主義關於使用價值與交換價值的區分，前者代表人與物之間的自然關係，而後者則是一種社會關係。

物質與社會的區分被認為具有革命意義。因為同樣的物質內容可以有不同的社會形式，而且既存的社會形式事實上也會制約人與自然之間的物質關係，因此物質與社會的區分則建立了一種深具革命性的批判意義。當人與自然的物質關係超越出社會形式的制約時，那就是革命到來的時刻，同時這也是物質性從社會形式解放的過程。

一般學者皆同意，柯亨這種歷史唯物論的技術決定論觀點賦予生產力具有因果的首要性。柯亨的歷史唯物論包含三項原則：

（一）發展議題：生產力是隨著歷史的開展而發展的。

（二）首要性議題：生產關係的特質是由生產力的發展程度來解釋的。

（三）上層結構議題：包含在上層結構中的非經濟制度，是由經濟結構的特質來解釋的。

何以首要性議題與上層建築議題視為應包含在歷史發展的原則中？首要性議題暗示生產關係必須與生產力的層次相一致，而根據發展議題生產力是隨著歷史的進程而逐漸發展的。因此生產關係是隨著生產力的發展而轉變的。同樣的理由也可以應用在上層建築議題之上，根據上層建築議題，上層建築是隨著經濟基礎而作調適的。因為經濟基礎或多或少是隨著生產力的層次而發展的，所以上層建築應該是對應於經濟基礎而轉型的。

而柯亨是如何來證明這三個原則呢？首先，柯亨是從人面對經濟的稀有性人類理性發揮運作功能以克服經濟的匱乏的論點來證明發展議題。生產力的發展降低了經濟的匱乏，並且人類作為理性的創造者具有強烈的動機希望克服匱乏的現象。因此，社會的生產力是會不斷地發展。

對於首要性議題的證明就顯得較為複雜。柯亨認為生產關係會影響生產力的發展。事實上，正是生產關係發展了目前的生產力而解釋了這種關係的存在。柯亨強烈主張：既存的生產關係是促成生產力發展最理想狀態。邁爾（T. Mayer）認為這明顯是一種功能性的解釋，而柯亨認為功能性的解釋使生產關係影響生產力與生產力解釋生產關係論點相一致。

柯亨同樣以功能性的解釋證明上層建築議題。經濟結構是需要相適應的上層建築來維繫經濟結構的穩定性，因此柯亨正是以上層結構機制穩定了經濟結構這類的解釋證明上層結構的存在。進一步而言，柯亨是以上層結構議題的套套邏輯（tautology）的方式，界定了社會的上層結構，即上層建築所包含的非經濟制度的特質是由經濟結構來解釋的。

對於柯亨的論證方法，學者有許多批評。同屬於分析學派馬克思主義陣營的艾斯特（Joe Elster）認為，在馬克思和許多馬克思主義的理論中往往採取功能解釋方法，而使其理論本身缺乏說服力。另一位成員羅默（John Romer）也認為，功能解釋是一種歸納法的解釋，它要求某些建立在似乎無可辯駁的、重複的歷史事實上的對應關係，但缺乏對這種對應關係的微觀基礎的知識。

關於柯亨的論證方法，我們首先可以觀察用來證明發展議題的理性宣稱。我們可以假設人類理性能力的存在，但是這種理性能力是否就是柯亨所認定的是一種非歷史性的理性。消除經濟的稀少性、滿足人類的需求，難道就是個人理性行動的目標，而且即使如此，人類是否只能通過發展生產力而不是其他的手段來滿足人類的物質需求？其次，這種發展生產力的傾向，在資本主義體系中可能是一種理性的行動，但是在不同的經濟組織型態下，這種傾向是否就是一種理性的行動？準此而言，柯亨似乎同樣犯了「理性選擇模式」的錯誤。

理性本身也可能與發展議題發生矛盾的現象。考慮到階級分化的社會，統治者可能控制了生產力的發展。假設作為理性人的統治階級組織生產力的發展，可能發現這將弱化他們的宰制能力。出自一種防衛性的策略，理性的統治者應該有系統地限制生產力的發展。結果是，人類理性的增長，將會造成生產力發展的低落。

同樣地，具發展生產力動機的個人，其集體行動的結果不必然造成生產力的發展。從奧爾森（Mancur Olson）的《集體行動的邏輯：公共財與團體理論》一書可以證明，集體行動總是會有搭便車的現象發生。因此，將個人的動機轉化成一種集體行動的結果時，我們應該考慮到人們賴以發生互動行為的團體、社會結構的特性，對個體行為模式的形塑。但是柯亨卻是賦予生產力發展一種超社會性的動力，並且以這種動力解釋社會制度的特質。因此，確認生產力的動力並不是自發性的，而是取決於既存社會結構的特質時，柯亨的理論根基就被削弱了。

為了回應這類的批評，柯亨在《歷史、勞動、自由》一書中稍微修正了他的觀點。他將發展議題解釋為，雖然在人類的整個歷史過程中，生產力是持續的發展，但是對每一個社會而言並非都是如此。之所以如此，是因為生產技術只能被另一個較先進的技術所取代，以及技術的發展或早或晚地將會發生在某處。具先進技術的社會總是會對技術落後的社會形成宰制的關係，而技術的創新總是會從前者擴散至後者。但是這種類似達爾文物競天擇的生產力發展過程，我們又如何能夠在生產力和經濟結構之間建立一種特殊的關係。

我們可以進一步分析柯亨以功能解釋途徑證明首要性議題和上層建築議題。所謂功能解釋是指，某一制度具有功能性的機能，則我們可以根據此一制度功能運作的結果作為解釋此一制度之所以存在的原因。這種論證方法主要的爭議在於，像功能解釋這類結果論的解釋，是否是一種充分解釋。批評者認為，如果這種後果論可以作為社會制度何以存在的充分解釋，那麼只要社會制度的出現就足以解釋社會制度存在的所有必要的社會條件。

柯亨試圖解釋功能關係何以存在。柯亨指出功能關係發生的三種一般性方法：目的式、達爾文式、拉馬克式。目的性的方法是指，具權力的人的理性選擇。決策者認為一種制度有其功能性的結果，而採取行動去執行這項功能。達爾文式的功能性關係源自歷史選擇的過程，存在著許多不同的制度性結構，而歷史的發展將會選擇最適的制度結構。蘭馬坎式的方法是指，社會的衝突將會創造一種適應變遷環境的制度，最後在制度和社會之間造成一種功能性的關係。柯亨的三種方法並未回答反對功能解釋的問題，但是他建議進一步發展第三種方法使功能解釋更能滿足要求。

另一方面，如何將階級鬥爭放置在歷史發展的原則中呢？柯亨並未對古典馬克思主義的格言——人類所有的歷史都是階級鬥爭史進行論證，他認為階級鬥爭是歷史發展的直接性驅力，以及社會轉型的直接性解釋。雖然柯亨將階級鬥爭視為政治事件中的宰制性力量，但是他不認為政治的或是階級鬥爭是歷史發展的根本因素。階級鬥爭總是無時無刻會發生，為了解釋階級鬥爭於正處於轉型過程的社會中爆發，就必須要解釋經濟結構與生產力的關係。

當經濟結構最適於生產力的發展時，則統治階級就是最適於促進生產力發展的階級。因為每個人都為生產的產品在競爭，因此統治階級便能吸引其他人與之聯合，並且抵抗被剝削階級的挑戰。另一方面，如果經濟結構阻礙了生產力的發展，統治階級便成為社會的經濟性負擔，無法再吸引其他階級與之聯合，便容易受到被剝削階級的挑戰。但柯亨的論析也不是完美無缺，賴特（E. O. Wright）批評柯亨似乎忽略了階級能力的論點。柯亨似乎認為階級的利益決定階級的能力，但這是一種錯誤的推論。因為某一階級在社會的轉型過程中可能有強烈的利益動機，但是不見得有能力造成社會的轉型。賴特的批判，也回應了前述奧爾森觀點。因為具有利益動機的個人，在一個團體中並不一定採取行動，或者並一定有能力採取行動，這還必須考慮團體的特性和團體的能力。我們可以將奧爾森的團體與階級等同觀之，那麼柯亨便是一種錯誤的推論。

韋爾德斯（Jutta Welders）在其〈馬克思主義與方法論的個人主義〉一文中，闡釋了分析學派馬克思主義對傳統馬克思理論造成的破壞性結果。他認為，理性選擇馬克思主義的經驗性假設，至少以三種方法破壞了馬克思主義研究傳統的硬核：首先，它的原子本體論，直接與馬克思理論的關係本體論相矛盾；其次，他們的經驗主義科學概念破壞了馬克思理論將社會科學視為批判性的科學的觀點；最後，理性選擇和博弈理論意謂著，從馬克思的社會關係的哲學人類學倒退回由霍布斯所啟發的自由主義個人主義的傳統。換而言之，馬克思歷史理論的辯證法傳統在分析學派馬克思主義的手中，逐漸地被解消了。

參、柏林論歷史唯物論

柏林（Isaiah Berlin）對歷史唯物論的論述值得重視。馬克思本人從未發表過歷史唯物論的正式解釋，這種解釋在他一八四三到一八四八年所有的著作中以殘破的形式出現，並在他的後期思想中被視為理所當然。馬克思並不認為歷史唯物論是什麼新的哲學體系，反而是一種社會歷史分析的實用方法，以及政治策略的基礎。他晚年常抱怨他的門徒對此概念的使用，這些門徒中有些似乎認為此概念可以省去他們作歷史研究的辛勞，提供某種只要有足夠事實數據就能自動「讀出」所有歷史問題答案的「代數表」。在馬克思晚年寫給一位俄國人的信中，他提出了羅馬平民與歐洲無產階級兩個雖有類似的社會條件，但發展相異的案例，他寫道：「當我們分別研究這些演化的形式，然後加以比較時，我們很容易就可發現這一現象的線索，但我們絕無法僅通過某種普遍的、可以解釋每一件事的歷史哲學理論的萬能鑰匙，達到我們的目標，因為這種理論其實什麼也解釋不了，它最高的價值是超歷史的」。

歷史唯物論在馬克思心靈中是逐漸成熟的。我們可以從他《黑格爾法哲學批判》及《論猶太人問題》等著作中找到其成長的軌跡，在這些文章中，無產階級首次被視為注定要循哲學預示的方向改變社會的載體，然而因為此一哲學仍然是與行動分離的哲學，所以就仍是無力感的表達。這一思想後來在《神聖家族》繼續得到發展，這部著作是對「批判的批判」——即青年黑格爾派（主要是鮑威爾兄弟與斯蒂納）的論戰，其中夾雜著歷史哲學、文學的社會批判等；歷史唯物論在馬克思與恩格斯一八四六年共同完成的六百頁巨著《德意志意識形態》中得到最完整的表述。這部冗長、惑人的大部頭著作，處理了早經遺忘的長久以前的作者及其思想，在其長篇的導論中包含著馬克思對歷史理論最全面、最具想像力、最令人嘆服的解釋。正如屬於同一時期的天才作品《費爾巴哈論綱》，及應用黑格爾異化概念的《一八四四年經濟學哲學手稿》一樣，《德意志意識形態》在本世紀前都未見天日，與馬克思所有其他的著作相較，《德意志意識形態》是哲學上遠較富興味的著作，並代表了馬克思被埋沒但卻最關鍵及最具原創性的思想階段；緊隨馬克思的門徒（包括俄國革命者）對這一思想的無知或忽視，導致他們排他性地強調歷史的經濟方面，並造成他們對馬克思思想的社會學與哲學內涵的理解有缺陷。這個忽視，可以說明考次基、普列漢諾夫、特別是恩格斯，為何從半實證主義、半達爾文主義的角度去詮釋馬克思思想，這些人留下的傳統對以馬克思為名的理論及實踐運動，有決定性的影響。

新的理論架構是不偏不倚的黑格爾式的，這一架構認識到，人類歷史是單一、不重複的過程，遵循著可被發現的規律，但這些規律不同於記錄一些重複現象的非歷史的物理或化學的定律，反而比較接近地質學或植物學的定律，亦即體現一種持續變遷過程原則的定律。此一過程的每一時刻，都包含新的特點，或既有特點的新綜合，因此都是新生的，然而雖然每一時刻都是獨特且不能重複的，但它是從緊在其前的一個狀態中延伸而來，並與前一狀態遵循同一定律，正如前一狀態又是從本身的前身延伸而來一樣。根據黑格爾，歷史所包含的連續性狀態的唯一實質，是永恆的絕對精神，其內部矛盾經由宗教衝突或國家間的戰爭化為具體的實在。宗教與戰爭都是自我實現的「觀念」的體現，對此「觀念」的感知，需要一種超感觀的直觀能力；馬克思追隨費爾巴哈，將此說斥為不能作任何知識基礎的神話，因為如果世界是這樣一種形而上的東西，它就不能用吾人所擁有最可靠的方法，亦即經驗性的觀察，去加以檢證，它的解釋也不能用任何科學的方法去確認。黑格爾主義者無懼駁斥，可以給將任何無法觀察的活動歸因於無從理解的世界性內涵，有如基督徒或神學家將這類活動歸因於上帝一樣，但這種作法的代價是根本沒有提出任何解釋，亦即宣布一種經驗上無法穿透的神話式答案，它是將日常的問題轉變成更難理解的語言，而使因此產生模糊不清，看來像真正的答案。用不可知的東西去解釋可知的東西，好比一手拿了喜好的東西，又用另一手給出去；因之不管這種方式的價值為何，它不能等同於科學解釋，即在廣大互無關係的現象中，運用少數有內在關聯性的規律加以排比的解釋方式。

馬克思與黑格爾一樣，將歷史視為現象學。在黑格爾那裡，精神現象學是一種以天才與偉大洞察力說明人類意識發展客觀過程及體現意識的文明演進之企圖；黑格爾受到文藝復興時期主流思潮的影響，認為整個人類的發展與單個人的發展類似；在個人那裡，這個人的某一特定才能、處理實在的特定方法，在其他的才能被開發之前不會出現。同樣地，種族、民族、宗教、文化以固定的次序依次出現，並由表現為藝術、科學、文明整體的人類集體才能所決定。巴斯卡表達過類似的理念，他提到人類是有數百年之久的單一存在，一代比一代更成長。對黑格爾而言，所有的變遷都是辯證法運動的結果，辯證法是根據一種持續的「邏輯批判」而發生作用的，這一邏輯批判就是對思想方式、對理性及感情建構的鬥爭，甚至它們最後的自我毀滅。而這些思想方式、理性及感情建構，當其時也，體現了人類精神「無盡成長」所能達到的最高點；不過，體現在當時制度與規則的這些思想方式、理性及感情建構，也會被當時的社會觀念誤認為是最終的、絕對的，因此也成了進步的障礙，成了在邏輯上「被超越的階段」的垂死的掙扎，也正是這些思想方式、理性及感情建構的單面性，種下了邏輯二律背反與矛盾的種子，使它們因此走上毀滅。馬克思接受了這一「把歷史視為『人化了的觀念鬥爭的戰場』」的觀點，但他用社會的角度將此觀點加以轉化，把「觀念的鬥爭」轉化為「階級的鬥爭」；對馬克思來說，異化是內在於社會過程的，甚至就是歷史本身的心臟（黑格爾則追隨盧梭與馬丁路德，把異化稱為「人永遠地從與自然、他人、上帝的統一中自我疏離」，這種自我疏離就是「正」與「反」的鬥爭的起因）。當人的行動與他們真正的目的發生矛盾時，或當人所接受的官定價值、他們在整體中扮演的角色不能代表他們真正的動機、需要及目標時，異化就發生了；當人們為了因應本身的需要（如法律體系或音樂創作的規等）所創造出的某種東西反而獲得了一種獨立的地位，而且創造它的人也不再將它視為滿足社會需要的東西（這些社會需要可能早就消失了），反而視之為某種客觀的、擁有永恆的、非人化權威的定律或制度，就像一般人及科學家眼中的至高無上的自然律，或是信徒眼中的上帝一樣。對馬克思言，資本主義體制恰恰正是這種實體：由人具體的物質需求所帶來的龐大工具，當其時也，是一種對生活的改善與擴充，但卻產生出它自己的知識、道德、宗教信仰、價值等體系與生活形式；不論接受這些體系的人自知與否，這些價值只不過是資本主義體制所體現的有權階級利益的道具而已，然而，這些價值卻被整個社會視為對全人類都是客觀上正當的。由此可知，工業與資本主義交換模式並非永遠都是正當的制度，而是由農民、工匠對依賴盲目的自然力的反彈所產生的。

生產是社會的活動。任何形式的協作與分工，不論其起源為何，都會形成共同目的與共同利益，這些共同的目的與利益是不能等同於個體的目的與利益的簡單總合而加以分析的；正如在資本主義社會，如果因為不能改變的歷史發展（恩格斯對這一發展有較馬克思更明確、但也更機械的描述），整個社會勞動的成果僅被該社會一部分人完全為了自身利益所占有，這就違反了具有社會性本質的人對「自由地、完全地發展自我」的要求。根據馬克思，那些將生產工具累積在自己手裡、因此也就是以資本的形式把生產成果累積在自己手裡的人，乃是粗暴地剝奪了廣大生產者（工人）的創造結果，從而將社會分割成剝削者與被剝削者，二者的利益是衝突的，每一階級的生存都以在決定社會所有制度的連續戰爭中擊敗對手的能力為前提。在鬥爭的過程中，科技得到了發展，階級分化的社會文化更形複雜，其產品更富足，而由其物質進步所產生的需要也更多元與人工——亦即更「不自然」，其所以「更不自然」，是因為兩個鬥爭的階級間的衝突取代了共同利益的協作，越來越與統合的共同生活與共同創造相「異化」，而共同生活、共同創造卻是人的社會本質所需求的。特定人群對生產工具的壟斷使這一人群能將己身的意志強加在別人身上，並強迫別人從事自外於自己需要的工作，社會的統一因此被摧毀了，兩個階級的生活也因此被扭曲了，多數人（無產階級）現在為了別人的利益、根據別人的理念工作，他們的勞動成果及生產工具也被強奪，他們存在的模式、觀念與理想不再與他們實際的苦難相適應，他們依據人類本性需要的生活被人為地阻止了；反之，他們的存在與觀念被迫與他們的壓迫者的目標相適應。因此他們的生命是建築在謊言之上的。至於那些壓迫者，不論自覺與否，他們也不得不將其寄生式的存在合理化為「自然的」、「值得的」，在此過程中，壓迫者則產生出一套套觀念、價值、法律、生活習慣、制度（這一整套馬克思有時稱之為意識形態），其唯一目的就是支撐、解釋、保衛他們那特權的、非自然的、不合理的地位與權力；這樣的意識形態，不論其為民族的、宗教的、經濟的，都是集體自我欺騙的形式；統治階級的犧牲者——無產階級與農民——則通過正常教育及社會的觀念吸收了這些意識形態，接受其為客觀的、正義的、必要的自然秩序的一部分，而一些假科學又會被創造出來去解釋這個秩序。盧梭教導我們，這會更深化人的錯誤、衝突與挫折。

異化的徵兆，就是將最高權威歸諸某種資本主義理性可用以演繹的非人力量（例如供需規律），或歸諸某種想像中的人或力量（如上帝、宗教、國王或僧侶的神祕人格，或是已從「自然」生活狀態中被撕裂的人可藉以自我解釋其所處的「不自然」狀態的壓迫性神話）。如果人想要自我解放，他必須能夠看穿這些神話，對馬克思言，最具壓迫性的神話，就是將商品及貨幣運動（其實就是生產、消費、分配過程）呈現為一種不以人轉移的過程、近似於不可變更的自然律的資產階級的經濟學，人在其呈現的客觀力量之前，只能俯首稱臣，反抗只能是愚蠢。雖然馬克思有決定論的色彩，但他仍決心說明：將任何既定的經濟或社會結構視為不可改變的世界秩序一部分的概念，是因人與其自然生活形式異化而造成的——一種典型的「神祕化」（mystification），純然人為活動偽裝成自然規律；這種神祕化只有靠其他同等人為的活動才能除去，即使用「去神祕化的」（demystifying）理性與科學，最終還是要靠革命。這些解放活動本身可能也被客觀規律所決定，但這些規律決定的是人的思想與意志的活動（特別是在群眾中的人），而非只是那些自成章法、不以人的行動為轉移的物資條件的運動。如果人的抉擇能影響事物發展的方向，如馬克思相信的那樣，即使這些抉擇本身最終還是被決定的且可以在科學上加以預測，在這樣的情境中，黑格爾主義者與馬克思主義者仍然認為足以稱人是自由的，因為這些抉擇不像自然的其他部分是被機械式決定的。事實上根據這一派思想家的看法，這種決定論已是「自由」所能指涉的一切了。

由於吾人尚不能理解資本主義在歷史上的功能及其與特定階級利益的關係，因此資本主義不但不能豐富數百萬工人的生活，反而要粉碎、扭曲工人的生活，甚至他們的壓迫者也包括在內，就像每一種在理性上無法理解因此被盲目地崇拜的拜物教一樣。以貨幣為例，貨幣在從以物易物式交易的解放中曾扮演進步的角色，現在則成了被追求與崇拜的絕對客體，將發明它以求解放的人類變得殘忍，甚至將之毀滅。人與其本身的勞動產品及其賴以生產的工具相疏離了：這些產品與工具獲得了自己的生命與地位，它們並以生存與進步為名，壓迫活生生的人，將之視為牲畜或商品。所有的制度、宗教、經濟體制、政府形式、道德律都是如此，它們通過被誤解，變得比發明它們的人更強而有力，變成被製造者膜拜的怪物。然而，光是像青年黑格爾派那樣看穿並批判這一困境，並不足以摧毀這一困境；要有效地與之對抗，人們用以作戰的武器（其中包括觀念）必須是特定歷史情境所需者，既不是為前一時期服務的觀念，也不是當時歷史情境尚未要求的觀念。最首要者，人要捫心自問：階級戰爭（即辯證法的運動）現在到了什麼階段？然後據以採取行動；這就是「具體」而非唯心的或「抽象的」。

只有在最後的階級——即無產階級——打敗資產階級後，異化——以無生命的客體之間的想像關係或對此客體的崇拜，取代人與人之間的真實關係與彼此的尊重——才會終結。然後此一勝利產生的觀念將能自然地表達、並有利於一個無階級的社會，即全人類的社會，此時沒有一個立足於曲解人類任何部分特質的制度或觀念還能存活。在資本主義之下，人的勞動力被買賣，工人僅被視為勞動力的來源，這是一個扭曲人的存在及人的潛能的體制，企圖使歷史從屬於階級利益，所以注定要被它的勝利造成的可憐的犧牲品匯集成的巨大力量所取代。對馬克思言，所有的挫折都是異化的產物，即無可避免的階級鬥爭所造成的障礙與扭曲，並排除人們的某部分與其他部分進行合作，這種合作是人的天性。

馬克思與在他之前的理性主義者一樣，認為人潛在是有智慧、有創造力且是自由的，如果人的本性墮落到難以辨認，那是因為自他祖先以來，就處於原始共產主義的社會之後的長期、殘酷的階級鬥爭中；而且除非共產主義再度來臨、人類在荒漠中曲折的道路上積累的所有技術上、精神上的征服成果得以體現，否則和平與自由是不能長保的。法國大革命就是企圖僅改變政治形式就達到和平與自由（當時資產階級的要求也不過如此，因為他們已握有經濟的實權），那這一革命唯一的成就，就只能是通過摧毀封建體制的殘餘，建立資產階級的主導地位而已（事實上這是資產階級在其出現的歷史階段中被賦予的歷史使命）；這一使命只有待拿破崙才得以持續，當時每個人都希望他能解放全人類，不論他的動機為何，他所處的歷史情境不可避免地將他造成改變社會的工具；正如黑格爾所說，通過拿破崙的中介，歐洲向它命運的實現又邁進一步。

人類逐漸的解放係走向一種特定的、不能回頭的方向：每一個新的時期都是由一個在此之前被壓迫的階級被解放所開創的，一個階級一旦被摧毀就不會再重現；歷史不會走回頭路，也不會循環：

它所有的征服都是最終的、不能撤回的；大部分前一時期的理想法令都已沒有價值，因為它們忽略了實際的歷史發展規律，而代以思想家自己的想像。有關這些規律的知識對有效的政治行動是極為重要的；遠古世界讓位於中古時期，奴隸制讓位於封建制，封建制讓位於工業資產階級，這些過度都不是和平的，而是從戰爭與革命中迸出的，因為沒有一種既成的秩序會不經鬥爭讓位給它的繼承者。

現在只有一個階層還為其他階層淹沒，還有一個階級仍被奴役，就是沒有土地、沒有財產、由科技的進步造成的無產階級，他們永遠都支援高於他自己的階級，去掙脫共同壓迫者的鎖鏈，但也總是在共同的鬥爭勝利後，又被原來的同盟軍、現在的勝利階級貶為壓迫者。無產階級是社會階級上不能再低的一級，再也沒有階級比它更低下，因此藉著解放自己，無產階級可以解放全人類；與其他階級不同，無產階級沒有什麼特定的宣示，它除了與全人類共享的利益之外，自己沒有特殊的利益，因為它所有的東西都已被剝奪，所僅存者只有孑然一身；無產階級的絕境正是它能代表全人類的原因，它有權利獲得的東西，是全人類都有權利獲得的最低限度；因此它的鬥爭不是為了社會上某一特定部分人的「自然權利」的鬥爭，因為「自然權利」不過是資產階級私有制神聖化的理想，唯一真正的權利是由歷史賦予的，就是扮演好歷史強加給自己所屬的階級的角色的權利。就此而言，資產階級擁有與群眾最後決戰的權利，但此一任務必敗無疑，資產階級必然被擊敗，正如封建領主在當時被擊敗一樣；在群眾一方，他們為自由而戰，並非出於選擇，而是他們必須一戰，或曰因為必須一戰所以他們選擇一戰：因為他們為自己的生死存亡而戰；未來是屬於他們的；在他們的爭自由的鬥爭中，他們與所有新興階級一樣，都是與命中注定要瓦解的敵人作戰，因此是為全人類整體戰鬥；所不同者，贏得其他所有鬥爭勝利的階級，都注定要消失，但這卻是一場最後的鬥爭，因為這場鬥爭注定要終結所有鬥爭的條件，其途徑是通過放棄階級本身、取消作為單一階級工具的國家機器，因此進入一個沒有階級，因此是自由的社會。無產階級必須明瞭：與敵人沒有真正的妥協空間：雖然可能暫時與敵人結盟以擊敗另一共同敵人，但無產階級終究要與其正面對抗；在落後國家，資產階級本身還在為掌權而鬥爭，無產階級就必須與其並肩作戰，不應自問資產階級的理想是什麼，而應自問它在此一特定情境中不得不做的是什麼。雖然歷史是被決定的——不管某些個人願不願意，新興階級也終將贏得勝利，但這一勝利會來得多快、耗費多少、在多大程度上能依照大眾的自覺意志，則要視人的主觀能動性、群眾上了解本身使命的程度，及其領袖的勇氣及能力而定。

根據馬克思的看法，把這一切弄清楚，教育群眾使其了解其命運，是當代哲學家的任務；但時常受到質疑的是：如何能從歷史理論的真理中演繹出道德律令？歷史唯物論或可解釋實際上已發生的事實，但正因為它只關心實然為何，所以它不能提供道德問題，亦即有關應然的答案。但馬克思與黑格爾一樣，完全拒絕這種實然與應然的區分，有關事實的判斷不能與價值截然區隔：一個人的判斷是被「處於既定社會氛圍中的實際活動」所制約的，而此一氛圍又因「這個人所屬的階級在歷史的進化中所達到的階級」而轉移：一個人對於「他相信什麼是存在的」以及「他希望如何對待這一存在」的兩種觀點，是彼此相互修正的。如果道德判斷宣稱具有客觀的正當性（馬克思的看法是，除非道德判斷宣稱這樣的正當性，否則它們就無對錯可言），它們必須能在經驗上被定義，並通過引證經驗性證據給予確認；他拒絕接受任何非經驗性的、純粹思辨的、完全道德的直觀，或道德理性這類的觀念；能說明某些東西是好是壞的唯一可能方式，就是證明它與歷史過程是否相符，亦即它與人的集體活動是否相符，它助長了或阻制了人的集體活動，以及它最後是存活下去或滅亡。所有已一去不復返或注定失敗的理想，正因為這一事實，就必須是不善的、錯誤的，事實上這就是構成的「不善的」、「錯誤的」的意義所在。然而這是一個危險的經濟範疇，因為看來失敗的理想可能只是歷經暫時的挫敗，且最終會贏得勝利。

馬克思對真理的看法直接由這一立場而來，有人曾經指控馬克思持以下觀點：由於人完全由社會環境決定其思考，即使他有些陳述在客觀上為真，他卻無從得知；因為他是被物質因素制約才認其為真，而非因為這些陳述的真實本身。馬克思在這方面的論述有些模糊，但一般來說，他接受自然科學或平常感官經驗的理論或命題是真是偽的「正常詮釋」，但他卻對哲學家討論的真理不甚感興趣，他關切的是社會、道德、歷史判斷被認為真或偽的理由，及對立雙方的爭論通過雙方都可獲取的直接經驗事實如何不能化解。他可能同意，資產階級史家與社會主義史家都會接受「拿破崙死於放逐」這一命題為真，但他會繼續指出，沒有一個真正的歷史學家會把自己限定在事件與日期的名單中；史家對過去的解釋的似真性（plausibility）及宣稱其不只是編年記事，至少依這一史家對基本概念的選擇而定，依其強調重點及安排的能力而定，其選擇素材的過程是否違背強調某些事件的傾向、是否重要、是否有利於人類進步、是好是壞；在此傾向中，史家的社會起源、社會環境、階級屬性與利益表達地最為清楚。

這樣的態度，成為馬克思純粹黑格爾式理性觀的基礎：理性與「對必然規律的知識」是同一物。如果你知道世界發展的方向，那你只有認同或反對這種方向，而且如果你選擇對抗，那你就指出了因歷史的向前進步所以自己必然的毀滅命運，有意作這種選擇是非理性的行為。只有完全理性的人才能完全自由地從選項中作抉擇：當這些選項之一必然導致此人的毀滅時，他所作的抉擇是不自由的，因為就馬克思的理解，行動的自由就意謂拒絕非理性。資產階級是命定要消亡的階級，但該階級的個別成員則可依循理性，在其覆亡之前離開以自救；社會變得理性之前，亦即社會能克服製造錯覺、扭曲宰制者與被宰制者理解力的矛盾之前，真正的自由是不可得的，但人仍然可以找出各種力量的真正平衡狀態，並據以行動，這就是為自由世界服務；通往自由之路因此就需要對歷史必然的知識，當馬克思不依世俗用法使用「正當的」、「自由的」、「理性的」等詞語，其看來怪異是來自於他的形上學觀點，因此也就與一般講話中的用法相去甚遠，這一般的講話主要意在記錄與溝通馬克思很少感興趣的東西——某些為階級扭曲的個人的主觀經驗，這些人的感官或自覺意識揭露的心理、生理狀態。

以上的概述就是構成共產主義形上學基礎的歷史與社會理論，這些理論廣泛而全面，其結構及基本概念來自於黑格爾及青年黑格爾派，其動力來自聖西門，其對物質的首要性的信仰來自費爾巴哈，而其對無產階級的觀點則來自法國共產主義傳統。但無論如何，它仍是極具原創性的，各部分的綜合在此並不等於混合，而形成一個大膽的、清晰的、連貫的體系，它有曾是黑格爾思想中最偉大的驕傲、但也是致命弱點的寬廣範疇及知識系統品質，但它沒有黑格爾那種對當時科學研究成果的魯莽與不屑；相反地，它企圖依循經驗性科學所指引的方向，並統合其研究結果。馬克思的作法並非總是遵守這一理論上的理想，他的門徒則更等而下之：他們雖然沒有扭曲事實，但卻在把事實嵌入精細的辯證模式過程中，強迫事實作特定的轉化。它絕非完全經驗性的理論，因為它從未自限於對現象的描述，或形成有關現象的結構及行為的假設；馬克思的有關辯證式衝突運動的理論，並非經由事實證據而變得更可能或更不可能的假設，而是一種經由非經驗的、歷史的方法所發現的模式，其效度是不被質疑的；據馬克思的說法，拒絕接受這些就等於回到「庸俗的唯物主義」，意即忽略黑格爾甚至康德的關鍵性創見，只認同那些在物質上有證據的關係。

最後，柏林認為，在形構問題的尖銳及清明，探索答案的方法的精準，以及綜合對細節的注意與宏觀推理的力量等方面，馬克思的歷史唯物論是無雙的。即使它所有的特定結論都被證明為偽，但在創建一套面對社會歷史問題的全新態度，以及在開啟人類知識的新途等方面，其價值並未稍減。有關經濟關係及其對社群與個人生活其他方面的科學研究，在馬克思之前的思想家，如黑格爾、聖西門等人早勾勒出大綱，但他們的研究結果有如孔德或史賓塞所言，既太抽象也太模糊，在今日已不復為人記憶。真正現代經濟史與社會學之父是馬克思；如果將以前自相矛盾的東西轉化為真理是天才的徵象，那馬克思就是天賦奇才，他在這方面的成就，與這些成就的影響已成為思想史上不可磨滅的一頁。

第五章　馬克思的政治和社會理論

壹、黑格爾政治哲學的前提

在《黑格爾法哲學批判》中，馬克思以費爾巴哈的語言和改造方式對黑格爾的政治哲學進行批判。而馬克思的唯物主義正是從他對黑格爾進行內在批判開始的。

從《黑格爾法哲學批判》中可以看出，晚年馬克思的思想模式在他早年對黑格爾進行批判時就已出現雛形了。在《批判》中，馬克思接受了黑格爾的概念和整個系統體系，但是馬克思以費爾巴哈的批判方法倒轉了黑格爾哲學。馬克思繼承《法哲學原理》中黑格爾使用的市民社會或財產的概念，但是卻重新賦予它們與國家之間一種革命性的關係。結果，這些概念經歷了劇烈的意義轉變。也就是對黑格爾財產、市民社會、國家的概念批判性的分析，導致馬克思對黑格爾哲學進行根本性的批判；但是馬克思是從黑格爾的政治哲學去挖掘黑格爾體系的基礎。馬克思從黑格爾哲學的社會政治意涵出發，而唯有如此他才能對黑格爾整個哲學體系進行更新和改造。

馬克思首先攻擊黑格爾的政治哲學，開始以費爾巴哈的改造方法去檢證黑格爾政治哲學制度化後的可能後果。所以馬克思可以超越黑格爾加諸在青年黑格爾學派身上的束縛。馬克思認為，對黑格爾政治哲學進行改造式的批判，很容易通過揭示黑格爾將個人即真正的主體附屬在一抽象的、無所不包的主體之下而獲得。馬克思試圖證明，因為黑格爾這種顛倒的觀點，使他無法在實踐中去實現他的理論。根據馬克思，通過將人的活動和經驗限定在存在的意義中，黑格爾總是在現象世界背後隱匿了絕對觀念。事實總是不同於表象。

馬克思開始在黑格爾三個議題上應用這種方法：君主政體、主權和普遍意識。馬克思認為，黑格爾總是以哲學的光環去籠罩經驗的實在；被視為是實在之判準的觀念（idea），則轉變成一種合理化的過程。這樣的假設導致黑格爾接受現實政治社會情境的合理性，並將現階段的歷史獨斷地轉化成一種哲學上的判準。馬克思認為黑格爾的宣稱，國家最終將朝向一般化、普遍化，而成為普遍意識的客體，只能在純粹形式層次上才能實現。一旦馬克思在他的哲學中達到這點，那麼他對黑格爾哲學的探討就獲得新的意義：馬克思的哲學停止了純哲學式的探討，而轉變成社會的批判。因為如果《法哲學原理》是對現代國家進行理論的證明，那麼對《法哲學原理》的批判就必須批判現代政治制度。所以馬克思對黑格爾批判的目標就隱含在他給盧格信中所提到的：黑格爾的國家概念僅只是反映了現代立憲王權，若是如此，那麼黑格爾的國家觀念就無法達到黑格爾哲學本身的標準。除了將自身的經驗存在轉化成普遍性的效度宣稱之外，黑格爾的理論是自相矛盾又缺乏合理性的。因為黑格爾的政治哲學對實在的認可和理解是不足、是扭曲的，所以黑格爾的哲學若是不改造實在，本身就無法進行改革。同樣的觀點表現在馬克思《費爾巴哈論綱》中的第十一條。當我們透過費爾巴哈的批判主義去批判黑格爾哲學時，則我們所觀察的社會生活情境是黑格爾哲學內在矛盾所造成的結果。

一、政治國家和市民社會

黑格爾政治哲學的最大成就在於，黑格爾企圖抽離社會和歷史的影響力以一整體性來建構國家；

而這種社會和歷史的影響力是存在於經驗實在中，並且制約著經驗實在。所以黑格爾將市民社會描繪成各種社會力量衝撞的場域，而國家的普遍性則超脫了各種社會力之上。如果能夠證明國家與社會的分離是錯誤的，同時證明國家只不過是在國家普遍性的無上命令下各種特殊利益的客體化設定，那麼黑格爾的政治哲學的根基就被掏空了。

馬克思正是從這個面向來證明黑格爾政治哲學的虛假；馬克思認為黑格爾對國家的探討，忽略了人類關係的社會脈絡性，同時黑格爾的國家理論也合理化了既存的社會組織。在黑格爾理論中，對國家的探討似乎不必透過組織國家的個人角色來理解。同樣地，在黑格爾哲學中個人的出現好像在國家已經被完美建構之後，所以國家與個人才能夠分別開來討論。馬克思認為，因此黑格爾必須在國家與個人之間建構一個中介聯繫，但在馬克思看來黑格爾所建構的中介聯繫就好像原本存在的鴻溝一樣，是浮面的、是錯誤的。因此馬克思主張，個人在概念上是無法從他存在的社會脈絡抽離出來：對個人進行有意義的界定，必須同時參照個人的環境，所以一種關於個人的原子化模式在哲學上是不可得的。馬克思便是依此概念對黑格爾政治學進行批判。

根據馬克思的理論，黑格爾對政治生活結構描述所產生的緊張關係，主要是源於黑格爾將人與他的社會存在割裂：黑格爾將人分裂為以經濟活動為主的私領域，以及人克服自利心和為共同美德而奮鬥的普遍性領域。用馬克思的話來說，黑格爾以「唯物主義」的市民社會領域，和「唯心主義」或「精神主義」的政治國家對立起來。所以馬克思認為，人的異化主要是源自黑格爾將人的生活割裂成兩個不同領域所造成的結果。馬克思認為物質生活與政治領域之間存在模糊的關係，無法截然分割。黑格爾將物質生活排除在政治結構之外，而馬克思認為物質生活是充斥在政治生活之中，政治制度僅只是隱匿了市民社會的特殊自我利益。所以在此一階段，馬克思將政治國家與市民社會之間的關係重新安置在古希臘羅馬、中世紀、現代等階段的歷史發展脈絡中，以改變兩者之間的關係。馬克思的解釋架構和批判方法皆源自黑格爾《法哲學原理》，但是將其概念發展轉而強調社會政治領域，而以社會發展的研究代替黑格爾對不同意識形態的檢證。

馬克思認為，處於現代階段，政治國家與市民社會是完全分化與分離，因此異化的意識被形式化、制度化：早期階段這種分離與分化是以隱匿的方式，到了現代階段則是完全曝露在現代生活之中。市民社會完全從政治制約的狀態下解放出來；私人生活包括經濟活動則是完全獨立於任何共同體之外；所有對財產和經濟活動的限制就完全被取消。經濟個人主義和自由放任完全彰顯了市民社會和政治國家的割裂，而人的社會開始感受到異化，以及人的社會被分割成私人領域和公共領域的狀態。經濟活動轉變成它本身即是一種目標，成為人與其普遍存在的普遍意涵的證明和條件。

馬克思從他的歷史解釋作成如下結論：

黑格爾政治哲學理論建構的基本原則——政治國家與市民社會的分離，本身是發生在某一既定時刻的歷史現象。國家與市民社會分離現象的原因是可以簡單地分析而獲得，並且這種分離現象的必然性也是短暫的。因為黑格爾不了解歷史事實，所以他無法了解中世紀那種理想的、統一性的共同體在現代階段已經消失了，並且為私人領域和公共領域的矛盾所取代。

二、階級結構與現代社會

從馬克思的結論中我們可以獲取有關現代社會特質的洞見。被黑格爾視為是神聖理想的國家，在馬克思的理解中則是政治和真實社會領域相異化的代表。如果說現代國家是形式和物質，是作為抽象化的人與作為政治動物的人之間的斷裂，那麼黑格爾重新調合的企圖只能使這種斷裂更明顯。

例如在《法哲學原理》的三〇二節中黑格爾提到，等級是國家意識和特殊社會階層意識兩者的體現。對黑格爾而言，等級似乎是市民社會的特殊主義與國家的普遍主義二者的中介。但是就馬克思看來，黑格爾這種中介是缺乏經驗意涵，無法克服兩者之間的矛盾。其中最主要的困難在於黑格爾希望以現代的社會階段扮演中世紀社會階層的功能。更嚴重的是，黑格爾企圖倒轉因果關係：如果中世紀階層的私人特質決定了他們的公共的、政治的地位，黑格爾現在則是希望這種公共的、政治領域決定私人的身分地位。所以黑格爾的國家，只不過是市民社會利益的合理化（rationalization）。它的制度只有形式上的意義，它們完全忽略了不可調合的矛盾。

馬克思已經注意到這種矛盾的不可調合性，而黑格爾理論的弔詭就表現在他對官僚的定位。根據黑格爾論點，官僚是一種普遍的階段。一方面，官僚階級是市民社會中的一個階段；另一方面，官僚階級的志業則必須受普遍利益的節制和導引。換言之，官僚階級是特殊和普遍、市民社會和國家之間中介的典範。馬克思則是認為，正是官僚階級以普遍利益為名，而謀求一己之私。官僚階級所代表的是一種現代政治生活普遍化的幻想；因此，馬克思以費爾巴哈的用詞稱黑格爾的官僚階級是一種「神學」。

我們了解到，根據黑格爾的架構，等級是國家與市民社會的中介；事實上，黑格爾是以個人的私人地位決定他的政治地位。即使就等級的語意學背景來看，它將社會經濟和政治意涵包容在一起，但是它仍強調經濟意涵對政治領域的決定作用。等級分化對馬克思而言，是黑格爾這種擬人化政治體系建構的決定性因素，雖然黑格爾假設財產關係相對於政治領域具有中立性。

當現代社會中私人的地位是由他的財產關係來決定，那麼這種財產關係就不再是一種私人屬性。現代財產關係，亦即市民社會關係決定了政治領域，那麼政治領域就成為財產關係的合理化。透過這樣的思考，馬克思將財產關係與政治結構結合起來，馬克思觀念中的黑格爾脈絡，可以追溯至馬克思本人晚年關於此一主題的論述。馬克思從未講過國家只是財產關係的反映：馬克思的觀點不過是國家關於代表普遍利益的宣稱，只是階級利益的藉口。

得出階級的分化決定了政治結構的論點，對於處在市民社會邊緣的階級，馬克思面臨兩難的窘境。在《法哲學原理》中的二四三節，馬克思稱市民社會的邊緣階級為「有立即需要獲得工作機會的階級」。後來馬克思在〈摘自《德法年鑑》的書信〉中稱無產階級為「市民社會階級中的非市民社會階級」。

馬克思在〈摘自《德法年鑑》的書信〉的論述是相當重要的。因為「具體勞動階級」不僅只是一種現代社會的邊緣現象。「具體勞動階級」的存在是市民社會發生功能的前提；因此欲了解現代社會就必須分析工人階級的存在情況。所以，馬克思終生的工作計畫在一八四三年的文章中就已經浮現出來了。

三、財產

馬克思繼續運用費爾巴哈的方法闡釋財產本身倒轉了人的主體性與客觀世界。馬克思認為，在黑格爾手中財產從意志的客體被轉變成一種主宰。指出人是受到他的社會地位決定的，就是說人成為財產的決定物。換言之，馬克思是運用費爾巴哈的方法討論財產的內涵。

透過指出黑格爾的財產觀是免於受市民社會和國家的壓力，並且與黑格爾稍早對財產的界定是矛盾的，馬克思對黑格爾的財產觀進行批判。為了讓神聖的財產權獨立於國家的權力與市民社會的需要，黑格爾提出了獨立於社會脈絡的財產觀。雖然黑格爾最初將財產權界定為依其權力自由處置的客體，現在黑格爾則是將財產完全與人的意志割離。費爾巴哈指出，將財產權從社會脈絡中抽離將會造成嚴重的問題。最初黑格爾的國家是一種特殊利益的普遍性；但是現在最適於統治國家的階級則擁有一種「社會肌體已經被割斷撕裂、社會孤立已經完成」的財產。而神聖之財產權的倫理意涵則受到了攻擊。黑格爾提到，財產權的神聖性必須仰賴家庭而使它的生活具倫理性；馬克思則認為事實正好相反。財產權對於家庭的團結並無任何意義，因為除了長子之外子女並無分享財產權的權利。

馬克思指出，黑格爾在《法哲學原理》中的第六五到六六節將財產權界定為是不相容的。因為財產權的繼承決定了自我意識和人格特質。如果財產不是異化的，那麼所有人的其他財產都變成異化形式了。馬克思同時從私法和公法的關係思考黑格爾的財產繼承權。在七一節中，黑格爾從私法的角度依可轉讓性和社會與共同意志來界定財產。這種界定隱含了國家可能控制財產，並且立法為之。但是就公法而言，黑格爾就無法保持財產的「真正的唯心主義」。通過財產的所有者財產成為非異化的，財產變成一種真正的主體。事實上，財產不再是財產了；財產的擁有者變成財產的財產。馬克思在《資本論》中所謂的「商品拜物教」首度在此出現，儘管此時的分析不具經濟意涵和歷史情境。

此時，馬克思是通過純粹的哲學論述，而不是經由社會批判或經濟分析，獲致財產成為人的主宰；同時，馬克思揭穿了黑格爾政治結構的整個秘密。馬克思認為，國家是一種自我決定的幻覺——一種必須加以翻譯的神話。國家與財產相互糾結。國家反映了財產關係和階級分化，但卻是以一種扭曲的和虛幻的態度表現著。

貳、無階級社會——「真正民主」和共產主義

馬克思應用費爾巴哈的改造方法批判黑格爾。將這種改造方法應用到具體的歷史現象時，具有立即的現實性。這種應用方法可以將費爾巴哈的哲學在一既定歷史環境中實現。馬克思論及：「可以指出，主詞轉變成賓詞，賓詞轉變成主詞，決定和被決定者的倒轉，總是標示出革命階段的來臨。」因此，馬克思批判黑格爾的方法是一種革命的方法，而革命的社會意義正表現在「社會意識的改變會造成社會關係和社會結構的變遷」。被壓迫的主體，即退化成賓詞的主詞，將會再度成為主詞、自由人。因此黑格爾的邏輯如果加以倒轉，將可成為改造世界的手段。改造世界是必須透過革命的手段來完成的，而革命首先發生在意識領域，即對傳統哲學的批判，但對傳統哲學的批判最終會直接導向社會世界。這種改造式的革命本身的社會意義在於，革命承諾人的社會不是一種既定的事實，而是人類活動所創造的結果。社會是一種賓詞，它需要人類主體的創造；最終必然王國將會轉變成自由王國。這類革命假設：人和他的社會活動是同一的。人是他的社會關係的總體，因此解放社會就是解放人自身。

所以在馬克思的論述中，馬克思的邏輯學與人類學和政治社會學三者合而為一。對馬克思而言，「人的共產主義本質」既是當前政治制度運行的判準，同時也是未來社會的典範。基於個人主義的市民社會，根據馬克思，破壞了人作為一種社會存在的屬性。準此而言，個人主義是一種以社會關係作為達成個人目標的手段之人的模式；個人主義將人的存在視為至高無上的目標，社會只是個人的外在的和形式化之物。個人主義的社會是無法發展出一種關於人的社會模式化。

馬克思所謂的「民主社會」將能夠克服個人主義社會的原子化現象。馬克思「民主」一詞首先

見於一八四三年，與寫作《黑格爾法哲學批判》同時；而此時馬克思所主張的是激進的雅各賓民主。根據這種說法，那麼馬克思的政治方法是一種民主的手段，而共產主義只有在他晚年的著作中才得以出現。但是，我們若仔細分析馬克思在《黑格爾法哲學批判》中「真正民主」的涵義，那麼以上的觀點就不正確了。因為在《黑格爾法哲學批判》中馬克思的「民主」概念，基本上與後來所謂的「共產主義」是一致的。馬克思學術發展的決定性轉變不在於從激進的民主過渡到共產主義，也不在於從唯心主義過渡到唯物主義。因為馬克思從接受黑格爾的哲學體系，轉而應用費爾巴哈的方法對黑格爾哲學進行內在的批判，這其中必然使馬克思導向社會的批判主義。在《黑格爾法哲學批判》中馬克思即以廢除私有財產制和國家消亡的觀點來研究社會。簡言之，《共產黨宣言》中的觀點早已內在於《黑格爾法哲學批判》之中。

根據馬克思，所謂「真正的民主」意指，一種個人不再與社會對立的社會狀態，他在這樣的思想脈絡中首度提出「共產主義的本質」一詞。

當馬克思論道「真正的民主」就是人與政治結構之間不存在異化狀態的社會，他的哲學立場就非常明顯了。馬克思將「民主」界定為一種所有政府形式的典範，其中形式和內容是統一的。因此就馬克思的觀點看來，任何激進的、制度性的民主概念，是無法涵蓋馬克思所表達的「真正民主」的所有涵義。費爾巴哈將基督教作為宗教的典型，而民主作為政治的典型，兩者等同視之；對於馬克思關於「真正民主」的整個論述是相當重要的。根據費爾巴哈論點，基督教解消了人們宗教的需要，結果也自我解消；所以關於民主，馬克思也對政治制度即國家是否尚未同時達到發展的頂端以及應被揚棄抱持同樣的質疑。就方法論而言，這是馬克思辯證地將基督教與民主等同的結果。在馬克思的解析中，不僅國家要消亡，同時作為個人利益分化領域的市民社會也必然解體。而造成國家與市民社會消亡的主要原因，是普遍選舉權的實行所造成的。因為普遍選舉權的實行，使政治領域可以獨立於財產和市民社會的束縛。如此一來，因為市民社會不再具有實際的政治意義，事實上市民社會就已經沒有存在的必要。

馬克思關於國家和市民社會消亡的闡述，必須放在黑格爾使用的「揚棄」（奧伏赫變，Aufhebung）概念中才能完全的理解。「揚棄」意指取消（abolition）、超越（transcendence）、保留（preservation），是辯證法體系重要的概念。市民社會的揚棄具有兩點意義：市民社會被取消、超越，但是市民社會的某些內涵則被保留在更高的發展階段中。這對國家而言也是相同的。對馬克思而言，「揚棄」總是意指，一度達到普遍化本質，最後分散成不同組成部分。所以，馬克思要求普遍的選舉權不是出自民主或激進的共和主張。因為馬克思並未區分王權與共和的差異。對馬克思而言，普遍選舉權只是一種辯證的武器，注定要同時解消國家和市民社會。因此，國家承認普遍選舉權的行動，將會是以國家之名的最後一次行動。

因此黑格爾國家觀的普遍原則，就得以在黑格爾政治哲學的系統性轉變過程中，或許我們可以說是在揚棄的過程中實現。根據馬克思說法，在黑格爾的社會中階級是處於個人和政治的普遍性之間；若是如此，那麼人就必須從階級中獲得解放，人才得以在政治上作為他的共同意志實現自己。在這兩個例子中皆意指國家與市民社會的終結。因為階級的劃分是以財產為基礎，而財產的本質是分化的；因此階級的消失，主要取決於決定社會的財產的消失。而這就是馬克思考慮普遍選舉權的用意。因為，馬克思認為一旦財產無法決定一個人的地位，那麼財產就沒有存在的意義，而普遍選舉權則暗示地位分化的消失。

所以對馬克思而言，「真正的民主」意指階級分化和財產權的取消；「真正的民主」無關於形式的、政治的民主。相反地，對馬克思而言，雅各賓民主是自相矛盾的名詞。雅各賓民主所取消的是他所要主張的，它無法了解其間所涉及的辯證關係。因為國家是人的異化的制度性展現，而這種異化的現象是無法在國家制度中被解消。馬克思這種批判的立場使他無法在《黑格爾法哲學批判》中建構出一種激進的民主或共和的主張。企求實現國家的普遍性原則，就使國家本身成為一多餘之物；所以國家必須被揚棄。共和主義正是一種克服異化的不完美、形式的方法。共和主義想要在異化的領域中克服異化的現象，因此，共和主義不會是馬克思終極的目標。

在《黑格爾法哲學批判》中，馬克思所謂的「真正的民主」是超越國家與市民社會的分化；「真正的民主」隱含一種「共產主義的本質」。黑格爾政治哲學的實現，則在於黑格爾政治哲學本身國家與市民社會二元對立的取消。人的「共產主義本質」是無法與市民社會和國家相容的。仔細分析《黑格爾法哲學批判》可以發現，早在一八四三年馬克思就已經獲致國家消亡的結論。只有在對黑格爾政治哲學的分析才促使馬克思轉向經濟和歷史的研究，並且使馬克思能夠闡釋經濟領域最終決定了政治領域，並且使馬克思能夠證明黑格爾關於政治生活的普遍性的宣稱是一種夢想。馬克思獲得這樣的結論不是透過經濟或歷史的研究，而是應用費爾巴哈的方法批判黑格爾。在這一階段，馬克思是一位唯物主義者，而青年的、人道主義的、唯心主義的馬克思，和老年的、決定論的、唯物主義的馬克思的二分法，從馬克思的文本看來是不正確的。因為青年馬克思的人道主義是建立在唯物主義的知識論上。

參、異化的國家與官僚

馬克思認為現代國家的出現，主要是因為表現在政治解放的世俗化、政治與宗教、神學的分離，以及對制度性宗教的貶抑。馬克思認為這種世俗化的過程起源於宗教改革，而到法國大革命達致最高峰。一八四二年馬克思明顯地借用康德所謂的「哥白尼革命」，指稱現代國家植根於人的意識和理性。基於此，馬克思從人類理性的天賦來看現代的法律概念，並且認為法律是人類自由的彰顯，是對獨斷力量的制約。就馬克思看來，國家與宗教的分離是判斷國家現代性程度的指標，而猶太人解放的程度可作為一種方便的測量標準。

馬克思認為，現代國家基本原則的實現，在社會中是遭到挫敗的。黑格爾雖然宣稱財產權是外在於政治領域的，但是這並不能解消人對財產權的依賴。因此，政治仍無法從財產權的束縛中解放出來。正如同宗教的政治中立並無法消除人對宗教的需要，所以政治與宗教的分離並無法真正令人的生活擺脫宗教的關聯性。

在這樣的脈絡架構中，馬克思認為在現代社會中人被割裂成兩部分——「公民」和「資產階級」。在國家中人被要求必須符合普遍性的判準；在市民社會中，人的行為則是根據他的自利需要和利益。因此，原本應該被整合進社會生活的普遍性中的國家，則成為一種處於市民社會其他強大利益之中的部分組織。馬克思從經濟和宗教闡釋人被割裂成「公民」以及市民社會的成員。馬克思指出，國家與宗教和經濟生活的分割，使國家從宗教與經濟生活的制約中解放出來，但是這並沒有同時讓人從宗教和經濟生活中獲得自由。因此，馬克思區分了政治和人的解放，現代國家最大的成就在於它顯現出自身的限制。但是因為現代國家不願承認國家的內在矛盾，根據馬克思，它創造了自由的幻想。

在《德意志意識形態》中，馬克思總結了國家的內在矛盾：人類的行為總是不符合行為規範的要求。不僅理想和現實之間的鴻溝並未獲得解決，相反地，理想與現實之間的鴻溝不斷在擴大。國家被認為具普遍性，並且能夠從專制的統治中獲得解放；但是最後卻受到需求體系的宰制，這種需求體系是建立在生產模式之上，但獨立於人類意識的導引。個人的獨斷性被一種看不見的手——市場所取代。

對馬克思而言，政治民主只不過是一種兩面性的神話；而且因為馬克思將民主視為一種更高的政治組織可能模式，所以他對此一問題的解決方法就必須超越分離的政治結構層次。國家作為一種普遍性之分離領域的存在，顯示出不同於國家的其他領域被歸類為特殊主義和自我主義。這樣的理解使馬克思的智性興趣從國家的唯心主義轉向市民社會的現實面，因而我們在此可以看到馬克思在《政治經濟學批判．導言》中的觀念原型。

在《黑格爾法哲學批判》中，馬克思認為官僚是政治異化在制度上的體現。馬克思認為官僚是一種幻覺的展現：認為國家實現了人的普遍性。如果對黑格爾而言，官僚作為一種普遍階級確證了國家的社會意涵足以符合國家的概念條件，那麼另一方面，就馬克思看來，官僚所體現之虛幻的普遍性和實際的自我主義正曝露了黑格爾國家概念與現實的國家之間難以彌補的距離。馬克思處理官僚的問題類似韋伯的官僚「理想型態」（ideal type）。就像韋伯，馬克思是由功能的分化和層級節制的特性來界定官僚。官僚是一種公共生活的異化，根據馬克思說法，這類觀點暗含兩點結果：一方面，國家的消亡是可以通過官僚機器的解體在制度上完成；另一方面，現實政治的官僚體制面向可以作為檢證不同政治結構的判準。

大部分馬克思的研究者都忽略了馬克思對官僚體制的關注，甚至有些學者指責馬克思完全無視於官僚體制是現代政治和社會經濟生活的重要現象。但是從歷史面向以及功能面向來理解官僚體系的重要性，卻是表現在馬克思一八四三年之後的著作中。對馬克思而言，官僚體制是理解現代國家的重要關鍵。官僚是一種勞動分工的政治表現，我們必須從功能和結構兩個面向來解釋官僚體制。根據馬克思對不同社會的分析，他認為在歐洲的官僚社會中，唯有透過以政治結構本身為目標的暴力革命才能達到政治權力轉移的目的。爾後馬克思對官僚起源的歷史分析有些變化。在《德意志意識形態》中，馬克思認為官僚階級是德國退化的典型：當社會中不存在單一優勢階級可以將其階級力量籠罩整個社會時，官僚階級的出現就是這種階級關係僵局的結果。在政治真空的時候絕對主義的官僚機器本身就扮演社會領導的角色，結果，官僚相對於社會權力具獨立性。六年後在《路易波拿巴的霧月十八》中，馬克思認為法國而不是德國是一種古典的官僚模式。此時馬克思甚至運用費爾巴哈的批判主義方法，指稱在官僚體制下人只能是一種被操縱的客體。經濟領域中的商品拜物教，就好像政治領域的官僚宰制。後來馬克思在《法蘭西內戰》中繼續發展這樣的觀念。馬克思對官僚的分析其社會學意義在於，官僚結構本身並非自動反映了社會的權力關係，相對於社會的權力關係官僚組織本身是保守的且具破壞性。官僚階級只不過是占優勢的社會權力之普遍性宣稱的一種扭曲想像。因此馬克思認為，我們不能從階級的面向來分析拿破崙三世的政府。另一方面，馬克思同樣在資本主義社會中看到了官僚的獨立性。對馬克思而言，這類分析的重要意義在於馬克思可以在一種特殊的歷史情境中來處理資本主義的內在變遷。這樣的觀點充分說明，「經理人革命」的觀點並未削弱馬克思理論的分析能力，相反地，在馬克思對官僚的分析敘述中已經預測「經理人革命」的來臨。

馬克思對官僚分析的洞見可能有助解釋馬克思對於現代國家系統性理論的謹慎。雖然馬克思從未將國家或官僚結構視為是社會經濟力量的單純反映，但是馬克思仍將它們視為是社會經濟力的計畫，雖然是以一種扭曲的模式。其中基本的矛盾在於，國家將會發現加諸在國家身上的期望和標準，會逼使國家必須根絕它在市民社會中的根源。國家所呈現出的表象注定是與國家的本質相異，國家的異化現象就根源於國家的本質中。事情若是如此，那麼我們又何必浪費時間去研究這種扭曲的表象，何不直接分析隱藏在假象背後的實在？何不分析市民社會和市民社會的經濟形式的實在？但是這正是馬克思在一八五八年的《政治經濟學批判．導言》中所提及的研究計畫，也是馬克思反對所謂的「真正社會主義」者的觀點，因為馬克思認為後者仍處在黑格爾牢籠之中，而認為國家是獨立於經濟和社會生活的領域之外。

肆、無產階級

無產階級對馬克思而言絕不僅只是一種歷史現象，無產階級是人類普遍苦難以及非人化處境的典型。並不是無產階級生活的具體條件，而是這種具體條件與關於人的人類學判準之間的關係，令馬克思發生興趣。雖然馬克思並非是探討無產階級現象以及無產階級在工業社會處境的先驅，但卻是馬克思首度以黑格爾的遺緒和傳統將無產階級與工業社會關聯起來。

前述馬克思對官僚的分析，證明黑格爾對官僚「普世階級」的宣稱，只不過是黑格爾倒轉政治社會後所得到的一種幻想。官僚階級無法體現普遍性，官僚只是以共同意志的口號粉飾自身的特殊利益，而竊占了普遍性的宣稱，官僚這種自利的行為與其他的階級利益並無不同。雖然馬克思並未接受黑格爾將官僚等同於普遍性的作法，但是馬克思接受普遍階級的辯證概念，亦即一特殊的社會階層是共同意志之普遍性概念的理想主體。如果黑格爾的「普世階級」假設，是將一種既定的歷史現象轉變成一種自我成就的社會規範，那麼馬克思的概念就與黑格爾不同。對於馬克思，「普世階級」永遠對歷史過程的辯證動力開放。馬克思從未指稱任何階級總是具有普遍性：因為對馬克思而言，在每一個世代、每一個歷史情境中，總會有一階段將成為具有社會普遍意識的主體。歷史的發展總是會令某一階段在一定的時刻代表社會，但是隨著社會力量的重分配與一般歷史情境的變遷，宣稱具普遍性的階級不再與社會整體利益相一致。因此這曾經代表社會整體的階級，其普遍性的地位就必須讓給另一階段。「上升階級」（rising classes）是在一定歷史階段宣稱代表社會整體的階級，是社會的普遍意志。「下降階級」是指曾經宣稱代表社會普遍性，如今這種宣稱已經不再具有效性、不再真實。以這些觀念，馬克思看到了封建貴族的浮沉，同樣的分析也應用在資產階級身上。

根據馬克思的分析，特殊性與普遍性之間的緊張關係，亦即階級間違反普遍意志而尋求自身的利益，將會隨著現代無產階級的出現而達到頂點。要克服這種緊張關係唯有解消無產階級作為一分離階級的特性，並且讓社會階級分化的現象消失。此時馬克思並未考慮到階級衝突現象的消除，因為任何的階級機制都會導向階級的衝突。馬克思只是認為，階級分化的現象將會被取消，因為歷史的發展將會使特殊性和普遍性之間的緊張關係持續進行。因此根據馬克思的分析，這種關係將發展成一種普遍現象。只有通過辯證的揚棄，才能創造一種不再有普遍性與特殊性割裂的人性。

因為馬克思在無產階級身上看到了現代、最終普遍性的實現，因此馬克思賦予無產階級一種歷史意義和歷史使命。馬克思在《黑格爾法哲學批判》的導言中首次論及無產階級，並且賦予普遍階級的功能。私有財產制的揚棄僅只是將無產階級處境的經驗普遍擴展到整個社會。共產主義並非論述的起點，而是出自一種哲學原理的結果。政治革命，亦即社會結構中權力平衡的改變將不會發生，因為無產階級仍處在全面異化的狀態。無產階級解放的前提是人性的解放，而無產階級的奴隸狀態是所有人類不自由形式的典型。

無產階級的勝利即意謂著無產階級作為一種分離階級現象的消失。在這種情境下無產階級不再與社會其他階級疏離，因為社會所有階級間的疏離需要敵對階級的持續存在。封建貴族需要農奴的存在才能以貴族的身分存在，同樣地，資產階級需要無產階級的存在才能以資產階級的身分存在；只有無產階級作為一「普世階級」，才不需要他的敵對階級來證明他的存在。因此，無產階級可以透過消滅自身作為一分離的階級，來取消所有的階級。即使無產階級與哲學之間是一種實用性和必然性的聯繫，哲學與無產階級的關聯性同樣是可以建立起來的；因為無產階級與哲學都具普遍性，因為無產階級能夠實現哲學的普遍性原理。

無產階級這種普遍性的特質在馬克思晚期的著作中並未消失，雖然馬克思的晚期著作中是從歷史的因果性來探討無產階級的出現。與哲學假設不同的是馬克思從歷史經驗和觀察來證明無產階級的普遍性：無產階級的普遍性主要是資本主義社會生產條件推演的必然結果。無論如何，因為馬克思與無產階級的關係不是一種立即性，而是透過深思熟慮而獲得的，所以馬克思並未顯現出對工人階級成員的特殊情感和精神相依性。馬克思質疑無產階級能否不用知識分子的幫助，而能了解他們的目標，去實現他們的目標；這類的觀點經常被提及。這類的觀點頗符合馬克思關於革命運動從來就不會出自群眾，而是由精英團體所組織的看法。但是馬克思認為，促成無產階級出現的條件同時也創造了無產階級克服這種處境的解決方法。這類的觀點主要出自馬克思以下的洞見：在社會中造成貧窮與財富的力量是相同的。根據馬克思的觀點，貧窮與財富同樣是人類活動的結果。這一觀點使馬克思拒絕以重分配的手段來達成共產主義的理想。就馬克思看來，問題不在於財富重分配，共產主義的主要問題不在於既有的財富。對馬克思而言，共產主義代表著創造新的財富、創造新的需求、創造滿足需求的新條件。因此，了解和改變現實環境的關鍵，在於是否存在一種經濟機制能夠將人視為創造性的存有。貧窮與否的問題不是一種與人類活動無關之客觀環境運作的結果：因為客觀環境本身也是人類活動的結果。

伍、意識與社會

馬克思思考人類解放的終極可能性，必須與馬克思關於人類起初所創造的世界之哲學承諾兩者關聯起來。像這種哲學觀念是黑格爾哲學的世俗化：黑格爾認為實在不是一種外化的、客體化的材料，而是通過人的活動所創造的。對黑格爾而言，這種形塑力量是一種意識活動；馬克思吸收了黑格爾形上學的設定，並將之與一種唯物主義知識論結合起來。即使在早期馬克思思考此一問題時，馬克思的唯物主義方法也與恩格斯在《自然辯證法》中所運用的機械式唯物主義不同。透過將辯證法應用在自然界，恩格斯將辯證法與意識的中介概念割離。嚴格說起來，恩格斯這種觀念稱不上是辯證法。雖然黑格爾將無生命力的自然包括在他的辯證法之中，但是對黑格爾而言，自然只不過是精神的自我外化。但是對恩格斯而言，無生命力的自然只不過是一種不透明的物質。更進一步而言，在《自然辯證法》中，恩格斯認為物質在歷史的發展過程中先於精神，同時物質也是精神的根源。儘管恩格斯認為，在社會經濟關係中意識形態領域能夠發生作用，但是他並未改變物質首要性的系統動因角色。列寧在《唯物主義與經驗主義批判主義》中則近一步將馬克思的知識論與高度機械式的唯物主義觀點等同。因為列寧認為意識只是客觀世界的反映，因此也有些學者便將這類的觀點歸因於馬克思的主張。

馬克思對十八世紀法國唯物主義的批判見於他的《費爾巴哈論綱》，在這論綱中，馬克思已經預先了解到機械式知識論所造成的社會性後果。馬克思在此與以下的觀點——「意識只不過是人類存在的物質、環境條件的反映」論辯。根據馬克思的觀點，意識反映論的內在矛盾非常簡單：十八世紀的唯物主義和費爾巴哈將一種關於人的消極觀點，亦即將人的存在（人是受到客觀的、物質的條件決定）與一種社會的樂觀主義結合起來，其中暗示了人類歷史進步的內在性和必然性。馬克思認為這樣的觀點是彼此不相容的，並且這樣的結合會產生一種保守的社會哲學。如果人只是物質條件的產物，那麼人就無法從物質條件的束縛中解放自己。如果世界不是人類活動的產物，那麼人類就無法改變這個世界。馬克思承認舊的唯物主義是這種隱性唯物主義的另一種選擇，但是馬克思指出這種唯物主義所創造的理想世界將會拒絕唯物主義的哲學前提。

馬克思知識論的源頭主要在於德國唯心主義的傳統，在這個傳統中使馬克思能夠解決社會行動與社會變遷的兩難困境。馬克思已經感覺到費爾巴哈的最大錯誤在於費爾巴哈未將他的分析延伸至社會世界。馬克思認為費爾巴哈方法論上的主要弱點是他那機械式的唯物主義概念。從黑格爾的《精神現象學》中獲致以下的觀點：實在不僅是一種客觀的材料，實在並不是外在於人，而是經由人的意識所形塑的。黑格爾與觀念論的假設，人類意識的對象本身是虛幻的，是由人的意識所創造的，而馬克思主張總是存在著一種「自然基層」作為人類意識活動所必須的條件。準此而言，馬克思認為人的意識的建構活動不僅侷限於認知活動。馬克思認為，認知活動是實在發展與演化的整個過程。所以，知識論不僅只是認知的反映理論，同時是形塑實在的載體。

馬克思的知識論是介於古典唯物主義和古典唯心主義之間。馬克思認為，在當時的環境中仍無法完成哲學的許諾：因為異化的現象顯示主、客體之間的對立仍然存在，而這種對立是認知扭曲的結果。馬克思知識論中存在一種內在的張力。馬克思的知識論試圖解決傳統哲學的主客對立矛盾，但是馬克思卻在策略上主張，只有當社會中意識運作的阻礙被消除之後，意識才能根據新的知識論運作。因此，馬克思的知識論於是被分割了：它既是一種意識的描述活動，同時它也是一種未來的觀點。結果，馬克思從未否認傳統機械式唯物主義的效度，亦即認為意識是既存社會中異化生活的表現。只要資產階級社會無法被消除，不完美的意識模式將會繼續存在。盧卡奇正確地指出，恩格斯的唯物主義觀點與馬克思是不同的。而列寧本人最後也放棄了他在《唯物主義與經驗主義批判主義》中的機械式唯物主義觀。在一九一四至一九一六年的《哲學筆記》中，列寧似乎從黑格爾的哲學理解到馬克思非機械論式的知識論，以及馬克思的知識論與德國唯心主義的關聯性。根據馬克思的觀點，自然不能被理解為人類活動而存在的，因為自然作為人類認知的潛在客體已經打上前人活動的烙印。因此，自然從來就不是一種原初的材料。所以馬克思論及「人化的自然」（humanized nature）、「人道主義即自然主義」（humanism equals naturalism），就馬克思而言，他的「自然主義」是不同於傳統哲學的觀點。

人類意識與由人所形塑的實在的實踐過程之同一是馬克思知識論和歷史哲學的成就。對馬克思而言，實在總是人的實在並不是因為人是存在於自然之中，而是因為人形塑了自然。人形塑自然的活動同時也形塑了人，以及人與人之間的關係；它是一種總體性的過程，隱含著主、客體間的不斷互動。但是古典哲學從未認識到人類的活動竟有如此豐富的哲學意涵。馬克思的自然觀也與恩格斯、費爾巴哈不同。馬克思嘗試著在自然科學中尋找人的意義，而恩格斯卻企圖以自然科學的方法應用在人的世界。費爾巴哈則是看到人與自然的統一，就表現在人的存在是自然的一部分；而馬克思看到了人形塑自然，而人的存在反過來又受到自然的形塑。費爾巴哈將人自然化（naturalized man），而馬克思則是人化自然（humanized nature）。

馬克思論及人的「自動生成」（auto-genesis）不僅隱含著人是通過與自然的互動來滿足人的需求，同時這種活動也創造了新的需求，以及滿足需求的可能性。因此，人的需求是一種歷史性，而非自然而然的。馬克思對於人類活動（實踐）本質的看法，經常讓一些學者不加思索地就認為馬克思是一位實用主義者。然而馬克思與實用主義之間的差異在於：實用主義使人本身適應於既存在、先在的環境，而馬克思的觀點是人形塑他的世界。另一方面，馬克思與詹姆士（William James）最大的差異在於：馬克思總是認為世界是對理性的認知過程開放。因為世界是被人所形塑，同時人也能夠了解他的歷史活動，馬克思將其知識論與歷史哲學結合，結果也就使得馬克思的知識論歷史化。

古典唯物主義總是認為，實在僅只是知覺被動的反映；但是對馬克思而言，實在是一種人的實在，這不僅因為實在是由人的活動所形塑的，而且實在會將人的活動反作用於人的身上。活動的動態性不僅存在於與客體之間的關係，同時也存在於與主體間的關係。所以，馬克思從未將社會經驗化約為線性的因果關係，因為這種化約論的認知將會忽略了特殊的、人類的歷史經驗。這就是馬克思著名陳述的主要意義：「不是人的意識決定了人的存在，而是相反，人的社會存在決定了人的意識。」根據定義，社會存在包括人與外在世界，但是對馬克思這段話最嚴重的批評是認為馬克思只不過是套套邏輯罷了，因為如果社會存在是目的性的行動，是對外在客體的形塑，那麼這種行動便暗示意識與外在客體之間的關係。但是，不管如何，馬克思從未提到存在決定意識，而是「社會」存在決定意識，這是兩個完全不同的敘述。這樣的分析有助於澄清生產力與生產關係、生產的物質基礎與上層建築之間的差異。論者認為，這類的陳述意指我們可以從社會關係的脈絡中稀釋出生產力。有些學者正確地指出，我們不能從一種石頭或金屬的物質客體來論述生產力，因為社會的物質生活已經包含了某種非物質內容的形式；而根據馬克思的觀點，這種物質生活決定了政治和意識形態的形式。這種觀點是有效的，但是無關於馬克思的論述。因為馬克思從未將生產力視為客觀的、經濟的因素，從而認為生產力能夠不以人的意識作為中介而出現和存在。根據馬克思的觀點，生產力並非外在於人的意識的客觀因素。生產力是人的意識和人的活動的組織化。

人類活動的真正展現在於勞動，人類活動所創造的工具則影響了世界。馬克思對人類經濟活動的探討並非源自物質的經濟價值，而是馬克思將人視為工具人（homo faber）。在此情境中人的勞動展現了人的本質，而這正是我們理解人類歷史的關鍵。

陸、勞動、歷史與社會人

馬克思認為，人是經由勞動的過程來彰顯他的特質。在資本主義時代，其基本特質是工業化的普遍應用，這正是人類創造能力的極至表現。故馬克思稱亞當斯密為「政治經濟學的路德」，因為亞當斯密是第一位了解到財產不僅是客觀地外在於人，而是人主觀性的展現。根據馬克思的觀點，黑格爾是站在政治經濟學的基礎之上，因為黑格爾在人的勞動中看見人的自我實現的本質。但黑格爾只是看見勞動創造自然，而忽視在這種創造過程中異化的現象是伴隨著當前社會而生的。無論如何，馬克思從黑格爾的哲學中理解到，人的創造性使人成為普遍的存在，具普遍性的創造能力。這就使馬克思認識到，現代工業社會不僅是一種存在普遍異化現象的社會體系，同時也是消除這種普遍對立的新的條件。

馬克思對勞動過程的描述，使他的哲學可以處於古典唯心主義與古典唯物主義之間。在《費爾巴哈論綱》中馬克思了解人類意識作為建構性因素，但是他仍批評黑格爾僅將人類活動的客體視為人類意識本身的計畫。根據馬克思觀點，黑格爾這種將人自我封閉在他的意識中的作法，從來就無法克服主、客體的二元性。對於馬克思而言，人的勞動過程是一種真實的、客觀的，並且發生於外在世界的過程，不僅只是存在人的自我意識中。唯有當勞動將其作用烙印於人的自我意識之外的世界中，勞動才能成為歷史的過程。因為人的客體是外在於人，人才能獲致客觀的實在性。馬克思已經在他的唯物主義中植入了辯證的特質。

馬克思認為，人關於他自身需求的意識是歷史發展過程的產物，是前人文化價值所成就的結果。在《哥達綱領批判》中，馬克思就批判普魯東的觀點，亦即認為人類的行為模式是建立在人的固定需求之上。準此而言，階級鬥爭說明了需求的滿足落後於社會組織所滋生的期望。另外，馬克思也在人的目的性勞動和其他動物性的活動之間作出嚴格的區別。如果人類的需求是歷史性的、社會性的，非客觀因素所決定，那麼組織和控制這些需求的觀念和制度也應該是歷史性的。因此，關於財產的任何特殊觀念也必須是相對性的、歷史性的。馬克思進一步強調，產品要能變成商品必須是在社會脈絡中，人只是生產他的需求而不是商品。所以馬克思無法接受建立在個人主義基礎之上的經濟學，因為這種經濟學假設個別的生產者生產他自己的需求。

黑格爾的歷史觀反映在馬克思的理論中：每一個新的歷史範疇總是綜合了先前幾世代所積累的經驗，而每一代人都是站在他人的肩膀上。因此，馬克思認為歷史形塑了人，同時也使人在世界中彰顯自己。這樣的看法，使馬克思無法將人歸諸於先驗的本質。另一方面，經由人類活動所形塑的世界，其本身也成為人的存在的經驗內涵。這樣的歷史過程是動態的。但不變的是，作為人類起源的歷史創造性來自於人有能力創造客體，並在其客體中實現他的主體性。所以說，人類的歷史是人類活動的計畫。

在《一八四四年經濟學哲學手稿》中，馬克思稱人是一種「類存在」（spacies-being）。這種存在模式不能得自原子化或個人化的創造物，而是預設了人之相互的先驗主體活動性和目的性。馬克思擴展了個人主義者關於人的模式是相當明顯的。基於自然法或亞當斯密「經濟人」模式的個人主義，認為可以將整個人類創造活動領域看作是個人活動的結果。就馬克思的人類學觀點，馬克思已經重複了康德哲學的無上命令，人只有視他人為目的，而不是手段，那麼他的行為才是一種類存在的模式。個人主義正是將其他人視為是手段而不是目的，而要克服這種個人主義高漲的自然結果就必須在個人主義之上設定前提。但是正如康德哲學的矛盾所顯示的，像這類因素必定是外在的、同質性的。這只會凸顯最初模式的內在矛盾。馬克思為了克服這樣的矛盾，他試圖將所有人類的活動視為是社會的、他者導向；人類的所有活動必須相互依賴，並且會影響他者的經驗。更進一步而言，馬克思認為「個人」與「社會」並不是相互排斥的：因為在每一概念中總是包含著另一概念的某些活動。因此意識與存在的二分概念的鴻溝，其實是可以由個人與社會統一的激進觀點來填補。

所以馬克思總結道，個人唯有進入到下述脈絡的關係中他才能獲得意義，亦即在這脈絡中承認人的社會性和他者導向（other-directedness），這就是社會主義或共產主義的社會。根據馬克思觀點，只有在這樣的社會中，人們才能了解他的需求不能被化約為生物性存在的手段；人們才能承認人的需求是他的人性的根本。進一步而言，馬克思認為終極的自由來自於承認人與人的相互依賴，這種觀點是黑格爾的自由觀——自由存在於對必然性的認識。但是不同於黑格爾，馬克思不把人視為被動的接受者，不願也不會改造環境。另一方面，馬克思也在《費爾巴哈論綱》中批判費爾巴哈，因為他無法通過歷史的活動去理解人，所以將人的概念抽象化。準此而言，就馬克思看來，普魯東從未超越資產階級經濟學的限制。在《哲學的貧困》中馬克思批判普魯東，因為他的個人主義式的經濟學模式忽略了人是一種他人導向，以及他所假設的勞動分工忽略了歷史所彰顯的意義。

柒、異化、財產與分工

馬克思的「異化論」是離不開唯物主義的。異化觀念在黑格爾的作品中具有方法論的意涵，討論馬克思的異化論也應作如是觀。根據黑格爾觀點，意識的解放本身是源自異化的過程，而在這過程中確認了所有的表象只是一種外在的客體，並且否定了意識的主權；這個異化的過程是意識自身的計畫。存在於意識之外的客體只不過是意識的現象表徵。意識的最終目標在於達到這樣的確認：以黑格爾的用語，即意識將回到他自身。馬克思批判了黑格爾這種觀點：認為客觀世界只是意識的產物。因此，馬克思區分了客體化（objectification），即物質存在的必然前提，和異化（alienation），即指一種意識狀態，這種狀態源自人與人與客體之關係的特殊方法。馬克思認為，黑格爾將人化約為人的內在，因為他將所有客體視為意識的產物。根據馬克思觀點，黑格爾的化約論等於將人簡化成一種內在的自我充足性，而不是人的自我發展和自我創造的結果。

因為馬克思承認客體的自主性，因此他無法滿足於從認知的層面來克服異化的現象，而是將解決之道寄託在客觀的、創造的實踐中。所以馬克思批判黑格爾的哲學，不可避免地將導致以下的結果：一是將歷史歸結為一種思維活動；另一是具保守主義的傾向。而黑格爾的保守主義傾向主要是因為他的知識論的模稜兩可，因為黑格爾的知識論最終將會導致思想對存在、歷史現實的依賴，儘管黑格爾否認這類的指控。

馬克思分析異化現象存在三種模式：人與自然、他自身、人性的異化，而這三者是相互糾結的現象。馬克思認為，最明顯的異化現象存在於資本主義社會中，工人無法擁有他自己所創造的產品。這最終導致一種生產的非人化現象：工人只有生物性與動物性的功能。在現實生活中，異化現象同樣反映在社會的意識中，亦即存在於意識形態中。在資本主義社會中異化現象的發生，並非因為商品的生產而是商品的交換；而根據政治經濟學，這種交換過程使人的客體化活動變成一種不依人意志轉移而制約著人的活動的客觀規律。人的主體卻成為人活動產物的客體，而政治經濟學只能是這種扭曲意識的最終的、激進的表現；這種意識使人成為他的勞動產品制約的對象，並且神話了人的活動。在馬克思看來，因為勞動被視為一種商品，因此交換價值和商品本身的存在才成為可能。當勞動的關係使人的關係異化成物與物之間的關係，並且經濟學家忘記了商品的本質是人的客體化勞動時，要克服異化的現象是不可能的。

黑格爾認為財產與人格是同一的，但是馬克思卻倒轉了這種關係。馬克思認為，財產不是人格的實現，而是對人格的一種否定。在一八四四年的手稿中，馬克思認為貨幣是人的異化，因為貨幣將人的本質簡化成量的比較，並且貨幣的積累降低了人自我展現的能力。

馬克思認為，因為機器的生產成為剩餘價值的主要來源，所以技術的發展造成了活勞動和死勞動之間的鴻溝。因此機械代替直接勞動的結果，並未減少剝削現象的發生。相反地，因為機器及利潤主要是依賴資本的投資，資本的投資則反過來必須依賴工人的生產，而技術的逐漸成熟則必須依賴人的勞動，因此機器本身表現出異化的現象：人的能力客體化為生產的機器，反過來宰制人的生活。在這個過程中，工人成為機器的附屬品，機器所生產的產品卻變成工人的主人。因此資本的消滅就成為消滅異化現象的前提。

馬克思在一八四四年的手稿中指出，勞動分工是階級衝突的根源。勞動分工不僅割裂了精神勞動和物質勞動，同時也阻礙了人朝普遍性能力的方向發展。因為根據馬克思的觀點，人是一種普遍性的生產者，而勞動的分工則否定了人作為一普遍性的生產者。

捌、理論和實踐的統一——從解釋世界到改變世界

在馬克思的博士論文中他提及，理論從哲學的體系中解放出來而成為反對現實存在的能量。馬克思的知識論主張，在理解實在的過程中，一方面改變了觀察客體，另一方面也改變了觀察主體，即哲學本身。一旦理解的過程達到極至，則能夠提供吾人關於世界的真正圖像，同時哲學也不再具有傳統觀點的意義。因為傳統哲學在實在與哲學解釋之間預設了不可跨越的鴻溝；一旦這一鴻溝因為哲學的自我成就而被克服，哲學就不再是一種理論的反省，而轉變成一種實際作用在實在之上的能量。這就是馬克思所說的：哲學只有通過揚棄自身才能實現哲學，並且哲學只有實現自身才能揚棄哲學。在這種辯證的過程中，哲學的揚棄預設了哲學的發展最終足以了解實在。

關於實在之足夠的知識是改造哲學的前提，這類觀點馬克思同樣用來批判費爾巴哈，在《德意志意識形態》中馬克思批判費爾巴哈，他仍然認為哲學的主要工作在於提供關於世界的足夠意識，這就忽略了真正的問題，即哲學的終極任務不僅在於了解實在，同時還在於改造實在。根據馬克思觀點，像費爾巴哈這種缺乏實踐性的動力，是所有傳統唯物主義的特徵。但是弔詭的是，因為唯有哲學家能

夠解釋這個世界，所以他才能改造這個世界。欲改造世界只有當對世界有一足夠的理解才可能發生。馬克思正是從這樣的哲學立足點來批判德國的唯心主義。馬克思這種哲學假設：必須將哲學轉變成一種社會行動，暗示所有的社會行動必須接受哲學的引導。在《神聖家族》中，馬克思也援引同樣的觀點來批判黑格爾。

在這樣的哲學體系脈絡中，對馬克思而言，「實踐」有著雙重意義：實踐是改造歷史進程的工具；另一方面實踐也是歷史演進的判準。實踐意謂著人的意識形塑著變遷中的歷史情境。在此馬克思的革命實踐觀不同於青年黑格爾的批判主義，後者是籠罩在黑格爾自我意識的陰影中，認為在客觀世界中不存在真正的客體。反對德國觀念論將客體封閉在自我意識中，馬克思讚揚法國和英國的社會批判主義。馬克思之所以傾向於法國和英國的社會主義，主要還是出自德國唯心主義的哲學傳統：法國和英國思想家實踐面向的優越性，在馬克思看來，還是源自實踐的革命特質。如果我們繼續推論下去，那麼實踐的社會內涵就不證自明了：通過人的活動，實踐的革命性就包含在實在中。這只能通過人的社會性和他者導向才能達成。另一個意涵則是：實踐的革命性有其消極的因子，亦即實踐的革命性可以人的需求為中介。

玖、馬克思主義與權力

權力觀是所有有關社會的科學研究的核心問題，尤其是政治科學及政治學理論，更把「權力」當成主要對象，從各個不同方面給以分析或論述。

當代西方政治科學主流思想係以多元主義（Pluralism）論權力。道爾（Robert Dahl）在《誰統治？》中指稱權力是非聚集的（disaggregated）與非累積的（non-cumulative）；它為社會中許多群體所分享與交換，並且也表徵著多樣的與競爭性的利益。多元主義論析權力採群體互動與權力均衡說，並以美國民主與三權分立說明之，道爾用「polyarchy」一詞指謂多元民主權力。

在方法論上，多元主義權力觀以經驗論與行為主義為主要研究途徑，在哲學基礎上偏向認識論上的取向，例如，「A has power of B」=「A's doing something gets B to do something」。此處權力成為一個行為概念，並可用經驗規則形式表示如下：「Whenever A......, then B.」。然而，社會是一個各種概念相互關聯的複雜網絡，並無物理上的阿基米德點可供依恃以洞察這個社會。自稱找到社會科學的阿基米德點的政治行為主義對權力的觀察和分析，只能提供觀察分析「權力」的一個面向。當代社會科學方法論已進入後經驗論、後實證論時期，由階級結構、性別關係、國家性質，而不是由個體或群體行為去論析權力，在哲學上偏向本體論上、實在論的取向，而馬克思主義的權力觀恰恰是有這種方法論與哲學取向的。

政治多元主義未能抓住存在於階級間、種族間、男女間、官吏與庶民間的權力不均衡狀態，亦即它未能妥當地抓住權力本質與權力分配問題。其實在現代民主社會中，也仍有許多群體在全國性的政治舞台上並沒有資源足以進行競爭或對抗。權利何在？在於多元民主分享一說多少有些諷刺。

道爾認為馬克思主義是非科學的，此一看法有待商榷。吉登斯（Anthony Giddens）就說過，馬克思對資本主義生產機制的分析仍然是人類對十八世紀以來世界轉型之理解所不可或缺。馬克思主義理論對於權力之分析不同於經驗論，它的理論分析採取因果必然與社會結構為主的實在論途徑，其中幾個中心概念包括階級宰制、階級立場、階級鬥爭及國家相對自主性等。道爾由經驗論批評馬克思主義權力觀，指斥所謂資產階級統治或支配社會的階級宰制觀是一種理論假設。頗柏批評馬克思主義是一種歷史主義（a historicism），實際上毫無根據，而討論晚期資本主義、下層建築等概念，頗柏同樣認為沒有根據。道爾和頗柏都自視自己的理論是科學，然而根據艾色卡（Jeffrey C. Isaac）在其《權力與馬克思主義理論》中的研究，馬克思主義本身就代表一種真正的科學的權力理論與權力實踐。當然，此處所謂「權力」非指道爾所謂的 A 作用於 B 的權力，馬克思眼裡的「權力」指的是「社會權力」（social power）或「階級權力」（class power）。

正統馬克思主義分析權力時從「本質主義」（essentialism）出發，對社會關係與政治事件採取化約主義式說明，並將歷史唯物論視為經濟決定論，權力是生產工具的占有，也是階級衝突的產物。伊色卡對本質主義化約論的階級衝突權力觀不表滿意，他由實在論的觀點加以補充矯正，而米力班（Ralph Miliband）與波蘭札斯（Nicos Poulantzas）就權力問題所作的理論爭論更是知識界的大事，不可不加以注意。

一、行為主義與權力三面向

雖然道爾、巴奇勒赫（P. Bachrach）、巴拉茲（M. Baratz）與盧克斯（S. Lukes）對權力的看法有些差異，但基本上他們都採取經驗主義的理論，而且都把權力當成一種因果概念，而且此因果性係指行為者之間的一種規則程序。欲了解這一點，須探討一下社會科學中行為主義的遺產。

所謂「行為主義革命」在英美政治科學上是一種對政治科學方法論上的革命。相對以往歷史性的、描述性的、體制性的研究，行為主義強調以科學精確性對「非形式的」、非政府的的政治過程給以研究。行為主義的中心意義在於把人作為經驗客體，對其政治行為作為科學解釋。道爾甚至提出，行為途徑試圖尋找對人類政治生活的經驗方面的研究以增進吾人對政治的理解。

基於此，「權力」的第一個面向指行為上的順從，指行為者之間的因果關係。對於因果關係，須作為一種持續聯繫過程看待，假如權力是一種行為上因果關係，拉斯維爾（H. Laswell）與卡普蘭（A. Kaplan）在其《權力與社會》中把權力當成一個時間過程，係由經驗上的有一定位態且可觀察的行動所組成。馬奇（J. March）在〈理論與影響之量測導論〉一文中甚至說，如果兩個行為者有因果關聯，也就可以說這兩個人處在一種影響關係中。西蒙（H. A. Simon）對於權力之觀察與量測，索性如此指出，「斷言A對B有權力，也就是指謂A的行為引出B的行為」。道爾在上述基礎上繼續發揮，並作成有關「權力」之定義如下：

「在現代社會科學中權力意味著社會單位中的子集關係，此即一方之行為，或稱反應單位R在某種情況下依存於另一方之行為，或稱控制單位C」（見道爾論「權力」，社會科學國際百科全書，卷十二，紐約，一九六八，頁四〇七）。

因此「權力」是一種經驗上的規則，由此一方之行為引出另一方之行為，此依Dahl之語言，甚至可簡化為：C對R有權力＝C的行為可導至R的行為。此處C是控制的一方，R是反應的一方，其中的行為因果關係會有意欲上的強制性，道爾最後把「權力」的第一個面向修正如後：「A對B有權力意味著A的行為規則地，即可預測地，引出B去做某些B不想做的事情」。

「權力」的第二個面向指出前述第一個面向的變異。道爾所定義的權力的第一個面向立刻遭到巴奇勒赫和巴拉茲二人的挑戰。他們提出權力的第二個面向的主張。巴奇勒赫和巴拉茲對道爾的批評有兩點：其一是指道爾與波士比有時是以一種天真的實證主義觀點來寫作，好像權力的分析是不證自明的，而且權力的位態不是問題，問題旨在觀察。其次是道爾的公式忽略了權力的一個重要特徵——衝突之鎮抑（suppression of power）。在批評道爾所謂對實質衝突的決定者的態度時，巴奇勒赫和巴拉茲提出所謂「非決定」（nondecision）。所謂「非決定」概念指「一種會導致威壓的決定或對決策者的價值及利益的潛在或明顯的挑戰產生橫阻的決定」。

權力可作為「非決定」，但在「非決定」展現在結構程式中，亦即權力包含在制度化的實踐中。此一概念的提出，係出於史加茲奇耐德（E. E. Schattschneider）的「偏見動員」概念。「組織」就是偏見動員，所有政治組織形式都具有偏見，以支撐衝突和鎮壓他人。

艾色卡認為「權力」的第二個面向在建構上尚不夠概念化，也未超越行為主義，但也肯定巴奇勒赫與巴拉茲所作的學術貢獻。其一，在論述「非決定」時，他們引介一些有趣的現象學問題進入有關政黨對權力關係理性與意圖的爭辯。其二，他們堅持社會研究從前提出發，而非單純的觀察問題。艾色卡還認為，雖然有上述貢獻，巴奇勒赫與巴拉茲並未超越對權力討論的經驗主義基礎，他們也未能從「權力結構」（power structure）語言上的形上學瑕疵除掉，同時也未能將作為社會權力主要方面的互動（interaction）條件予以概念化。

「權力」的第三個面向係由盧克斯在其《權力——一個激進考察》（一九七四）一書中提出，以補巴奇勒赫與巴拉茲之不足。盧克斯認為提出權力的第二個面向是一個進步，他也同意關於權力之研究應該包括某類現象研究之解釋問題，但他仍然認為巴奇勒赫與巴拉茲未能深入探討集體行動與社會制度形構權力的方式。

盧克斯認為他的權力觀採取選擇性解釋與應用，但仍基於原來的權力概念。由此，他提出：「A exercises power over B when A affects B in a manner contrary to B’s interests」，即當 A 以一種違背 B 的利益方式影響 B 時，A 便對 B 運用了權力。此處盧克斯把「利益」加入權力概念中。盧克斯同意權力是一種指謂行為規則的因果概念，他也同意A對B擁有權力便意味著A的行為使B去做B本身不想做的事情，因為他也認為任何權力施行都包括一種相關的反事實。就以前面所述權力兩種面向而言，它的反事實在於A與B之喜好間存在著經驗上的衝突。盧克斯不同於道爾與巴奇勒赫等人在於堅持「喜好」是權力施行的結果，他甚至指出，B之所以去做不想做的事，不能用喜好與否作判斷，而是基於違反B的自身利益。此即關於權力之概念可以指涉甚至在缺乏經驗衝突時的A與B之間的關係。

艾色卡認為，盧克斯所形構的權力第三個面向在社會結構及文化模式方面是曖昧不清的，亦即艾色卡無法處理社會權力的結構本質問題。盧克斯已將「結構」與「行為者」帶入討論中，並提出「權力與結構辯證法」。此即社會結構制限行動，而權力在經驗上是可加認識的。可是盧克斯又說權力是一個「行為者」概念，不是一個「結構」概念，然而又說權力的行使是由在系統與結構制約的個人或集體行為者為之。權力與結構關係可以這樣看：在社會結構的制限內，權力被行使著。然而權力的結構決定因素本質是什麼？而且它們是如何決定權力的？艾色卡認為，盧克斯未能說得清楚。如果權力是一個行為者概念而非結構概念，如果權力指涉行為上的規則，則盧克斯又與巴奇勒赫、巴拉茲何相異？為此，艾色卡進一步指稱，盧克斯未能看出結構與行為者的差別，即使人類受結構影響，但並不能否認人的意義及其效力。基於此，權力可以結構地被有意向的人所決定和行使。這種說法大大不同於經驗論的觀點，可以說是對「結構」與「人」之關係的較微觀的概念化。要使權力概念的公式更適當，艾色卡補充道，吾人必須承認一個行為者對另一個行為者在互動中行使權力時，是依賴於行為者相對擁有的持續權力。

基於以上的分析，艾色卡認為所謂權力的三個面向其實差異不大，而且還有一些問題有待商榷，因此建議進一步的討論必須在離開行為主義的基礎上為之，並且要超越前述所說的權力的三個面向，艾色卡認為，巴奇勒赫、巴拉茲與盧克斯等人都未能發展出他們所正確指出的權力結構面問題，而道爾也未想過權力的結構面問題。其實權力的結構因甚為重要，就以前蘇聯而言，蘇聯共產黨對蘇聯工人與農民擁有權力乃在於聯共對其人民有權力，此權力係基於前蘇聯所維持的社會主義社會結構所致，在此結構中，政治權力是由一個單一政黨所獨占，此亦頗柏所謂的本質主義權力觀。總之，艾色卡認為在理論上要形構權力概念，必須要超越前述權力的三個面向，同時拒絕經驗主義。

二、權力概念再思考

前面已經提到權力的三個面向的有關缺失，而且艾色卡還建議要重新形構權力新概念。行為主義對權力的論述基礎侷限於行為規則內容上，不把權力看做一種持久性能力。如果從實在論觀點論權力，則所看到的權力面向是宰制、互惠與意識形態。

前述有關權力的幾個面向的經驗論論述忽略了權力可於不同的脈絡中被使用。「權力」在拉丁文中為potere，意指「能夠」（to be able），通常被用於指涉能影響事物的一種屬性（property）、能量（capacity）或手段（wherewithal）。但是從實在論科學哲學觀，權力是自然科學的中心主題，並以因果概念來對待權力。權力是一種因果概念，此處指實在論意義上的因果性，它涉及到的是必然的屬性而非偶然的效應。至於社會科學涉及權力對社會人群或機構之歸屬問題，以及權力對社會人群或機構內在本質的解釋性問題。社會科學家應該把權力理論發展成為解釋模式。

所謂實在論的權力觀，首先把權力定義為一種能力，而不是一種特別實踐，它包含在所有的社會實踐中，作為一種邏輯上必然的活動面貌而存在。對經驗論而言，權力之行使是一種特別行動，在此行動中一個行動者能讓另一個行動者做其不願做的事情。這是有侷限性的權力觀，它未能看到所有人類的行動都伴隨著展現行動的能力。一如吉登斯所指出的，行動概念與權力概念之間關係如下：行動包括了對事物的干涉，因此才會產生一定的結果。權力是一種轉換能力，它可以被當作行動者達成結果的潛在能力。實在論的權力觀不但把行動者作為權力的中心以便行使權力，而且也把權力當作行動者的中心，以便作為人類的一種屬性而使行動成為可能。

其次，實在論的權力觀還視權力隱含在所有社會生活中作為一種能力以展現意欲性活動，並投入規模式的組織實踐。關於一個人的權力就是指一個人可做之諸事項，此處之「做」（doing）不被理解為對於一個先在原因的反應，而是被理解為根據一定理性及悟性所展現的一種實踐活動。這些理性及目的不是偶發現象，而是權力與行動的根本元域。此處所依據的就是本體論上論權力，不是道爾的認識論上論權力，道爾認為權力理論必然是不完備的，因為世界是複雜化的，人間知識難以盡知。實在論權力觀由本體論出發，視世界是開放的，世界由社會個體的目的性選擇所決定，將事物的因果鏈給以「批判的連結」，並將因果性當作一種由結構性及目的性的決定因子所構築的複雜網絡，並由此導引出複雜的社會互動。

至於社會權力，實在論的權力觀認為必須從「關係」上加以認識，此處不是指經驗論所謂的行為規則關係，而是指真正的社會關係，是這種關係才構築了人類行為間的互動。例如，師生關係存在於教育系統結構中，在此結構關係中，老師才能對學生行使權力；主奴關係存在於社會系統結構中，在此結構中主人對奴隸行使權力。主奴關係在黑格爾《精神現象學》中以辯證方式加以討論，在此社會結構中主人與奴隸是互存的，主人的對立面是奴隸，奴隸的對立面是主人，二者缺一則任何一方都不能存在。主奴關係被當作所有權力關係之典範看待。

艾色卡界定社會權力為社會行動體在其所參與的持續關係中所擁有的行動能力，此持續關係存在於社會結構中。艾色卡強調，對社會權力結構性的理解，並無意於把權力概念與人類個體分離開來。艾色卡根本反對把人類個體與社會結構採取二分法的，前述他界定社會權力為存在於人類社會關係中的人的行動能力，實已將結構與個體統一於權力概念中。

權力與宰制有密切關係，甚至二位一體，此在經驗論行為主義權力三面向中是「power over」指涉的，但此為行為上的規則，已將「宰制」概念意義剔除在外，即使意含「宰制」，也作因果關係解釋，此非實在論上的「宰制」概念。

所謂「宰制」或「power over」並不是一個社會必然的特徵，雖然每個社會中必然有社會權力。艾色卡依循吉登斯之後，將宰制當作「社會權利的不均衡分配」。宰制與從屬關係構成權力關係的一個次元子集。「宰制」來自拉丁文「dominus」，與封建領主之君臨、統治、控制、優勢相聯繫。宰制概念既不是指涉臨時規則，也非指涉社會差異，而是指涉一種「結構上的不均衡關係」，由此關係中的一個因子由於它的結構上的力量主導另一個因子的實踐而使此因子對另一個因子有權力。此亦即韋伯將「宰制」定義為「威權性指令權力」之謂。如果由經驗論觀點論主人對奴隸之權力，指主人之行為導致奴隸之行為，但由實在論觀點看，奴隸之行為並非由主人之行為所導致，而是因為「主—奴關係」才是主人與奴隸間行為的實質原因。普蘭札斯就是從這個觀點去討論資本主義階級關係及權力的，他說所謂「權力場域」完全是關係性的。每一階級的位態及其權力係受其他階級的位態所限制。權力並非附隨作為一個人群集合的「自在階級」之中，而是依持並導源於由特殊群體據有實質位態的一個關係性系統中。

總之，經驗論的權力觀將宰制隱喻地表徵為社會群體行為間的水平關係，而實在論的權力觀將宰制當作社會群體間的垂直關係，此中包含著指令與順從，並作為社會生活的持續特徵而存在。權力是社會存在之必然現象，宰制則否，實在論的權力觀是拒絕將權力與宰制鎔接在一塊的。實在論者甚至指出，一部人類歷史雖是一部人類宰制結構史，但不表示歷史必須如此不可。如果把權力當作一個因果概念，也不必要認為總有某些人對別人是擁有權力的。由實在論觀點言，宰制關係的實踐後果是廣泛無限的，但卻受結構性的權力與社會群體行使權力的特殊方式所決定。

權力不能等同於宰制，同樣，艾色卡也論述到權力不能等同於利益。盧克斯是首先將利益概念列為討論權力不可或缺的前提，他認為即使缺乏明顯欲求之衝突，權力關係依然存在，此即可存在於「客觀利益」之中。與盧克斯看法相反，艾色卡認為權力關係也可存在於缺乏客觀利益衝突之中，例如老師對學生行使權力係基於對學生最佳利益之考慮，而非出於對學生之宰制或學生對老師之從屬。

艾色卡認為，利益概念至少有三種涵義：主觀利益，或明顯欲求。實在論與權力觀也會談到主觀利益，但不把權力具體化為特殊欲求或化約為主觀利益；客觀利益（objective interest），即盧克斯所論述的「客觀利益」；構築的或實在利益。所謂實在的利益係指種種規範、價值與合理性，這些均隱含於社會生活實踐中，並作為行動準則與社會角色相聯繫。因此艾色卡強調實在的利益在社會權力組成中扮演著中心的角色，它們才是實踐上的規範，並使權力關係正當與合法。為此，實在的利益成為社會權力的一個構造面，並隱藏在實踐中，它構成了權力的第四個面向。

實在的利益既然是實踐上的規範，自然能操控著權力的行使，此更須進一步去分析實在利益與意識形態問題。

意識形態（ideology），根據任朋（G. Therborn）的界定，涉及到人間狀況的某些方面，人類正是在這些狀況的某些方面下，在世界中作為有意識的行動者去體驗著他們的生活。意識形態就是這種意識與意義運作的中介。因此，依任朋的界定，意識形態概念包括日常生活觀念，「經驗」與具體的知識學理，也包括社會行動者的「意識」與制度化的思想體系，以及一個社會的言說。在這個意義上，意識形態構築了實在利益，提供對社會群體利益及其關係上之意義與理解。意識形態之分析及其與權利之關係在古典社會理論中有其重要角色，但在政治科學家討論權力概念時則給以較少之注意。對盧克斯而言，意識形態也不過被看作是一個有權力的人在偶然關係中對他人行使權力的一個工具。盧克斯未能明白權力的結構本質，也未能認清所有權力的社會行使係由實在的利益或預設規範，以及由構築這些利益的更一般性的意識形態所主導，但是有一點盧克斯是對的，此即他視鞏固意識形態乃是作為權力再生產之中心問題被看待的，並視「共識工程」是一種權力關係優勢因子的主要主觀利益，因此意識形態之構築與攫取權力及權力再生有密切關係。

三、馬克思主義、階級與權力

馬克思主義的權力觀不適以演繹因果型對待，它也無興趣於行為規則，它是一個有關資本主義階級關係的理論以及由此關係所作權力分配的理論。在馬克思主義理論中，階級是結構關係中的集合體，並擁有行動之能力，此構成結構關係的特徵，因為這些權力是不均衡地被分配著，資本主義階級關係即宰制與從屬關係。其次，馬克思主義理論承認社會權力關係的相互性特徵以及權力間的持續協商性，其實「階級鬥爭」（class struggle）即指涉權力之持續與協商，也指涉在結構性的宰制關係中的此類協商特殊基礎。階級鬥爭就是階級能力概念之使用，也是階級社會權力的運作與實踐。其次，當代馬克思主義派理論家不但關切階級權力（class powers）及其透過鬥爭使權力再生產及轉換問題，他們同時也關心國家問題以及對國家權力及其與階級權力之關係進行理論分析。

權力概念在馬克思理論中是在階級實踐的範疇內予以界定的。階級關係就是權力關係，其範疇係由社會生產關係來界定。它指的是處於對立鬥爭的不同階級實踐之間的衝突關係的結構後果，亦即權力不是結構的某一層面，而是各種層面整體的影響結果，同時又展現為每一階級鬥爭之上。但階級與權力概念只是在同一領域內才具有同質性。所謂國家權力並不指國家對結構中其他層面的關係或干預的模式，而是指一定階級的權力，其階級利益是與國家權力相對應的。

「權力」是一個社會階級具有實現它的特殊性主觀利益的能力。馬克思主義的權力觀涵蓋權力問題的所有面向。馬克思主義的權力概念可簡述如次：

（一）權力概念與階級實踐相關聯。

（二）所謂「組織」不僅指謂階級實踐，以作為社會力的階級存在條件，同時也指謂階級權力的條件。

（三）階級利益與客觀利益須加區別。

（四）將階級利益的特殊性的實踐視為一項權力概念因子。

國家權力不等於國家機器，馬克思認為制度和機構或國家機器並不具有任何權力，只與擁有權力的社會階級有關，當社會階級的權力在行使的時候，其所組成的制度或機構才成為權力中心，因此對於國家的自主性和結構上的特徵不能立即化約為權力的展現。至於在檢驗制度、機構與權力關係時，也須藉由制度、機構在階級鬥爭範疇中的影響來加以考量。換句話說，在階級社會中的種種階級性制度與機構，即權力中心，它們的相對自主性並不是源於它們擁有與階級權力不同的其他權力此一事實，而是由於它們與社會結構的關係。在此意義下，制度與機構不是藉由權力以成為權力組織，而是藉由階級權力以成為權力中心。「權力」可分為形式權力與實在權力。這種雙重權力，普蘭查認為須加以區別，此一區別不等於擁有有效權力的一方機構與另一方只擁有權力的機構之相區別。關於「實在權力」，艾色卡有所分析。他認為，馬克思主義派所運用的一組織概念，諸如階級、階級宰制、階級鬥爭、資產階級國家，所指涉的都屬資本主義社會生活的特別表徵，此均屬實在論上的政治社會概念。艾色卡甚至引述費爾（James Farr）所說的，「吾人最好把馬克思的方法論理解為對科學實在論傳統的發展與貢獻」以說明馬克思的權力分析是一種實在論的權力觀。依據費爾的研究，馬克思從一八四三年開始就把實在論作為他的科學理論工作語言，例如，本質、內在機制、實在關係、本然必然性等皆是。甚至頗柏在批評馬克思的理論時，也是把馬克思理論中的「本質主義」特徵與「真正的」科學方法加以區別開來，並特別批評了馬克思主義理論中的非經驗主義命題。

其實，馬克思理論包含一種「關係上的」社會本體論，馬克思所謂「個體是一種社會存在物」便已明確說明什麼是「關係上的」社會本體論。馬克思又謂「社會」是一種內在關係總和的表現，人存在這些關係中。成為一名奴隸，與作為一個公民，就是一種社會特徵，也是人類中A與B的社會關係表現，馬克思所謂的人類解放與權力轉換，其強調首要在打破社會生產關係，須從「關係上的」社會本體論中才能理解。

馬克思的社會本體論是一種轉換性的。馬克思所說「正如社會產生作為人的人，社會也由人所產生」已指涉轉換性。人類力是馬克思本體論的中心，但此人類力必須被當作是由社會所制約的。

此外，馬克思是在實在論上區分現象與實在、經驗與知識的，並在此基礎上運作其理論的。馬克思認為自然科學研究與社會科學研究宜加區分。馬克思認為社會科學研究不能像自然科學研究可以加以試驗，他甚至說「對經濟形式的分析，既不是微觀的，也不是化學試劑可以派用。抽象力量必須替代前述二者。」（見馬克思，《資本論》第一卷，英文本，一九六七，頁八）。這就是一種實在論分析途徑。

馬克思對階級權力的分析並不是本質主義的，也不把所有權力化約為生產關係層次，但是馬克思視「階級」是一種結構上的生產關係，而非簡單的階級關係。而「階級關係」就是擁有並控制生產工具的資本家與依賴工資勞動而活的直接生產者之間的社會關係。資本家與勞動者是相互依存的，又相互對立著，因此階級是資本主義的特徵，如對資本主義社會權力作分析，自須從資本主義的階級關係中去尋求答案。

首先，須了解資本主義作為一種生產方式係基於資本家購買勞動力並將它在勞動過程中轉換成實際勞動，以便生產商品。而工人之所以投入生產過程主要是為「討生活」，工人的實在利益在於以工資形式賺取其生活資料。因此，資本與勞動間的階級關係是一種純粹「經濟的」關係。

其次，工人生存之確保與資本家剩餘之創造係透過市場而達成的。此即勞動者係通過市場以工資交換產品而維持其生活，資本家係透過市場銷售產品和招雇勞動力以確保利潤。

其三，不像封建主義，在資本主義生產方式中必要勞動與剩餘勞動在時間與空間上不被分離，它是同時又同地的表現在一起的。由於剩餘價值的製造是無限度的，資本家被迫盡量提升勞動過程之效度，並盡量可能轉換勞動力成為實際勞動，以使利潤最大化。又由於經濟使用權與經濟所有權都不在工人手中，故對資本家以創造剩餘價值而達到利潤最大化無力干預。因此，以經濟為基礎而出現的社會宰制便成為階級關係之權力特徵。

當代馬克思主義派理論家研究資本主義，已將「權力」作為其分析重心。伍德（A. W. Wood）就指出「權力意向」（disposition of power）係馬克思政治經濟學的中心。普蘭查在《政治權力與社會階級》（一九七三）一書中也直指「階級關係即權力關係」。其實，權力概念在馬克思的分析中無所不在，但很少人注意到馬克思對權力分析之後設理論問題。我們可以稱馬克思對權力之分析為「權力辯證法」（dialectic of power）。

工人所擁有的基本權力是勞動力，馬克思將勞動力視為對資本主義進行分析的關鍵。由於在資本主義下勞動力是一種商品，工人因出賣勞動力而存在，勞動不再是社會存有的方式，而是社會勞動者維持生活的工具，勞動者在勞動過程中創造了物質、財富，但在階級關係下，也為自身生產了宰制與從屬，這種宰制與從屬關係其實就是一種權力分配不均衡的關係。

在分析階級權力觀時，勞動力是作為商品而被資本家所購買得來的，亦即勞動力是被雇用的，此時勞動階級所擁有的權力是在資本家的禮法下被使用和被控制著。而資本階級擁有兩種權力，一是投資控制權和占有權，二是指令和監督勞動過程權，這都叫做「經濟所有」。由此才會出現資本—勞動關係即宰制—從屬關係之現象，此一現象的後設理論基礎在於權力分配不均衡。

馬克思對資本主義生產關係的分析，提供了階級權力分配、權力主張與轉換的實況說明，但不是沒有缺陷，依湯普森（E. P. Thompson）看，馬克思理論中的階級概念是曖昧的，尤其是社會階級範疇根本不是一個歷史範疇。

對於階級分析必須與階級結構與階級構造相聯繫起來。「階級結構」不同於「階級構造」，一如古典馬克思主義派視「自在階級」不同於「自為階級」然。普茲沃斯基（Adam Przeworski）就認為，階級不是單由客觀位態所賦予，因為階級構築了鬥爭效果，這些鬥爭也不是由生產關係單面地所決定。此處，普茲沃斯基有意指出階級構造的政治決定因子。關於階級鬥爭，普蘭札斯也認為階級鬥爭是階級關係的本然面貌，除非進入階級鬥爭，否則社會階級並不存在。社會階級與社會實踐，即階級鬥爭，乃一體兩面，而階級鬥爭也只能被界定在階級的相互對立之上。工人與資本家間實在利益的衝突所構築成的「敵對」才是階級關係的真正基礎。在這種「敵對」的基礎上，特殊階級的集體性才會發展成為特別的團結與組織形式。階級關係過程即社會權力協商過程，也是社會權力再分配的鬥爭過程。

當代馬克思主義者認為階級組織根源於階級結構，因為階級結構建立了一定的鬥爭公分母，此即社會認同、利益與權力。尤其是最近的研究方向偏重於對「階級構造」與「階級組織」的研究，萊特（Erik Olin Wright）就以「階級能量」或「階級立場」概括這些集體性組織形式。萊特界定「階級能量」為「一個階級內的社會關係」，他還區別了「結構能量」與「組織能量」，前者指由資本主義自身基本構造所產生的階級屬性，後者指由階級成員的組織共識所產生的一種能量。但是最重要的，艾色卡認為即所謂階級權力問題，即勞動階級處置它勞動的能力與資產階級處置它資本的能力，這才是這些社會集體的結構屬性。

然而，階級權力不加以組織化則無法在階級結構中有所實踐。歐菲（Claus Offe）與魏森豪（Helmut Wiesenthal）就認定資本主義社會中有兩組「集體行動邏輯」，此與資本家與工人之階級區分相適應。他們的主要論點在於社會結構中的一個群體位態的差異不但會導致權力的差異，而且也會導致組合上的實踐或集體行動邏輯的差異，也由於如此，資本組織與勞動組織才會發揮能力以增進各階級的位態優勢。有關集體性組織與階級能量問題晚近研究頗多，例如任朋在研究中就指出階級能量係由適時的階級構造所形塑，瑞典的工人階級的巨大影響在於一八八〇年代的一次政治統合而出現的，可見階級組織的權力可以被轉換成政黨權力，並使此階級權力變成有效的現實，而不是化約成生產關係結構中的一種能力而已。

總之，馬克思對權力的分析作了實在論的理解，對於資本主義社會中權力的運作也作了理論與經驗上的調查，如果說馬克思主義理論對於社會權力問題未給以充分的注意，這種批評是不公平的。還有的批評家分析權力論時，批評馬克思主義已以一個「權力歷史主義」替代一個「生產歷史主義」，實在論者認為這都是瞎說，主要的是，不是歷史主義調換與恢復問題，而是應該放棄以歷史主義對待馬克思主義。

雖然馬克思主義有其侷限性，但此一認知也就不等於吾人應完全放棄以馬克思主義研究問題。此處我們引述吉登斯的話以說明馬克思主義理論的重要性：「馬克思有關生產機制的分析……仍然是十八世紀以來世界巨大轉型之了解所不可或缺。」傅柯（M. Foucault）也是在馬克思理論下發展出對身體、科技與權力關係的一種「權力微觀解析論」。因此道爾認為馬克思主義是非科學的，有待商榷。

艾色卡有意整合多元主義權力觀與馬克思主義權力觀。在其著作《權力與馬克思主義理論》一書最後一章一反先前之批評，改口指出道爾的理論著作，包括其《多元統治》與《多元民主困境》在內，並不代表一種政治行為主義研究，反而是一種對多元民主制度條件的分析，而且還隱含著一種實在論式的政治權力理論分析。此一說法是否合宜，有待進一步商榷。

多元主義雖然不否認社會的與經濟的不平等事實存在，但是把它們視為既有的存在，不須加以解釋。但是晚近道爾已改變態度與觀點，他用多元主義以解釋先進資本主義社會國家之民主運作時，認為存在著嚴重的結構性障礙，他最後甚至提倡「民主社會主義」。

在面對多元主義理論危機上，馬克思的理論在影響力上急劇升高。不像多元主義者，馬克思主義派理論家堅持著階級權力之結構與資本積累的動力，認為這些扮演了資產階級民主政治的決定性角色。當代馬克思派理論家已經避開了馬克思主義早期觀點的負擔——浴火重生論與歷史主義，重而強調了階級妥協的脆弱性以及敵對性利益的中心性。在分析這種敵對性時，馬克思主義派既堅持勞動階級政治權力與經濟權力形式的重要性，也強調在階級鬥爭領域中有利於資本積累的結構上與組織上優勢的重要性。

馬克思理論對於理解先進資本主義社會權力及其國家似乎是不可或缺的，而且在它對國家結構上的決定因，其解釋力是遠遠超過多元主義派對手。

第六章　馬克思的國家理論

壹、馬克思主義與國家問題

一、馬克思重視國家問題

馬克思主義與國家問題是當代西方政治哲學領域裡一個明顯而被熱門探索的理論課題，尤其是一九六〇年代以後新馬克思主義政治理論家們的相互辯論，使得作者認為有重新檢視馬克思主義有關國家問題的必要。

早在一八四四年，馬克思就準備寫作一本論「現代國家」的著作擬就草綱如下：

「現代國家的歷史根源或法國革命；

政治領域的自我空想—錯把古代國家作為研究對象；

革命者對市民社會的態度；

所有因子存在成兩重形式，此即市民因子與國家因子；

人權宣示與國家憲法；

個體自由與公共威權；

國家與市民社會；

代議國家與憲章；

憲政代議國家與民主代議國家；

權力區分；

立法與行政權；

立法權與立法機構；

政治會社；

行政權；

集中化與階層；

集中化與政治文明；

聯邦制與產業主義；

國家行政與地方政府；

司法權與法律；

民族性與民族；

政黨；

投票選舉，為國家消亡與資產階級社會消亡而戰。」

此外，一八九八年四月二日馬克思致恩格斯信中也寫道：「以下是拙著第一部分簡綱。計分六種：資本；地產；工資勞動；國家；國際貿易；世界市場」。

由前述可知，馬克思準備寫一鉅著，「資本論」不過是其中的第一部分。「國家」也是他想要作系統研究的對象之一。然而，很可惜，終其一生，馬克思並未完成此一鉅著。

此一事實說明馬克思本人並未形構出一個熟潤而具有系統性的國家理論，此使作者覺得有對馬克思主義中的國家問題重作檢驗的必要（因為一般馬列主義者肯定馬克思主義有國家理論）。

馬列主義者所肯定的馬克思主義國家「理論」，不過是指「國家階級理論」。這種解釋我認為只能看作是馬克思「國家理念」中的一個部分。甚著，在某種程度上，馬列主義者對馬克思主義國家理念對待態度上我認為流於機械、簡單化、甚至庸俗化毛病，要批判馬列主義者在馬克思主義國家問題解釋上的簡單化與機械化，實在有必要對馬克思與恩格斯在國家問題論述上再作檢視。

二、檢視途徑與內容

要檢驗與重建馬克思主義國家理念有一定的檢視途徑。尤其在後經驗主義與後實證主義的今天，作者不會採取行為主義方法或系統理論途徑去完成上述知識任務。當然，作者雖不是方法論上的虛無主義派，但也不認為費耶阿本（P. Feyerabend）的「反方法論」沒有道理。方法論的多元主義總比方法論的一元主義（Methodological Monism）在研究途徑上所能照顧到的問題總體而言要來得寬廣。因此，這次作者所採的研究途徑既有歷史主義手法，如庫恩（T. Kuhn）的典範（paradigm）途徑，也有加德馬（Hans-Georg Gadamer）的解釋學，同時兼有法蘭克福學派的辯證批判途徑。為什麼會如此呢?因為對象是馬克思、恩格斯的原典。在浩如煙海的原典中，馬、恩的國家理念分散在不同時期的各重要著作中，並不是他們針對此一問題已經作了系統性的專門研究。這種零散式地分布在五十大卷馬、恩全集中的「國家」問題，只有給予重建與綜合，以呈現其邏輯結構並作解釋。當然，除了馬、恩原典外，重要學者們的有關著作，也將在因涉及馬克思主義國家問題而同時被作者加以檢視，但這不表示作者完全同意他們對馬、恩國家問題的見解。

為求客觀，本書作者的檢驗圈主要鎖定在馬克思、恩格斯自己的著作，進行現象學的記述過程後，才會由理解而涉入批評。在大部分情況下，這些批評都將放在專題文章的最後部分，換句話說，批評文字與概念分析是加以分開的，以便能夠較客觀地呈顯馬克思主義國家理念的真實圖像。然而，某些關鍵地方，也會局部地流露出批評與分析相互整合，但此無大礙，因基本上作者固守理性態度。

前面曾說過作者採用了歷史主義途徑，此不表示把古典馬克思主義著作進行歷史研究，雖然在檢驗過程中無可避免地涉及到馬克思、恩格斯所接觸到的許多歷史事件。因此，在本研究中，所謂歷史主義途徑，基本上是哲學的。這種歷史主義哲學手法包涵二個層面：首先，超脫馬克思、恩格斯許多社會活動和政治觀點之外，如果偶一涉及，也從較深層次去進行理解。此即，將焦點鎖定在馬克思的世界觀上，因為它是馬克思主義論國家的哲學基礎。其次，不從片面、政治或人工觀點去理解馬、恩及其思想，而是採取馬克思慣有的辯證批判。辯證法是馬、恩的主要哲學方法，他們二人即使後來成了科學家的共產主義者，作者認為他們仍未曾放棄其辯證方法。此外，本研究也滲入了批判實在論途徑，原因是馬、恩的許多著作基本上是政治性的與經濟性的。

還有，不像某些學者那樣認為現代共產主義等同於馬克思主義，因為他們視馬、恩體系與現代共產主義體系不可分開。相反，作者把列寧的理論與其他現代共產主義領導人的思想不列入研究範圍之內，儘管現代共產主義，諸如列寧主義、馬列主義、毛澤東思想等等，是在馬克思主義名義下育成的。依作者意見，這些東西充其量是修正過的馬克思主義，它們在許多基本命題上，尤其是有關國家問題上，是不同於馬克思主義的。因此，作者不願把列寧主義或者馬列主義等同於原始馬克思主義。毫無疑問的，它們之間存在著許多差異，而且經過細心的思考後，發覺這些「差異」不只是表面上的而已，根本就是本質上的差異。基於此，作者確信馬克思主義與列寧主義或者馬列主義是兩個不同系統，雖然它們都被稱作共產主義意識形態。

作者對於馬克思主義國家問題之研究內容準備分成下列幾個主題進行。其一是「青年馬克思的國家理念」，其中要探討「青年馬克思與黑格爾的關係」、「國家是理性之實現問題」、「青年馬克思與費爾巴哈的關係」、「青年馬克思對黑格爾的批判以及所謂民主國家問題，還有「國家」是一種「異化的社會權力」問題。其二是「馬、恩的工具主義國家理念」，其中要分析的有「公務階級與個體利益」、「異化與社會階級」、「國家權力與財產支配」、國家是一種「階級宰制的工具」。其三是「馬、恩的結構主義國家理念」，此中包括探究「下層建築與上層建築」、「生產方式與國家」、國家是一種「特別的生產關係物質凝聚體」。其四是「馬、恩的功能主義國家理念」，討論有關「馬克思的功能主義與社會系統」、「政治棄讓與國家寄生」、國家是一個「社會衝突中介物」。其五是「馬、恩的國家轉型理念」，這裡要討論所謂「無產階級專政理念」、「無產階級專政本質」，以及「無產階級專政類型」。最後一節專論「馬、恩的國家未來理念」，此中包括「由國家主義到反國家主義」，以及「國家萎縮」問題。

三、國家與國家理念

在探討馬克思主義國家問題上，作者不贊成直接插入方式，如能對「國家」與「國家理念」先作一個一般觀察則對研究馬克思主義國家問題會有幫助的。

政治哲學的基本概念主要涉及「政治實體」概念。然而，關於國家問題，特別是它的理念、價值、性質、本質、權力及命令順從的權利，從政治哲學上看，是頗難說明的。在語源學上，「國家」

一辭來自於拉丁文「State」，尤其可以說來自於地位身分，通常它被用於論及一個王國或統治者的實際狀態。在傳統上，首先使用「國家」一詞的是馬基維里。一如馬基維里所使用的，「國家」指涉一種公共權力，它是由治者與被治者分別作用而起，並且由此構成制度化權力中心。

在政治學上，「國家」常指外在於並高於個人意志的一個強力概念而言，它不但可以宣示命令，而且強施權力意志。一如韋伯所觀察到的，「強力並不是國家普通的或唯一的手段……但強力卻是國家的一個特殊手段」。這就是為什麼霍布斯在其《巨靈論》（一六五一）中所強調的國家本身就是一種權力、一種威權，以及在一定土地上的主權；它借對吾人進行統治與命令順從而展現其權力。更甚者，國家一詞的概念常同義的指謂如下一群概念，諸如社會、社區、民族與政府等。基本上，這種指謂無可厚非，但是對於這些概念的不同使用最好能有所察覺。

一般而言，檢視國家有三種途徑：經驗檢視、歷史檢視與概念檢視。經驗檢視基於常識與觀察。吾人環顧周遭世界，可以觀察到具有不同社會結構、政治制度、文化與價值的各類國家，然而，這些只是具體國家，不是「國家」。對實際國家作經驗觀察只能導致如此結論：沒有一個國家在特徵上不是具有特殊模式的。充其量只能如此說：它們具有粗略的一般性，此即一定的領土、法律系統，以及支配他人的潛力。歷史檢視主要是把重點放在國家在歷史中的持續性問題。如果用「發展」或「演化」來敘說國家則甚具誘導性，因為國家是一種歷史現象，它是人類社會的產物。因此，在「國家」未存在前，人類歷史已有時間了。史前期的民族和親族部落雖然不是一個「國家」，但老早已組成一個所謂「社會」。

國家與社會相較，前者被界定乃基於規模與相對複雜性而言。它是一個治理巨額人口社會的手段。只有當社會擁有許多社群、社會階級與組合，並經過共同統治而聚集一起時始出現「國家」。

「無國家之社會」（the stateless society）對其社會事務有它的內在秩序。國家在共同統治下有它的形式統治權。「無國家之社會」與「國家」之間的根本差異在於：在「無國家之社會」中，支配由整個社會為之，它是作為一個共同體而發揮的功能。此中並無與集體性（the collectivity）可以相分離的特別政治機構。在「國家」中，宰制權力與一般社會實體是相分離的。此中有一個特別的支配機構被國家而不是被社會所使用。此即，國家有它的最高權力，此權力是被追加上去的。作為這些社會的中央威權，國家是一種第二次形成物。在一個「無國家的社會」中，政府與政治在於保持社會內在秩序與外在防衛，以及代表一個民族統一的工具。至於「國家」，它可履行所有這些任務，但是國家在行動上則是代表它自己，在尋求與社會的認同上，它經統治以增進本身的統治權。此即國家是社會的機構，政治權力在國家中是集中的與獨斷的。總之，有多少運作政治威權的能力在國家理念形構上應列為一個基本因素加以考慮。

來自於早期希臘文明中的氏族與部落，逐漸出現進一步的國家形式——城邦（City-State）。「城邦」提供二個與「現代國家」非常有關的重要理念，其一是「民主」（demos），即市民治理；其二是城邦事務（polis），此一字乃「政治的」與「政治」等字眼的根源。接著，古羅馬作為一個強而有力的城邦出現。羅馬「共和」（republic）乃基於由貴族權力支配的一個元老院所組成，此一「共和」的社會基礎乃是擁有土地之階級。此階級以土地交易之規模為特徵，他們用所訂的規則去管理貿易，與私有財產的繼承，去界定公民身分，並完成在政治哲學上所說的「國家」與「市民社會」之區分。

在十四世紀到十六世紀年代中，封建制度在西方發生危機，此時出現了新形式國家——現代「專制主義」。專制主義國家含蘊對統一領土統治的加強，兼併弱者小國領土成為強者大國領土一部分；在整個王國中強固法律、秩序與安全；在一個單一主權國君權力運作下進行更為單一的、持續的、可預想的與有效的統治。此一描述已提供我們對一個君主統治與國家官僚面目之理解。

專制主義為立憲「資產階級」國家之出現開啟門徑。因此到了十七世紀，歐洲士紳階層會同正在出現的商業階級、城市技術與勞動階級參與一場以反對專制主義政治為主的複雜鬥爭。接著，伴隨市場與契約原則而有商業之擴張，此導誘現代國家之出現。現代國家特徵包括如下：政治權力分開承擔，依法界定權利以參與政府，廣泛的代議制度，世俗國家權力，以及較清楚地界定國家主權等。

到了十八世紀與十九世紀大半部，所謂「古典的自由」國家首次在英國出現。這段時間其實是農業及初期工業資本主義的展延，同時也是英國竄升成為工商超強國家。以上二事具有機體相連性，因為新生社會力量統合了經濟發展，加速使英國走入自由與憲政路途。這類國家之所以被稱為「自由的」，乃是相對舊體制的專制性而言，一個「自由的」國家其主要功能在於保障市民個體之權利與自由。在個體與國家間有一「社會契約」存在，藉此契約以保障人民權利與自由。因此，社會契約使人民成為國家的先驗存在，而非國家成為人民的先驗存在。然而，這個「自由的資本主義」國家並不是一個民主國家。因為多數人民尚無投票權，此又導致多數人民聯合勞工階級為政治權利與市民權利而進行鬥爭，此一鬥爭隨後奠下了十九世紀的改革運動。經過由人民大眾所實踐的改革運動，最終才出現所謂「自由─民主」國家。

以上所述展現出一個顯明的歷史程序，它勾勒出一條由城邦到自由民主國家的特殊演化路線。此一演化同時標示出何以國家問題成為政治理論中的首要問題。

至於第三條檢驗途徑攸關於對國家概念使用問題。「國家」是一組複雜的理念與價值複合體。這些理念密集在理論構造中，且有不同方式的解釋。妥切抓住這些理念是理解如柏拉圖、亞里斯多德、馬基維里、霍布斯、洛克、盧梭等政治理論家在西方政治思想領域中主張國家問題的較好方式。

在西方政治思想中，柏拉圖是「合法性國家」理念的建立者，此外，「合法性國家」指正當性理論化之國家，此中之「權力」意謂依法設定之「強力」而言，柏拉圖也是第一個給予國家以「理論」的人。柏拉圖由對「正義」概念之分析與界定而著手研究社會秩序，對柏氏而言，國家之最高目的在於使自己成為正義的執行者。柏拉圖的理想國家是超越時空的，無所謂「此處」及「現在」，它不過是一個人類行動的典範、標準與模式，並無一定本體論上的位態，在實在上亦無場位。到了中世紀時代，聖奧古斯丁對「理想」世界與「實在」世界作了區別。他認為國家，即使是最完美的國家，也無法滿足我們的冀望。人類唯一的安息是安息在上帝的國度裡，此即他把柏拉圖的理想國家變成「上帝之城」。然而如果我們回顧一下中古時代公共與社會生活，所謂柏拉圖的「合法性國家」理念已為該時期的世俗國家提供真實而積極性力量。所謂國家的第一與主要任務是對正義之維持一事確實變成中世紀政治理論的核心論題。

現代西方國家概念是沿著市民社會概念發展出來的。它是人們因對從十六世紀即存在於歐洲的專制主義國家經驗作全面反思而得到啟發的；同時也是針對這些專制主義國家之權威進行挑戰而得出來的概念。馬基維里便是現代世俗國家的第一個維護者，也是第一個正式使用「國家」這個字的人。在《君王論》中，馬基維里的主要論點不僅僅是對政治統治者——君王本身應如何而言，而且也涉及到新國家的結構問題。馬基維里同時也是對所謂新政治結構之真義有所認識的第一位政治思想家。此即：作為公共權力之國家它是由強力創建起來的，而且也是靠強力來加以維持。其實「世俗國家」在馬基維里時代之前早已存在，它就是，以現代意義而言，一個絕對君主政體，它是由教廷的束縛中解放出來的東西。對馬基維里而言，現代世俗國家就是一個公共權力，它是由治者與被治者分別作用而起的，並由此建立起制度化的中央權力。並且，由於它反對任何宗教原則或自然法優於民法與君王主權永續性問題，現代世俗國家可以說是完全獨立的與孤立的。一如馬基維里所說的，這種完全孤立性當然充滿了危險的結局。終於，馬基維里的國家理論最後在其後的兩個世紀裡為自然權利國家理論所取代。

由十七世紀開始，世界進入現代期。此一時期中，現代的國家理論基礎主要由霍布斯建立起來。對霍布斯而言，「國家」就是主權依必然為維繫市民社會之模式條件而行使的一種狀態。霍氏是個理性國家論者，他曾苦心竭智地論述「主權者」（即國家）必以握有與直接統控所有主要權力。所謂「主權者」，依霍氏意，即指人民讓棄自己權力給他（它）後的一個絕對權力人格代表，主權（者）就是國家之「靈魂」。其實在十七世紀與十八世紀時期，政治思想家絕大部分都是「自然權利國家論」者。洛克認為國家的建立之前即有享有自然權利之個體存在。此自然權利指生命、自由與財產而言（洛克後來以財產統稱之），係受自然法所制約。然而，在自然狀態中個體雖享有自然權利，但因自然狀態之種種「不便」，而無法保障個體自然權利，因而才有依社會契約方式而組成國家與政府的說法。依洛克言，國家的主要職責在於保障人民財產，而個體生活與人民自由則應有一定空間而不受國家所侵擾，其次才是維持國內法律與秩序與抵抗來自外國之侵凌。此即，洛克視國家是一手段，而非目的本身；亦即，國家是保障人民權益的工具。

總之，國家概念之所以逐漸生成出現為一個公共權力，它本身既是一獨立概念又是一世俗概念。它獨立於其他社會權力之外，也獨立於任何特別衙門主持者之外。所謂世俗概念是指國家威權與功能不能被當作係出於上帝或來自於某種較高的道德目標，也就是新國家的行動不能以宗教原則或道德原則去加以評估。國家是人類的創造物，也為了人類的目標被創造和被保持，事實上它是一個社會中各種不同成員的組合。把國家當作一個社會所有成員的組合意指，已是可以制定並頒行法律的最高威權。如果國家被賦予這種角色，而且如果它是一個共同體內所有成員的真正組合，則國家對最高威權的主張就不能基於皇家世系的世襲，而是必須基於治者與被治者的關係，此一關係必須基於社會契約。因此，現代國家是以下列二個中心概念而被理解的：一方面國家是中央化的權力，它在一定的領域內威攝所有其他權力。權力之行使是透過它所常設的機構而運作。作為一個中央化的權力之國家存在係透過常設機構（即政府）而組織起來的，而且也是基於強力建立起來，然國家之存在不過是它的實在（reality）一部分。另一方面，國家的第二個主要特徵在於它建立在「同意」（consent）之上，亦即建立在治者與被治者的關係之上。作為一個市民組合之國家理念，以及作為社會工具之國家政府，都將在辯證法下導引出國家是一個「真正的道德共同體」理念。

在西方，隨著時間的流轉，浪漫主義（romanticism）起而抨擊自然權利國家理論。第一個思想家便是黑格爾。作為一個政治思想家，他主要的用力點在於發展和形構一個現代國家理論。黑格爾認為國家即本質，即實在，也是歷史生活的核心。此種見解在黑格爾之前尚未見過。對黑格爾而言，國家不僅是表徵，而且是「世界精神」的化身。

以上的探討已經提供出一個傳統的國家概念，此即，它是聯繫在治者與被治者上的關係上，而且它是在一定的範圍內所建構出的最高政治威權。然而，傳統的國家概念給後人留下爭議與意義不確定。下面就是有待爭論與再探討的問題：什麼是國家？國家應當是什麼？國家的根源與基礎為何？國家與社會的關係如何？什麼是這個關係可能採取的最滿意的形式？國家為何與應當為何？國家應該代表誰的利益？所有問題到了十九世紀都被馬克思所挑戰。

四、馬克思主義與國家

為了要探討國家問題，馬克思與恩格斯勾勒出好幾個不同的原則，並且配連上不同的主題與途徑。他們同時還提出了一系列通則，並展現出許多有價值的政治概念以備分析。他們主要著眼於國家權力組織問題，對於建構一個系統性的和前後連貫的國家解釋學說則給予較少的關注。

有所謂一個馬克思主義國家「理論」嗎？筆者的回答是：在馬克思主義中並無一個清晰的國家「理論」。一個「理論」基本上是一個概念相互連結以描述並解釋實在之系統網絡。所有理論都包含一定的因子成分。它們是基本原理、通則或含謂定義之假說，如果缺乏明確概念上的意義，則不能形構理論。因此，在檢驗任何理論的時候，我們必須在理論構造上尋求其連貫一致性以及解說清晰性。

基於此，馬克思與恩格斯顯然並未給予我們一個精緻的國家理論。當國家問題在他們的政治著作中被持續地討論的時候，除了恩格斯在《家族、私有財產與國家之起源》（一八八四）一書中對雅典、羅馬與日耳曼國家作發生學上的臨時探討外，「國家」並不是馬、恩他們要作系統研究的一個對象。更進一步看，馬克思並未使用「國家」一詞回答如此廣延而抽象的哲學問題：何謂國家？同時，馬克思也未提供一個完全哲學的、社會學的、歷史的或分析的說明有關國家的制度與功能。事實上，馬克思只以興趣所致對國家問題作一闡述而已。

一如作者在前面所說過的，馬克思確曾想要以「現代國家」為主題準備進行一個龐大的寫作計畫。那個令人感到興趣的寫作大綱也的確對我們展現了大綱作者未能實現的壯志宏圖。一直到一八五八年，馬克思還一再敘述他有意對國家問題作一系統的研究。然而，空有此龐大寫作計畫，留給馬克思的仍然是他並沒有形構出單一而有系統的國家理論。由於如此，國家問題變成馬克思主義中最為複雜也難回答的問題。更有甚者，是馬、恩他們的古典著作伴隨著曖昧難解與不一致意見與文詞，此使馬克思主義國家問題在當代政治哲學中格外成為令人爭議的問題。基於此，作者寧願用「理念」（Ideas）而非「理論」（Theory）來對待馬克思主義國家問題。

對正統馬克思主義（the “orthodox” Marxists）以及真正馬克思主義者（the “authentic” Marxists）而言，他們把國家視為一個階級對其他階級進行宰制的工具。其實這是他們只從馬克思、恩格斯的著作中抓取到工具主義國家觀。這個觀點存留在《共產黨宣言》（一八四八）中：「現代國家政權只不過是管理整個資產階級共同事務的委員會」。尤其是，他們抓取到了恩格斯的意見：「國家不過是一個階級壓迫其他階級的機器」。毫無疑問，這是對古典馬克思主義國家觀採取了強烈的機械主義的與工具主義的看法。這種粗糙的說明當然不能簡單的被當作此即馬克思主義的國家觀。事實上，國家問題在馬克思主義理論中不是那麼簡單化。相反，馬克思與恩格斯曾對「國家」付予多重意義，而不是就這麼一個單一概念。例如，除了階級工具國家觀外，馬克思就主張過在一定環境下國家是一個獨立存在物，亦即「一個望之儼然的寄生（在社會之上的）物體」，也就因為如此，國家此時是為各階級的利益所服務，而不是某一階級的權力工具。

確然，馬、恩都是現實主義者，他們以現實主義觀點視國家為權力的宰制。他們甚至以現實主義的國家概念把國家推至極端境地。此外，他們還抱有消極的權力概念，他們視各式各樣政府在「政治上」都是惡。在界定國家是一種異化的社會權力以及國家是統治階級的宰制工具後，馬、恩勾繪出他們的邏輯結論：權力概念與為統治階級利益服務概念從不分離。由於這些理由，馬克思與恩格斯並未以「好的」去替代「壞的」來解決政府問題，而是以主張消除各類政治形式政府，亦即國家應消亡，政治應終結。然而，此處必須強調的是在馬克思主義所謂國家只是階級統治工具一說只能當作馬克思思想被稱之為「馬克思主義」後的庸俗化結果。然而，遲至一八七〇年間，馬克思依然用下列著名的答覆把他自己與那些馬克思主義者加以區分開來：「就我所知我不是一個馬克思主義者」。如果通讀馬克思的各類著作，尤其是他的早期著作，會讓我們感覺到這些所謂馬克思主義者們以某種來自於馬克思，其實是經過恩格斯，簡單化後的馬克思的國家觀點，用機械主義式的解釋所作的一種論定。事實上，對於國家的看法，馬克思與恩格斯所持意見有很大的差距。馬克思認為「現代國家一直處於抗擊市民社會特殊利益而表現其普遍妥當性，又表現為諸種敵對性利益衝突的永續緊張態勢」；對恩格斯而言，「國家不過是被具有支配性的經濟權力所主導的外在威壓組織」。以上可見馬、恩眼裡的國家觀念有多大的不同了。

自從一九六〇年代以來，在政治哲學上興起討論馬克思思想熱潮，尤其是把焦點放在他的早期哲學著作上。此討論在揭露馬克思政治理念和價值體系的人本主義根源。馬克思的青年期著作遲至一九三〇年代才被發現並予出版問世，對「正統的馬克思主義者」如考茨基、普列漢諾夫、盧森堡等，對「真正的馬克思主義者」如列寧，乃至於對「新馬克思主義者」如葛蘭西而言，他們都不知道有所謂青年馬克思的著作。從這些青年期著作中，我們可以看到馬克思把國家看作一種異化的社會權力早期觀點，此與他的古典觀點所謂國家是階級統治的有組織的壓迫工具顯然有別。當然，我們還可把馬克思的作為階級工具的古典國家理念與老年期視國家為寄生在社會之上的獨立體作個對比。我們還可以把馬克思與恩格斯作一區分。總之，把馬克思與他的門徒乃至他的敵人區分開來是必要的，在把馬克思思想作為政治理論加以研究時給以公平對待也是必要的。

西方世界發現馬克思早期著作後，某些馬克思的詮釋者嚴格區分了青年馬克思與老年馬克思，認為由馬克思青年期著作看，他是「人本主義的」、「民主的」、「批判的」與「辯證的」，而他的晚年著作呈現出他是「決定論的」、「唯物主義的」與「科學的」傾向。照這樣區分法，那就不足以驚訝此處有兩個馬克思的國家「理論」：一個是原始馬克思主義的理性的——批判的國家「理論」。另一個是成熟馬克思主義的經驗的——科學的國家「理論」。如果如此，則有理由說在這「兩個馬克思主義」中，國家概念是不一致的，因為馬克思在青年時代界定「國家」有其不同的方面；而在晚年期他又修改對它的界定。

與上述看法相反，愛維耐里（S. Avineri）認為只有一個馬克思。這一個馬克思可分為青年期和老年期。他認為兩個時期最顯著的區別在於老年馬克思所採用的一些名詞，特別是剩餘價值，在青年期著作中是闕如的。愛維耐里論述道，馬克思老年期所用名詞不存在於一八四四年，因為此時馬克思還不完全熟悉英國的經濟學家，特別是李嘉圖。因此，愛維耐里認為，要想否認馬克思晚年著作，特別是《資本論》，在概念上比青年期著作互為一致是有困難的。尤其是，關於異化（alienation）的概念，在哲學意義上要比剩餘價值概念要有力得多。其實，馬克思在其晚年著作《政治經濟學批判手稿》（一八五七）中依然使用異化一詞。此處必須一提的是，馬克思總是認為異化問題是存在於乃至貫穿於階級社會中的一項特徵，它與人類的本質——自我實現——是相對立的。這種先天性的對立情況就是為什麼馬克思主張推翻「現存社會秩序」與堅持「國家消亡」。因此，如果聯繫到人類狀況，我們認為對馬克思早年與晚年教義作區分是沒有基礎的。從他一八四〇年代最早期的政治社會分析到他去世止，終其一生，在本體論意義上，馬克思提供出一個前後一致的政治社會世界觀點。然而，在認識論上，必須加以指出，一個本源上毫無不同的馬克思主義在結構差異上已被分成兩個甚至三個馬克思主義了。把早年馬克思主義與晚年馬克思主義強行對立起來，導因於恩格斯把馬克思的諸多概念簡單化的結果。雖然在發展馬克思主義理論上，馬、恩共同努力著，但是在對待國家問題上，他們倆確曾有著對立不同的看法，這是要在此處特別強調指出的。

更進一步看，如果檢視一下恩格斯的古典著作，我們發現恩格斯採取了機械主義決定論，此一立場觀點正好是馬克思所反對的。例如，在《反杜林論》（一八七八）中，恩格斯說國家要「消亡」，馬克思則主張國家應被超越。事實上，國家消亡與超越根本是兩個不同的名詞概念且來自於不同的知識傳統：恩格斯所用「消亡」是生物學上的比喻，馬克思所用「超越」是充滿辯證的哲學名詞。此外，關於「專政」（dictatorship）問題，恩格斯在其《住宅問題》（一八七二）第二版「序言」（一八八七）中用「獨占統治」（sole rule）及「政治權力獨占」來代替「專政」。像這樣的差異與錯誤，使我們不能不把馬克思與恩格斯區分開來。

然而，也有許多學者對馬克思主義國家問題執多元看法。普那米那茲（J. C. Plamenatz）在其《德國馬克思主義與俄國共產主義》一書中論述道，基本上，馬克思形構了二種不同的國家理論，一是國家即階級統治的工具，二是國家乃社會寄生物。鄭學稼在其《列寧主義國家論之批評》中認為在馬克思主義中有三種國家概念：一，國家是階級矛盾不可調和的產物；二，國家是階級的調和者或「緩和衝突」者；三，國家是寄生物。戴爾（P. W. Dyer）在其專文〈馬克思、恩格斯哲學中的國家概念〉中指稱，在馬克思主義中有四種國家意義：一，國家是調和社會衝突的工具；二，國家是階級壓迫的工具；三，國家是社會寄生物；四，國家在共產主義階段，變為必要功能的表現者。杰索普（B. Jessop）在其《資本主義國家》指出，在馬克思主義中，馬、恩形構出三種國家理論：一，國家是個凝聚因素體；二，國家是個階級統治工具；三，國家是個制度體。持平而論，雖然以上學者們的觀點有些重複，但其中也有許多新鮮意見是馬克思主義者們提不出來的。然而，作者願意指出，以上學者們的意見多偏重在老年馬克思主義身上，而忽略了青年馬克思主義。最近以來，西方馬克思主義理論家中似乎接受三重性的馬克思主義國家「理論」看法，此即工具主義國家觀、結構主義國家觀與黑格爾式馬克思主義傳統國家觀。

工具主義論者強調國家與統治階級不可分，國家權力由統治階級所支配，國家政策由國家階級系統的矛盾與壓迫所決定。為什麼國家替統治階級的利益服務?米立班（Ralph Miliband）認為，在馬克思主義的認知架構中，資本主義社會中的「統治階級」就是手中控有生產工具的社會群體，由於他們手中握有經濟權力，經濟權力制約政治權力，此可使他們利用國家作為宰制社會的工具。

結構主義者對國家的分析，在範疇概念上反對把國家理解成為一種統治階級手中的簡單工具。相反地，結構主義者把焦點放在系統上，而不放在個別資產階級身上，從而認為國家就是「資本國家」（the State of Capital）。縱然資本階級的利益與國家功能有相互關係，結構主義者認為任何因果關係都是疑似的，因為真正把階級利益和國家功能聯繫在一起的是那個第三個變項——經濟系統。這就是說，資產階級成員，在國家機器中的直接參與數目並不是前述階級利益與國家功能方程式的重要一面。而是要看統治階級與國家的關係根本就是一種「客觀關係」。這就是說，如果國家功能被當作一種確定的社會構成，而且在此構成中又與統治階級的利益相一致的話，那完全在於社會系統本身。所謂統治階級成員在國家機器中的參與亦非「原因」，而是「結果」，而且是這個客觀系統中的一種偶然機會表現。總之，結構主義者的根本觀點是國家功能受社會結構所廣泛決定，而不是受在國家權力階層中占有地位的那一批人們所決定。

所謂黑格爾式的馬克思主義國家觀則是把國家放在一個較高的抽象層次對待。主要問題在追隨「國家是什麼?」基本答案是如此：「國家是個具體的機構，它在為支配階級服務，但卻把自己描繪成一個超然整體國家，從而隱藏了它的階級對立基本路線。」因此，國家的表徵為一個普遍體，但此體卻是一種虛假的、「虛幻的共同體」」。事實上，此種論述來自於黑格爾式馬克思主義者們的「批判理論」。此一理論旨在揭示國家的神祕性，同時在解咒意識形態與虛偽意識問題。由於如此，黑格爾式馬克思主義者言，研究國家問題其宗旨在於創建出一個以實現真理為目標的非異化的政治實在。

對於結構主義者與工具主義論者之間的爭論，從馬克思主義的意義上看，並不是唯物主義者與資產階級唯心論者之間的爭論，而是相應於方法論上個體主義者與社會學上整體論者或機體論者之間的爭論。至於黑格爾式馬克思主義的國家論根本來自於青年馬克思的觀點，此觀點並曾為法蘭克福學派所發揮。馬克思在其早期著作中確曾界定國家為一虛幻普遍體，也曾視國家為支配階級利益的表現。作為一種基本視見和導誘進一步的概念化，這當然是個絕佳的研究開端。然而，遺憾的是，法蘭克福學派雖然用極其精緻的方式表達國家問題，但也有些矯枉過正之嫌。總之，黑格爾式馬克思主義者們，除了葛蘭西外，並未對馬克思的國家「理論」建議出系統地解說。

此外，某些激進的批評家們近來也提出一種馬克思主義功能主義國家觀。他們把國家當成一個系統。這種說法根源於恩格斯的教義，尤其是他的《自然辯證法》。在這本書中，恩格斯的興趣在於發現作為人類機體基本結構單位的有機細胞。基於此，依恩格斯意見，整體系統觀是基本重要的，因此任何事物皆不可能孤立產生。史濟曼斯基（A. Szymanski）在其《馬林諾斯基、馬克思與功能主義》（一九七二）中指稱，「功能主義是馬克思主義方法論中一個基本部分，也是社會科學進步的一個有力工具」。哈瑞士（M. Harris）在其《人類學理論之興起》一書中也主張，「經濟的—結構的—意識形態的續連為系統中多少具有經久且相互影響的部分制控提供基礎」。但是他同時也注意到馬克思主義功能論的著重在對於一個系統的「功能失調」因素的分析，而不是在於一個系統的互補維繫。

然而，對某些學者來說是很明白的，所謂的工具主義觀點作為理解發達資本主義社會中的國家問題之導引是並不妥當的。「複雜的國家機器如何在一種國家政策出之於統治階級意識操作模式下能被妥當地理解，那是不可能的」。同樣道理，結構主義觀也不妥當。它並未說明這個社會機體如何真正地「產生一個階級政策」，且此政策須與「此系統需求」相符。最後，黑格爾式馬克思主義國家觀也不妥當，因為它「太抽象」，在使用它去分析一個特別的歷史情境時是有困難的。因此，在後馬克思主義（Post-Marxism）國家分析中，對國家問題的討論上出現一種新趨勢，以求克服上述種種缺點。在這方面也許新馬克思主義者歐菲是最具影響力的一人。他既反對工具主義的，又反對結構主義的，還反對功能主義的國家問題研究途徑。歐菲的傑出貢獻已經對於「後馬克思主義國家分析」的突現產生決定性影響作用。當然，「後馬克思主義」尚未在國家問題論析上形成一個思想流派，但是它正在發展中，極有可能圍困與馬克思主義正統相對峙的那批新馬克思主義理論家們。「後馬克思主義」對國家問題的一般批評圍繞在以下幾個重點：反系出主義；反本質主義；反「國家死滅」說；反「資本主義國家」；反「國家消亡」論。

所謂那些後來的馬克思主義者採取工具主義隱喻間或結構主義途徑來解說馬克思主義國家理論，或是使用功能主義途徑解說馬克思主義國家理論，只能說是他們用自己的主觀願望去表現一個簡單的理論，其實在馬克主義的國家分析上來看，這些詮釋者已經遠離了馬克思所注重的「整體」概念。一如盧卡奇所指出的，作為「全」的存在就是一個辯證整體，這是馬克思主義認識論與方法論的特徵。盧氏認為馬克思與恩格斯始終維護辯證因由，反對各式各樣的非理性主義、機械唯物論與教條主義。因此，任何被馬克思和恩格斯所採取的研究途徑都不過是在辯證整體意義上構築他們的國家理念的一個元素罷了。任何其中的一個途徑對馬克思、恩格斯研究國家問題上都不能被還原為「一般通則」。此處必須強調的是，在馬克思的著作裡有一種基本一致性：「從一八四四年開始到《資本論》最後一卷，馬克思主義可被解釋為把辯證法運用到勞動的一種嘗試」。在這個總方法（指辯證法）之下，一般的研究途徑，亦即「辯證」的—自由的—「多元主義的」途徑才被馬克思、恩格斯所採用，此種一般途徑包含了理性的、批判的、階級取向的、工具主義的、結構主義的、制度上的，乃至無政府主義的各種次元途徑。因此，任何單一途徑以及任何單一理論，都不足以符合馬克思、恩格斯在探討國家問題時所呈現的整體論述。對馬克思、恩格斯而言，在馬克思主義國家問題上存有好幾個「理念」，但是這些「理念」本身並不一致。主要理由是由於這種事實，此即馬克思與恩格斯並沒有一個深思熟慮的或一致性的國家問題知識系統，雖然國家問題吸引他們終其一生去加以探索。

雖然如此，馬克思、恩格斯的國家觀廣散在他們浩如煙海的著作中。其中包括了社會沉思、一般觀察與嚴密分析。這就是為什麼我們能區分與市民社會相分離的作為異化的社會權力的馬克思早期國家觀，以及作為有組織的壓迫與階級統治工具的老年期的馬克思國家觀。當然，也有些人直視馬克思、恩格斯的國家理念就是把國家當作一種階級工具。同樣道理，我們也可把作為階級工具的國家與作為獨立寄生物的國家觀作一對比。在理論上，馬克思、恩格斯確實描述了不同內容的國家觀。而且在某些例證上，有關國家概念的陳述，即使馬克思、恩格斯使用「國家」一詞表現每多曖昧與多重意義，此意謂著馬克思主義國家「理論」尚未發展完成，從而使馬克思主義對其國家「理論」產生內在困局。然而，以上四種有關馬克思主義國家理念的看法，從辯證的意義上看，那不是別的，正是馬克思主義國家理念發展的不同面向罷了。

貳、素樸的馬克思主義國家觀——工具主義的途徑

最簡潔的工具主義論陳述是米立班與史威齊（Paul Sweezy）的主張：國家是統治階級的工具，國家存在的目的在於強化和確保階段結構本身的穩定。工具主義研究的基本論點主張，現代資本主義能夠制定出一套政策，以實現資產階級的長期利益；並且透過國家制度的安排，確保這些政策能夠被執行，甚至是被強化。因此，工具主義國家論最直接，也是最簡單的主張，是現代國家為資產階級的利益服務，因為國家是由資產階級所宰制的。

一、權力結構研究的方法論

大部分的工具主義論者是採取權力結構的研究模式。權力結構研究途徑認為對社會重要資源有組織控制、占有，以及所有權，是任何社會中權力運作的基礎。所謂重要的資源是指，財富、地位、力量和知識。這種對社會重要資源的控制，通常是經由特殊的經濟、社會、政府、文化組織而被制度化。其中重要的是，社會中組織權力的制度化，是指不同的個人占據權威性的位置，通過這種權威性位置的占有，個人得以決定如何分配社會的重要資源。準此而言，個人占據社會中的制度性權威位置，也就能夠控制不同的權力模式，包括經濟權力、政治權力、意識形態權力。因此，對權力的分析，可以歸結為某些社會集團控制財富、社會力量、地位、知識等社會資源的程度。所以權力結構包含著一種重要社會資源分配的模式，而這種資源分配模式則是由社會中的不同制度所控制。

權力結構可以從下列方法論的公式加以概念化：

公式一：重要社會資源的制度性控制越是分散，我們就越有理由稱此權力結構是平等的。

公式二：重要社會資源的制度性控制越是集中，我們就越有理由稱此權力結構是由一統治階級所宰制的。

對權力結構的分析，其方法論假設是：重要社會資源的分配模式在下述的層次上業已被制度化，即特殊個人可以排除其他人的妨礙而處置社會資源；或者他們可以在任何的時間空間為了實現他們的目標而動用他們的社會資源。權力結構的分析架構進一步指出，我們能夠發展出一種權力結構的經驗性指標，藉以衡量不同的、個別的集團控制權力的程度。

值得強調的是，馬克思主義與權力結構研究方法論之間並沒有必然的關聯性。第一，某一社會中重要資源的分布是集中或分散的問題，不必然就是馬克思主義方法論中的組成部分。結果，權力結構分析的方法，是可以同樣用來檢證多元主義、多元政體和馬克思主義的理論假設；第二，權力結構分析途徑並沒有指稱任何社會資源的相對重要性。所以，馬克思主義權力結構分析就必須再附加兩點理論性原則。

取自馬克思《資本論》第一卷，這兩點理論性原則是「商品原則」和「資本主義積累的普遍性法則」。「商品原則」是指，資本主義社會中所有的使用價值，都有轉換成交換價值的潛在性。作為一種歷史現象，商品化所代表的是資本主義社會的趨勢，即資本主義的生產模式可以將市場關係擴大成一種社會現象，而使資本轉換成另一種形式的使用價值。商品原則對於國家理論之所以是重要的，主要原因在於商品價值暗示，在資本主義社會中財富和所得可以將權力的資源予以普遍化，資本可以轉化成其他的權力形式，例如社會地位、政治影響力或知識。結果對於馬克思主義者而言，資本是資本主義社會中重要的權力資源。因此，資本的所有權就成為馬克思主義對權力結構分析和解釋中的首要因素。

「資本主義積累的普遍性法則」是指，資本與其他生產財會隨著資本主義經濟的發展而越來越集中在少數人手中。根據以上的敘述，如果將以上兩個原則結合起來，我們似乎可以認定，在正常的環境下，對資本控制的結果會使資產階級有較多的影響力，對權力的資源隨心所欲的加以處置。因此，資產階級可以以兩種手段來控制其他的權力資源。一，資本可以直接被轉換成用來直接控制其他權力的資源；二，資本可以用來影響控制其他權力資源的所有者。所以在正常條件下，資產階級比其他社會階級更能有效地集中動員和處置重要的權力資源。關於此點論述，正是米立班理論的基本假設，米立班論道：「在馬克思主義的研究中，資本主義社會的統治階級是指那些擁有和控制生產工具的階級；而通過經濟權力的行使，這一階級能夠將國家視為他們統治的工具而用來控制整個社會。」

但是高德（David Gold）、羅（Clarence Lo）和萊特等人認為，要從以上的理論途徑來界定國家，就必須能夠回答以下三個問題：第一，何謂統治階級的本質？第二，是什麼樣的機制讓這統治階級與國家機器結合起來？第三，國家政策與統治階級利益之間的具體關係為何？所以工具主義的研究途徑可以依下列三個假設來建構：

假設一　從生產工具的所有權和控制權來界定統治階級。

假設二　資產階級使用國家機器對社會進行控制。

假設三　資產階級通過國家機器對社會進行控制，使國家政策制定目的在於為資產階級的普遍利益服務。

二、權力結構：經濟基礎

大部分素樸馬克思主義者的研究工作無非是針對以上三點假設提出經驗性的證明，而綜合建立工具主義的國家論。因此正如第一個假設所顯示的，工具主義論者的推論，第一步就是要闡釋在資本主義社會中經濟性的統治階級確實存在。正如譚霍夫（G. W. Domhoff）所指出的，如果資產階級被視為是真正的歷史行動者，那麼我們就有可能在經驗上證明一種「可觀察的、分化的、互動的，或多或少具有明確分際的社會集團」。

在當代的分析中，企業的存在提供我們研究分析資產階級的良好參考架構。十九世紀末，企業組織的出現就成為資本主義社會主要的經濟制度。巴蘭（Paul Baran）和史威齊兩人就將美國這部分重要經濟組織——企業視為是一種「獨占性資本」（monopoly capital），以便與數以萬計的小型企業和個人商業組織所構成的「競爭性資本」（competitive capital）區別開來。

傳統而言，所謂資產階級是企業中的管理階層和企業的所有人。因此，資產階級是一種基於制度性的位置（如管理階層）和財產關係（如所有者）的重疊性的經濟網絡。就此而言，許多學者認為美國社會中是存在著所謂的企業菁英。更進一步而言，大部分的學者同意，企業菁英藉由在個別公司中掌握對企業資源分配的權威，而彰顯他們的經濟權力；另一方面，企業菁英也能夠運用同樣的資源而去成就政治、教育、文化的目標。不管如何，對權力結構分析途徑而言，其主要的目標在於決定是否企業的所有人與管理者構成一種穩固的統治階級，或者他們只是單純為了某種特殊的利益而鬆散地結合在一起。就這一部分而言，持不同國家理論研究途徑的新馬克思主義和後馬克思主義認為，企業菁英並無法將他們自身組成一個階級。相反地，他們認為在市場中不同企業的相互競爭，以及不同企業的利益衝突，會使企業菁英追求他們各別企業或工業的特殊利益。

因此當代權力結構分析中的一個主要問題是，企業菁英是否有能力建構普遍性的階級利益，以及形成一種有組織性的集合體來追求階級的利益。所以對於權力結構分析途徑而言，其研究的首要目標是以下列兩點論述為基礎，推演出企業菁英之間在合作行動的可能性：一、共同的經濟利益；二、共同的社會經驗和文化價值觀。第一種研究類型可稱為「職位分析」（positional analysis）；第二種則是屬於「社會分析」（social analysis）的範疇。

三、職位的分析

分析美國資產階級的形成最普遍的模式是基於「財團」（financial groups）的概念。巴蘭和史威齊將財團界定為「基於共同利益的企業體，一般而言其權力的運作是掌握在投資或商業銀行或是大的企業家族手中。」這裡存在不同的指標可以證明個別企業與企業菁英之間的關聯性，但是這方面研究最常使用的指標是「聯合董事」（interlocking directorates）。所謂「聯合董事」是指，單一人擔任許多企業分支機構的管理者。「聯合董事」的理論重要性有二，第一、它指出在獨占資本部門之中，「聯合董事」可以作為不同企業間協調和計畫的機制；第二、「聯合董事」比起非聯合董事較能排除個別企業的狹隘利益，而站在整體的利益的立場。這是因為他們在企業網絡中的職位通常同時代表許多不同的工業部門。所以聯合董事是比起其他企業菁英，更可能是階級利益的代理人。

這種由聯合董事所形成的企業體代理人通常被指稱為「金融資本」（finance capital）。但是必須特別強調的是，金融資本的概念並非完全與金融部門中的個人或制度有關，金融資本所要闡釋的是，存在於獨占性資產階級中的金融和非金融部門之間權力的不對等關係。正如史瓦茲（Michael

Schwartz）的觀察，這種企業權力結構分析對於國家理論的重要性，就在於經濟部門的集中化，為這些企業集團宰制美國人的日常生活提供了重要的基礎。

四、社會分析

權力分析模式並不認為金融集團與經濟利益是促成美國資產階級團結鞏固的唯一因素。其實促成階級團結的次結構機制受到非經濟性之地位、文化的親近性，以及社會的互動等因素的強化。所以，社會分析是權力結構研究的次領域，其中涉及社會地位指標的研究，以及對資產階級成員之間結合的分析，簡單地說，社會分析所要回答的是關於資產階級是否也是「上流」階級的問題。對美國上流社會的分析，主要的目的在於尋找一種所謂權貴家族所形成的社會網絡，他們與社會的其他階層有著不同的文化圖象，而占據相同的社會地位，並且通過聯姻的關係和共同的經驗生活而彼此結合。這些共同經驗，從廣泛的學校情誼到私人俱樂部中密切的私人關係。更重要的是，這類生活型態和能力，可以凸顯上層階級是具有不同習慣、語言、裝飾、態度的社會團體，並且經由以上種種的社會實踐，我們可以清楚地認定某一個人是屬於這一階級的成員。另一方面，缺少以上社會指標者，我們可以將之界定為不屬於這一階層的「下層階級」。

對美國社會中上層階級的界定，可以依據下列幾個制度性和社會地位的指標。首先是，同時也是最普遍的指標就是所得指標，其他則是消費文化等。社會分析的研究假設，這些地位性指標越是與資產階級（資產階級是從生產過程中的經濟關係來界定）重疊，資產階級越是能夠區隔出自身利益是與其他社會階級的利益。換言之，資產階級的成員較有可能產生共同的階級意識。

根據以上的論述我們不應驟下斷言，所有企業菁英的成員必定為資產階級上流社會所接受。這是因為其實在上流社會之中，仍存有門閥之見，所以，並非所有企業菁英都能成為上流的成員。

五、國家或資產階級——誰是管理者？

工具主義論者假設，資產階級能夠運用國家機器去宰制整個社會，同時資產階級能夠在社會中形成統治階級，但它並不是國家行政的管理者。為了檢證這樣的假設，有兩個概念必須進一步分析和界定，亦即我們必須從「國家」和「統治階級」兩個概念界定權力結構分析的意義。

對於工具主義論者而言，國家是一種具有三個意義層次的多面向概念。國家概念中的每一個面向則可以被歸諸於領土、制度和意識形態三者所形成之交錯網絡的組成要素，而這三種現象集合起來則是被稱之為國家體系。就其根本意義而言，國家是一種具主權意涵的政治領域（**sovereign political territory**），即所謂的「民族國家」（**nation-state**），如美國或法國。而作為一種具主權意涵的政治領域，是由國家機器（**state apparatus**）來維護、統治和管理的。現代國家機器是由四種次級系統所組合而成的制度架構，包括：

（一）統治次級系統，包括經由民選的立法機構和行政權威。

（二）行政次級系統，包括由公務人員所組成的文官系統、公營企業、中央銀行、一般的委員會，以及由私人專業人士所組成的聯合會以執行政府的權威。

（三）鎮壓性次級系統，包括軍隊、警察、司法，以及情報單位。

（四）意識形態次級系統，包括學校、大學，以及由政府資助的文化和科學組織。

最後，具有同等重要性的是，國家也是屬於一種精神狀態，即學者所謂的「合法性」的範疇。國家具備的合法性就表現在被治者願意順從國家機器的決策，並且能夠冒著生命的危險保護國家的領域。因此，所謂「統治階級」是指某一社會階級，擁有權力控制國家機器，以及國家領土範圍內的人民。

權力結構的分析，是從五個政治過程來界定；並且藉由這五種政治過程，資產階級能夠通過國家機器來行使他的政治宰制，以及對人民的統治。這五種政治過程包括：殖民化的過程、特殊利益的過程、政策計畫的過程、甄拔的過程、意識形態的過程。在工具主義論中，這五種政治過程形成了一種機制網絡，使國家和資產階級的聯合得以建立和維繫。

統治階級的宰制最直接的指標，是資產階級的成員通過統治、行政、鎮壓性、意識形態次級系統的交錯網絡而控制國家機器的程度。對工具主義論者而言，這其中又以對國家機器中職位的控制較為重要；因為這方面的分析是將國家權力放置在國家體系的制度性機制之中。誠如米立班所言，正是在制度中國家權力被安置，而且正是通過這些制度，才使各個制度中占據領導地位的人得以彰顯國家權力。根據米立班所言，正是基於此點理由，所以工具主義論者才會重視國家菁英的社會背景。根據國家菁英的階級成分我們可以假設，當國家菁英在實行國家權力時，這種階級背景會滲透到他的意識形態、政治的立場中。

根據以上的觀點，欲衡量這種潛在的階級宰制的程度，就必須證明國家機器被特定階級「殖民化」的可能範圍。衡量殖民化過程最簡單的方法就是估計政治性之政策制定工具受到特定階級控制的程度。因此，殖民化過程的分析就是要證明，資產階級的成員是否占據了國家機器的重要決策位置，亦即資產階級的成員是否能夠運用經濟權力，同時也能夠控制國家權力。

所以，工具主義論者就是根據對這種殖民化過程的分析，解釋國家與資產階級的連結的現象。但是就批判者的觀點看來，工具主義的國家論其實就等同於這種殖民化過程的分析。所以對工具主義論的批判，就完全集中在對這種殖民化概念的分析。首先，認為國家完全受金融資本的宰制，就等於說國家缺乏制定、執行違反資產階級利益政策的相對自主性能力；其次，批判者認為工具主義論缺乏經驗性的證據，因為金融資本並未直接控制國家機器中的重要位置。與一般人的批評相反，工具主義論者之所以重視殖民化的過程，其實是因為階級與國家在進行理論分析時必須分別將這樣的主張看成是工具主義論的基本假設。米立班同意，進行分析時第一步必須注意到一個明顯且根本的事實，即資產階級與國家之間的關係不能被假定為是一種政治條件，而這種前提是晚期資產主義，也就是所謂政治民主的典型。

就工具主義論者的觀點，對國家相對自主性的分析即意味著階級與國家之間的關係是一種歷史的偶然現象。誠如譚霍夫所言，這是指在經驗上不可能存在國家與統治階級之間關係的普遍性理論；亦即資本主義社會中的國家，不必然是資本主義國家或民主國家。所以，在理論方面探討誰是國家權力的真正控制者，就顯得相當重要。更重要的是，作為一種不同權力的來源，國家具有自主性就是意味著在某種條件下非資產階級事實上可能控制國家權力，並且能夠運用國家權力以反對資產階級。

米立班認為，恰當地說，比起前工業革命時期的貴族和地主，資產階級並不能稱為統治階級。如果資產階級是統治階級，那資產階級也不是主要的統治階級，因為資產階級只是對國家進行殖民化的行動。所以，資產階級對某些重要的職位進行殖民化的行動，也只不過是統治階級的所有可用的武器之一，儘管是相當重要的武器。雖然工具主義論分析的經驗性結果顯示，殖民化過程本身不足以解釋資產階級對國家的宰制；但是工具主義論者仍然堅稱資產階級能夠占據國家體系中的重要位置，因此使他們能夠對國家的公共政策發揮絕對的影響力。

事實上，金融資本控制政府和行政機器的事實，就歷史和理論兩方面而言都是相當重要的。就歷史的向度而言，過去一世紀以來，國家機器在政治發展方面的主要特徵是日常行政的和鎮壓性的官僚組織越來越膨脹。當這些制度越來越龐大，所涉及的技術也越來越複雜，則國家的次級體系的運作也就獲得更多的自主性。國家機器中獨立之行政次級體系之所以越來越膨脹，這是因為政府、特別是立法部門發現，越來越難再維持領導中心的地位。這種現象所造成的歷史性結果，就是國家權力的中心已經從原先政府的立法部門轉移到政府體系和獨立的行政機關。

在理論方面，這種趨勢的發展對工具主義論是相當重要的；部分原因是國家權力的基礎逐漸集中到行政的、鎮壓性的，以及意識形態等制度上來，部分原因則是這些制度是資產階級殖民化行動較為成功的場域。但是這種殖民化過程本身並無法解釋整個國家體系運作的整全性。換言之，我們還必須找出能夠讓許多相對自主性和不同的政治次級系統得以國家之名進行整體性運作的機制。

首先，工具主義論者必須能夠明確解釋，國家菁英（即資產階級所占據的上層指揮位置）如何維繫國家機器體制間運作的統一性。米立班認為，這是因為意識形態的作用，使得國家體系的次級體系得以整合起來。因此米立班認為，國家菁英進行意識形態的說服，對於官僚態度的形塑、政策的制定，以及官僚的行動都有絕對影響力。

但是基於這種意識形態的解釋，工具主義論者還必須面臨兩個問題：工具主義論者這種解釋方式預設了作為政治菁英的資產階級，自己本身有著首尾一貫的政治觀點。所以，我們還必須能夠找出強化資產階級政治面向之階級意識的機制；更重要的是，如果說資產階級本身具有一貫的階級意識，那麼我們也就必須重建資產階級自身特有的階級意識。

工具主義論者必須能夠解釋國家機器管理者親資本主義意識形態的本質。意識形態機制是一種制度性的混合體，它包括國家的意識形態機器（如學校和大學），以及私人性質的制度，如教堂、大眾傳播媒體和其他形塑民意的網絡等。就如同經濟的和國家的次級體系，意識形態體系也已經被資產階級殖民化了。米立班認為，意識形態體系，特別是國家的意識形態機器，是對國家管理菁英進行社會化的重要工具；特別是因為教育資格往往是國家行政的和鎮壓性的機器中政策分析、政策制定等職位所必備的條件。所以在這種意識形態的說服下，使得國家的管理菁英有意識或無意識地與經濟和社會菁英結合起來。

這種殖民化過程分析的解釋力，必須建立在對國家菁英階級意識的基礎之上。關於這方面，論者對於工具主義論的批判，同樣犯了過分簡化的弊病，而誤解了工具主義的理論。論者往往批評，工具主義理論認為意識形態是國家機器制度間整合的唯一要素；但是，工具主義理論從未主張意識形態是國家機器整合的唯一要素。

六、國家與資本——政策形成的過程

根據米立班和譚霍夫二人的觀點，國家總是在一範圍廣泛的政治體系中運作，而這一政治體系則是包括了特殊利益過程、政策計畫過程，以及候選人甄拔過程等三個面向。但是長期以來就強調，雖然上層階級可以直接控制主要的企業、基金會和大學，以及聯邦政府的重要行政機關，但是他們只能影響國會、大部分的聯邦政府和州政府。因此譚霍夫認為，要衡量資產階級對於公共政策的影響力，我們就必須分析資產階級在政治體系中組織他們利益的能力，以及資產階級如何透過政治體系的機制運用資源去影響國家的菁英和國家的管理階層。分析特殊利益形成過程的目的，主要是為了估計代表金融資本、競爭性資本、勞工和其他團體組織是如何影響公共政策的制定。這樣的研究途徑包括兩方面：第一是分析家族、企業，或者工業組織如何與國會、行政體系聯合以影響政府的行動；第二則是將研究焦點置於特殊的機構、官僚組織或者諮詢委員會，以便確認許多不同的利益是如何影響政策制定的過程。另一方面，法案的制定通常是彼此妥協和調整的結果，因此大部分經驗性和歷史性的個案研究很少被理解為純粹的所得或所失。直到目前為止，我們的個案研究不足以完全支持多元主義模式或統治階級模式，因此我們應將這兩種研究模式視為是一種「理想型」。「多元主義」認為，在理想情境下，政策制定的過程中並不存在任何團體可以全贏，或者至少說可以贏得比其他團體多。「統治階級模式」則是主張，在理想情境下，某一利益團體總是可以贏得勝利。

統治階級模式是比較符合美國特殊利益團體形成的過程，因為：第一、就商業階級贏得政策支持的頻率；第二、從勝利和失敗者的態度來估計。但是不管如何，我們若是接受前述的看法，認為「多元主義」和「階級統治模式」兩者只是一種「理想型」，那麼關於特殊利益形成的個案研究，就無法證明資產階級就是統治階級。因此，爭論的關鍵點在於政治體系中是否存在任何的調節機制，可以被界定為是一種階級性的政治過程。

我們不應該假設確保階級利益之政策制定的過程，會排除衝突、談判和妥協的現象。批評者指出，工具主義論者總是單純地將政策視為是資產階級中某些集團，特別是金融資本利益集團之利益的反映。所以批評者認為，工具主義論者並無法解釋某些重要的社會政策的形成，或者誤解這些社會政革只是資產階級在階級鬥爭的過程中無法真正獲得利益的一種象徵性反應。

一般說來，工具主義論認為，組合主義式的自由主義在兩種條件下有可能進行改革：

假設一　群眾的反對聲浪越大、反對的群眾範圍越廣，組合主義式的自由主義者越有可能提出或

假設二 組合主義式的自由主義者基於拓展他們長遠的利益，可能提出改革計畫；並且在不妨礙者接受改革政策。
他們長遠利益的情況下，容忍改革計畫的通過。

一般而言，資產階級的長遠利益基本上包括：首先，保護生產工具的擁有者，也就是說維持既存的生產關係；其次，個人對於投資決定和資本分配的控制。

七、福利國家——組合式自由主義或社會民主？

作為一種社會哲學的概念，組合式自由主義是基於以下的假設：市場和家庭是一種自然而然所形成的社會臍帶，通過這個臍帶個人的需求得以被滿足。唯有當這種自然形成的機制無法正常運作的情形下，才需要制定必要的社會政策；並且這類的社會政策也只是一種暫時的替代品。另一方面，社會民主之福利國家的主要目標是以非市場機制的力量，來分配社會的主要資源。因此，社會民主之福利國家的首要目標是要消除由資本主義社會所造成的階級不平等現象。基於此，科比（W. Korpi）認為，社會民主之福利國家的本質，必須以市民生活條件的平等性作為衡量政策的基準。但是根據皮門（F. F. Piven）和克羅華德（R. A. Cloward）的分析，解決貧窮的問題只是福利國家的次要目標，福利國家的首要目標是要穩定既存的經濟和政治秩序。

不過不管如何，社會民主學派總是相信，民主的政治體制架構能夠使有組織的勞工團體控制國家機器；並且得以用非市場機制的國家機器，進行所得的重分配。在科比的社會民主模式中，工人階級動員的兩項重要指標是：勞動力被整合起來的比例，以及在選舉過程中支持左派政黨的比例。但是根據結構主義的觀點，科比這兩點並無法作為國家權力結構真正轉移的必要指標。相反地，對於社會民主模式而言，真正掌握國家權力的指標是：勞工黨組成政府的相對時間量（即政府中勞工階級政黨存在的穩定和持續程度）；工人階級控制政治性官僚組織，以及國家權力之行政中心。

八、批判與答辯

對工具主義國家論的批判，主要集中在三方面：方法論方面的爭論；工具論並無法解釋某理論問題或政治現象；許多個案研究證明工具主義論是失敗的。

第一，就方法論而言，批判者認為其他不同的國家理論研究途徑優於工具論的權力結構分析及以歷史意識之主體作為解釋國家政策的基礎。這方面論者認為，理論的詮釋意義必須根據對資本主義國家和國家菁英的經驗性研究，並且對政策的形成和制度的改革進行歷史的分析。例如，波蘭札斯論道，工具主義論給人一種印象，認為社會階級或集團似乎可以以某種方法化約成個人之間關係，而不是由一種客觀的生產關係所建構而成的。所以就波蘭札斯看來，工具主義論者對國家之公共政策的解釋，是建立在個別行動者的行為動機的基礎上。準此而言，杰索普認為，波蘭札斯批判的主要意涵在於：工具主義論似乎主張資本主義國家的階級本質完全外在於國家機器，因此資產階級與國家之間似乎沒有任何必要的關聯性。另外一方面，盧克斯則是認為，波蘭札斯從結構主義方法論的角度批判工具論，只有當人們在結構決定論和歷史主體論兩種理論之間作出選擇才有意義。

但是應該在什麼樣的基礎上我們才可能作出這種不可妥協的選擇？波蘭札斯支持他的方法論觀點，他認為即使是社會主義政黨長期掌握國家的權力，就財產關係而言這類的社會仍是資本主義社會；因為社會主義政黨掌握國家權力之後並未在緩和階級不平等的政策方面多所著墨。對於波蘭札斯而言，這意謂著，並非因為某一特殊階級的個人占據國家機器之後，就會造成整個國家機器的運作和公共政策的性質的根本轉變。雖然波蘭札斯的分析已經點出了工具主義論解釋力的限制，但是這類的批判並未形成推翻整個工具主義分析的理論根基。所以盧克斯提出了一種折衷的觀點，他認為國家理論的探討應該解釋結構與主體之複雜的關係，而且事實顯示不同個人可能採取集體行動並作用於團體或組織的其他人；另一方面他們的行為與互動也不能被化約為個人的行為動機。

第二，批評者認為，工具主義論並無法完全解釋國家的概念，以及描繪出資本主義鬥爭的景象。但是這類的批判要能成立，就必須將工具主義論建立在史威齊的理論分析基礎上；但是史威齊則是將國家誤解成資產階級的工具。這種強調工具主義的理論基礎在於具備階級意識的國家菁英是政策形成的主要決定因素的論點，往往會進一步指控工具主義國家論是一種靜態的分析，完全無視於政治和社會變遷的內在動力。但是，指控工具主義理論無法為公共政策對工人階級的剝削，留下任何理論推演的空間是無意義的。例如，組合自由主義模式已經成功地被運用來解釋諸如社會安全、外交政策、公立學校等政策形成的原因。

第三，許多個案研究可以證明工具主義論是失敗的這種否證論策略，同樣是偏頗的。這種否證論策略的主要假設：在組合自由主義的模式中，所有的結果都是有意地用來界定商業菁英的利益。否證論的策略似乎認為，如果我們可以找出反例證明國家的運作並非是為資產階級的普遍利益服務，那麼工具主義論的模式就得以被否證，就可以被懷疑了。史卡奇波（T. Skocpal）就認為，反面個案研究的累積，足以證明組合自由主義的方法論都是一種基於「選擇性」的論證，並且其所選擇的證據都是與該模式相容的。但是，史卡奇波的否證論批判同樣是依賴於有選擇性的個案研究。組合主義之自由主義傳統或是工具主義論者從來就未曾宣稱，所有政策制定的結果都是為資產階級的普遍利益服務。他們的真正主張是，大部分的政策、特別是重要的政策，在某些正常情況下是為資產階級的利益而服務的。反面個案的經驗性是相當模糊的問題，套用庫恩的用語，在何種範圍內反面的個案可以被視為是該模式的非常規（anomalies）現象呢？

參、新馬克思主義國家觀——結構主義途徑

曼德爾（E. Mandel）認為，結構主義論的主要論題，即國家的功能在於保護和再生產資本主義社會的社會結構，因為資本主義的社會結構是無法經由經濟過程而自發形成的。所以結構主義者認為，我們最好從維繫資本主義體系的「功能」方面去理解國家政策和國家制度的形成。換言之，也就是去分析國家制度和國家政策的運作是如何成就資本主義的普遍性功能。

一、結構主義的基本概念

結構主義注意到，資本主義的內在發展可能在資本主義體系內造成矛盾，這類矛盾則會演變成資本積累的危機，同時危及統治階級的統治能力。根據分析，造成資本主義系統危機的三個因素：一是經濟危機；二是階級鬥爭；三則是不均衡的經濟發展。

首先，經濟危機的推論主要是源自馬克思關於資本主義利潤率下降趨勢的分析。經濟危機模式認為，資本主義已經無法再創造利潤，以及促成經濟的成長。為保有私人的資本積累，對於國家與意識形態而言，調整結構以避免經濟危機是有必要的。

第二，階級鬥爭的模式強調資本主義生產關係中剝削的本質，而資本主義生產關係的結構則是形成資產階級與無產階級之間階級關係的穩定結構。另一方面，資本流通的過程，對於資產階級的剩餘價值分配，以及工人階級的所得和機會分配，形成一種分散性的結構。相反地，市場機制的運作則是不同於生產過程，而是越來越趨於集中化，所有階級在市場機制中，被區隔成不同的競爭團體。所以工人或資產階級之階級鬥爭的強化，以及決定致勝的要素，越來越取決於組織化的作用，而不是經濟危機。在社會形構之中，通常包含著一種宰制性的模式，在層級關係上會與次級生產模式的邊緣，以及前一歷史階段的主宰性生產模式等關聯起來。所以歷史上的階級結構以及階級鬥爭的模式，實際上要比馬克思所分析的資本主義二元結構模式要複雜得多。

最後，因為結構主義者認為，經濟、政治，以及意識形態等是彼此分開的，所以根據結構的內在動力，每一種結構的內在形構發展是不均衡的。

根據結構主義的基本概念，結構主義必須面對的課題是：何以資本主義的再生產，長期以來是可能的。波蘭札斯（N. Poulantzas）認為：

假設一　這是因為在資本主義的社會形構中，國家是扮演資本主義體系綜合平衡的角色和功能。

波蘭札斯反對新古典經濟學派的神話，他認為資本主義社會中的經濟領域並無法自我再生產，以及形成資本主義自身所需的內在功能性和法則。相反地，資本主義社會中的經濟領域只有相對地自主性。結果波蘭札斯認為國家的政治領域（如同意識形態）構成以及再生產資本主義的生產關係。準此而言，波蘭札斯主張：

假設一之一　對於資本主義社會形構中經濟關係的再生產，國家的主要貢獻，在於其所制定的政策對於勞動力和勞動工具的再生產是有一定的作用。

郭德格諾（D. Quadagno）進一步推論，波蘭札斯的分析若是可以接受的話，那麼我們就可以期待：

假設一之二　國家的行動是保護和維持資產階級利益的中介。

根據郭德格諾的觀點，結構主義的政治權力概念是可以從下列的分析敘述中得出：國家與統治集團是如何回應不同的權力團體。即在某一特定時期，國家採取行動所必須面對的經濟和政治力量的制約。所以我們必須分析工人階級的需求是如何被吸納成為社會政策。

波蘭札斯從結構是不均衡發展的觀點得出以下的結論：

假設一之三　結構的均衡從來就不是由經濟領域給定，而是通過國家機器的作用來維持的。

根據結構主義的分析，國家政策的操作性目標是通過三種國家功能模式來實現的：經濟方面，是技術和經濟等功能；階級鬥爭方面，是政治功能；文化方面，是意識形態功能。根據上述的例子，社會改革的作用，主要是因為國家的意識形態模式能夠使資產階級繼續消費所需的勞動力，並且透過對勞動力持續性的剝削而獲取剩餘價值。基於此，波蘭札斯提出了一般性的假設：

假設二　不管是國家機器中哪一個模組的運作，國家運作的功能往往取向勞動生產力。

根據波蘭札斯的分析，執行國家功能的模組包括國家機器的三個次級功能系統：司法系統、意識形態系統，以及政治系統。而構成國家機器每一個模組，其政治性的功能所實現的國家操作性目標（operational objective），在於維持和穩定社會秩序，使資產階級成為宰制和剝削的階級。所以結構主義在方法論方面所表現的意涵，是在於闡明結構本身不能被化約成這個結構之經濟的、政治的、意識形態的任何單一組成要素。因此也就是說，結構的概念不能被化約成組成社會的種種制度，結構是不同制度間系統性的功能連結。因此結構主義理論不僅只是關於某一種制度的歷史敘述，或者是對政策形成過程的分析；結構主義理論所關切的，是不同制度與剩餘價值的生產和剝削之間的功能性關係。

二、結構主義的國家概念

波蘭札斯將國家權力界定為，社會階級通過國家機器去實現他們的客觀利益。因此，杰索普觀察道，資本主義的國家權力是指在某種既定環境下，創造、維繫或者保有資本積累所必須的條件。依此而言，國家權力的主要目標是國家政策作用於資本累積和階級結構的客觀效果。

波蘭札斯則是將國家機器定義為：一種社會形構之結構的集合體，也就是指國家的功能；國家的人事，即包括行政、官僚、軍隊等。國家機器是國家權力發揮作用的統一體，以及由制度和人事所形成的網絡，通過這類的網絡，國家的功能得以運行。波蘭札斯強調國家權力與國家機器之間功能性的單位，這是因為波蘭札斯觀察到「結構並非是制度外顯的簡單組織原則，結構是制度本身的隱喻和倒置的形式。」所以國家機器的概念是指，透過國家制度並且由人事部門所執行的功能。不像工具主義論或組織理論，結構主義堅持國家權力的概念是不能被化約為政府制度和國家的人事組織；相反地，嚴格說起來國家制度本身並沒有任何權力。國家制度只不過是政治權力運作的場域，國家的存在只能通過國家在資本主義社會中所扮演的功能性角色顯現出來。

波蘭札斯在與米立班的論爭中指出，如果說在決定社會形構時，國家所有的功能與宰制階級是一致的話，這是因為體系本身所造成的。統治階級的成員直接參與了國家機器不是原因而是結果，同時這種一致性也只是機率，是偶然原因所形成的。根據金羅傑（Roger King）的結論，國家官僚組織的行動受到資產階級的制約，這是因為資本主義體系的邏輯，無關於官僚個人的信仰或者官僚與資本家之間的親近關係。

三、制約功能的機制

如果結構主義要避免功能論的缺點，結構主義就必須能夠證明：即使資本家並未控制政府的重要職位，國家仍是自主性地執行資本主義國家的功能。早期對波蘭札斯的批判中，布瑞吉（Amy B. Bridges）提出兩種制約功能運作的機制，而這兩種制約機制已受到結構主義者廣泛的接受。布瑞吉的第一個假設認為：

假設三　國家必然為資產階級的利益服務，因為國家本身的財政功能直接依賴國內經濟。

結構主義舉出財政依賴的兩個根源：國家的稅收必須完全仰賴國家經濟的發展；如同曼德爾經常強調的，所有當代資本主義國家都是通過短期的舉債和長期的赤字預算來控制財政支出。

假設四 國家必然為資產階級利益服務，因為國家的合法性建立在經濟基礎上。

國家政策和國家穩定性，完全取決於商業氣候，並且能夠維持足夠的商業信心，以促進經濟的投資和經濟的繁榮。

結構主義者能夠將階級權力的分析放置在國家機器中，對於前文討論的社會民主模式的假設形成了挑戰。社會民主模式認為：工人可以通過民主選舉的程序控制國家機器；國家機器是國家權力的儲藏所；具自主性的國家權力可以和平的、漸進的將生產工具的控制，從資產階級轉移至勞工階級手中。布瑞沃斯基運用理性選擇的模式，證明資本流動（**capital flight**）同樣會制約工人的集體行動。波蘭札斯和布瑞沃斯基的結構主義分析，將集體行動和決策過程合理化為理性的選擇或功能性政策的結果，而工具主義論的整個上層建築皆與之不相關。這類的結構主義論點，其實已經誇大了市場機制的自主性。

這是因為資本家形成一種聯合體而致力於計畫政策、遊說等政治行動，但誠如金羅傑所言，資本家在晚期資本主義社會中會如此地具有優勢，那麼資本家又何必聯合起來呢？結構主義者進一步指出，即使是在資本主義國家，資本家對國家機器也並非那麼信任。所以他們提出一種「軟性」（**softer**）的結構主義主張。第一、市場機制的自主性僅只是提升了國家與資產階級自然聯合的可能性，但是要維繫這種聯合，資本家還須另外的輔助性工具；第二、國家菁英的社會背景以及意識形態，同樣會強化或弱化國家與資本家之間的關係。工具主義所強調的權力結構至少會影響到政府因應商業危機所訂定政策的時機，以及政策之間的彼此競爭。克羅克區分主要結構和次要結構至少已經為結構主義和工具主義之間對話的可能性。

四、形式的分析

這是一種結合結構主義論的基本假設：即每一種生產方式都需要特殊的國家模式以維護生產方式所必須的功能要求。準此而言，結構主義根據歷史發展階段區分為封建的、資本主義的及以社會主義的國家。國家形式的分析，必須要能證明何以特殊的結構形式能夠為資本主義發展的每一個階段，提供系統維持的功能性需求。所以，形式分析的基本假設是：

假設五　政治發展的過程是隨著資本主義社會不同的經濟和社會發展階段而被置於不同的功能需求中。

所以結構主義者認為，資本主義國家的功能結構的歷史變遷可以從兩方面來分析：第一、資本主義在不同的階段，能夠發展出干預經濟的不同手段；第二、資本主義國家能夠發展出不同的代議形式，而這些代議形式可以將國家與資產階級的關係加以制度化。波蘭札斯認為，國家形式的分析，不只在於政治制度的歷史研究。他以「功能的相似性」的概念說明，在不同的社會形構中，不同的制度可以完成相同的功能。整個七〇年代波蘭札斯的研究都主張，國家形式的結構分析，是一種比較優越的科學，因為這類的研究途徑可以使學者從資本積累的條件歸納出國家的形式。

特殊的積累機制需要某種代表性的國家形式相配合，而這種國家形式可以將資產階級中占優勢的經濟宰制轉化成政治霸權。

假設六　國家機器的不同層級和機構，將國家干預的不同途徑和機會予以制度化。

國家機器各個部門被不對等地制度化，主要是因為國家機器的各個分支構成了國家機器內彼此競爭之階級的權力基礎。因此，我們若是研究國家政策形成的過程，可以發現政策經常是不同部門間彼此競爭的結果。所以波蘭札斯認為：

假設七　國家政策的形成，是階級的衝突被鑲入國家結構後所導致的。

五、政策的分析

有關政策分析方面，工具主義的研究大都強調政策制定過程反映出階級成分，以及政策與有階級意識的組織二者間的關聯性。但是就在這方面，結構主義則是強調國家的功能。結構主義從國家政策所包含的資產階級色彩發現其對資本積累的影響。所以梭爾朋認為：

假設八　這些政策的階級性質可以從政策對生產力、生產關係、意識形態上層建築和國家機器的影響中顯現出來。

對於結構主義而言，國家政策的功能性作用在於再生產既存的階級結構，以及維繫所得和機會不均等的分配。

六、國家與革命

關於界定結構主義政治學的問題，最好是通過下列兩個論題來理解。國家機器以及國家機器與國家權力分開的不對稱性。大部分的結構主義學者總是認為，國家機器並無法被工人階級以一種工具性的機制予以掌控，這是因為：既存的國家權力形式在功能上已與非資產階級的利益相矛盾；國家機器本身並沒有權力，只是與生產關係有關之社會權力的媒介管道。將政治權力不對等分配現象加以制度化的代議形式，這類觀念指出無產階級無法僅只是控制當前的國家機器，便能遂行政治的控制。正如波蘭札斯所言，這類敘述其政治的意涵在於說明了，無產階級的利益無法僅只是經由國家的人事和政策變革而獲得改善，工人階級必須打破資本主義的結構條件。其次，最起碼成功的工人政黨必須能夠建立一種不對等的、新的代議模式，以制度化無產階級的權力。結果，結構主義的分析似乎隱含擊碎資本主義國家機器的必要性，並且通過革命行動建構相等之國家權力體系的推論。

七、批判與有待解決的問題

結構主義國家理論有待解決之方法論上的問題：關於如何定義社會功能性需求的問題。因為結構主義論並未清楚地指出，資本主義社會形構持續存在的功能性條件。當我們從抽象的理論轉向驗證國家制度和政策的形成時，將會發現「功能」（function）、「形式」（form）、「機器」（apparatus）等概念之間的分析和詮釋關係是越來越薄弱。首先，理論功能和歷史制度之間的分析關係因為下述兩個因素而變得難以解決。第一、當我們從結構主義的觀點去分析具體的制度時，一般會發現大部分的制度包含著數個制度，而大部分的制度則是多功能的；第二、要在國家形式和特殊制度之間建立正確的解釋關係是困難的。結果批評者認為，結構主義的「功能」概念是一種理論的黑箱。所以唐立偉和歐利雷二人指出，結構主義的錯誤結論在於：因為特殊的政策會導致一種結果，所以這種政策或制度是這種結果出現所必須的功能性條件。因此結構主義的功能論邏輯指出，凡事之所以如此，正是因為它們必須如此，以及因為它們是所有體系的功能性條件。所以結構主義者經常假設國家的行動，就長期而言，是資產階級的功能性作用。從歷史性和經驗性的分析來看，結構主義無疑地會產生「國家政策在功能上總是為資產階級長期利益而服務」的論點。

肆、後馬克思主義國家觀——制度現實主義途徑

制度現實主義途徑將國家視為是一種企圖將其強制性控制與政治權威作用在其領土和人民身上的組織。制度現實主義研究途徑的基本概念是，在實現上述目標的過程中，國家管理者追求的是自我利益的極大化，因此國家管理者追求的，主要是制度的權力、聲望和財富。所以制度現實主義者不僅認為國家是政策制定的組織，同時也是一種自利組織的行動者。因此，就國家與其他社會主義的關係來看，應將國家視為是真正的歷史主體。

制度現實主義者的理論目標是，闡明資本主義社會中國家自主的可能性。史卡奇波指出，所有馬克思主義者關於國家角色理論之致命的缺失，主要都在於馬克思主義者不願承認國家制度和菁英在某些環境下會採取違反統治階級長期利益，或是創造一種新的生產模式的政策。這是因為在馬克思主

義理論中有一種傾向：認為國家的政策僅只是反映了先前存在之社會權力的平衡，這種社會權力則是外在於國家機器而處於階級鬥爭之階級關係之中。結果馬克思主義對於國家政策的分析，可謂是一種「社會中心」的模式。「社會中心」模式假設公共政策的起源和結果總是具有資產階級色彩，同時國家所制定的公共政策也會再產生階級宰制的關係。所以制度現實主義研究途徑，在方法論上拒絕將國家視為是一種抽象之生產模式的一個側面，或是屬於具體階級關係和階級鬥爭中的政治範疇；相反地，國家是控制某一領土或人民的具體組織。制度現實主義研究途徑是要發展出經驗性和歷史性的分析，以挑戰國家是為資產階級服務的假設。

國家自主性的概念在理論上之所以可能，主要是我們應該將國家的權力，即使是最小的權力，放置在國家機器之中；在分析上，國家權力是獨立於生產關係中的階級權力。基於以上的認知，史卡奇波認為行政性和政治性的組織是國家權力的基礎。所以史卡奇波認為應該將國家視為是行政的、警察的、和軍事的組織，而國家組織是由行政權威來協調。制度現實主義在方法論上為人所詬病之處，主要在於國家自主性的真正範疇和運行的結果，必須通過特殊類型的社會政治體系，以及國際關係的歷史才能被分析和解釋。就此而言，我們應該強調的是，史卡奇波的研究是建立在個案分析的基礎上。個案研究的選擇，主要是以某些個案說明國家的行動是自主的，是超越宰制性資產階級的利益。但是制度現實主義並不只是累積國家自主性概念的個案研究，比較分析和個案研究的目的在於發展出經驗性的通則，以說明國家潛在自主性的原因和條件。因此史卡奇波進一步分析國家自主性的原因和條件，主要是因為所有的國家都必須完成下列政治工作：資源的汲取、行政能力的彰顯、強制性的控制手段。

波吉（G. Poggi）指出，資本主義和國家之間特殊關係的歷史發展應該被解釋為，資本主義和國家兩方利益的趨同。制度現實主義經常強調國家的建構和政治的發展是受到國家菁英擴張領土的動機，擴張領土所需之監督的行政條件，以及在國際上與其他國家競爭等因素的影響。所以波吉認為，資本主義的發展在時間上和功能上是與現代國家的發展相一致的。最後波吉總結道，隨著歷史的軌跡跨入現代，國家必須能夠維繫和強化資本積累的條件，以便實現國家菁英的政治目標。

必須再次強調的是，國家可能採取違反統治階級的利益，很少是因為面對危機狀態，國家菁英採取違反統治階級利益的政治目標，即國內秩序的穩定和國防的安全。在此一概念架構下，史卡奇波提出關於國家自主性，國家採取違反資產階級利益的兩點假設：

假設一　為了維持控制和秩序的基本需要，國家可能直接導引改革政策。

假設二　國家被整合進國際結構之後，與國際溝通網絡建立聯繫關係，即使遭到不同社會力量政治性的抵抗，領導的國家菁英也可能提出轉型的改革計畫。

結合以上兩點假設，史卡奇波認為，通常主要的制度和政策改革最常發生在危機時刻，如國內的反叛行動、捲入國際戰爭。另一方面，國家菁英還必須有共識、集體意志和組織能力，而彰顯他們的政治自主性。結果史卡奇波進一步假設：

假設三　當國家菁英在組織上是團結一致的，此時國家最有可能彰顯它的政治自主性。

更進一步而言，在以下的情形國家菁英最可能成為一致性的集團：

假設三之一　國家菁英是屬於職業官僚。

假設三之二　職業官僚相對地會與目前的主宰性社會經濟利益結合一起。

自主性國家菁英的條件，包括：他們並非出自宰制性的地主、商業、工業階級；在他們成為國家菁英之後，他們並未與這些宰制性的階級建立密切的個人關係和經濟聯繫。

假設三之三　關於如何運用國家的干預手段，國家官僚必須有屬於意識形態目標的統一意識。

儘管強調國家的自主性的可能，但是史卡奇波願意接受以下的觀點：國家自主性的概念不應被視為是任何有關政府體系的結構特質。

一、強國家與弱國家

因為國家自主性概念的應用受到以上的限制，所以制度現實主義試圖以下列兩個概念將國家自主性的概念予以普遍化：強國家—弱國家的光譜分析，以及國家組織不均衡的發展。首先是，國家自主性的能力，通常會受到國家機器制度上的弱點的影響。其次是，現代化國家機器在制度組織上的分化和不均衡的發展，同樣會在某特殊政策領域中限制國家自主性的潛力。史高隆內克（S. Skowronek）分析國家政策發展的三個面向：政府制度發展的趨勢；將不同的制度整合到一個組織架構中的程序；政府部門的知識菁英。

國家的制度發展趨勢受到制度的內在組織特質的決定，這種組織特性包括：政府部門權威中心的集中化程度；從中心到邊陲之政府控制權威的滲透能力；政府權威的集中化程度；政府組織工作以及個別官僚角色的專業化分工。當這四個組織特質的制度化程度越深，國家的制度化程度就越強。

國家制度化的趨勢若是沿著上述這三個面向發展，就可以被視為是強國家的理想型。國家制度化的發展越是趨向於這三個面向，國家的自主性就越強。弱國家則是指國家的權力機器越來越分化、分散化，以及官僚的腐敗，並且與社會統治階級聯合起來制約了整個官僚體系的行動。因此，制度現實主義的主要假設是：

假設四　如果前述的條件都能滿足的話，強國家就越能自主性地採取行動以反制統治階級的利益。

假設五　即使國家菁英試圖採取違反統治階級的政策，弱國家也無能力採取這類的行動。

但是國家真正的能力是無法以強國家的理想型作為唯一的判準，因為就歷史的發展而言，國家自主性的能力不僅在於國家的特質，同時還取決於國家蘊藏的資源，以及國家相對於非國家社會行動者之比較優勢，這兩者之間的平衡關係。

二、制度現實主義的問題

史卡奇波認為，我們應該將政策的制定視為是國家結構與社會關係之間互動的結果。然而根據郭德格諾看法，其實這類的觀點與波蘭札斯的結構主義是相容的。首先，波蘭札斯強調應該以國家的相對自主性作為解釋公共政策與統治階級利益之間脫鉤的基礎。對於結構主義理論而言，資本主義社會中的政治遊戲主要表現在：一方面勞工階級企圖通過政策以避免國家與資本家聯合起來；另一方面，資產階級則是努力地要去縫合資產階級中各個不同部門的縫隙。所以波蘭札斯強調，我們必須觀察國家的特殊形式，因為國家的每一個組織部門經常成為權力的基礎，並且會成為資本主義社會中各競爭集團的代言人。而史卡奇波同樣認為，國家政策的制定經常是階級矛盾鑲入國家結構的結果。

其次，史卡奇波關於美國南方地區在社會安全政策中所扮演角色的分析並不完全符合國家自主性的解釋。郭德格諾發現，地方利益在國會中的制度化，具有經濟性的面向。因此郭德格諾指出，通過直接的組合式自由主義模式以及國家的科層結構，經濟力量被轉化為政治力量，這使競爭集團得以向國家菁英請求直接涉入社會政策的議程。在下述的基礎上，郭德格諾對波蘭札斯的分析與譚霍夫的權力——結構的分析之間，只有些許的差異：組合式自由主義低估了其他非獨占性權力集團的重要性。結果，我們並不清楚在何種程度上制度現實主義已經在概念推論或經驗分析上對既存的馬克思主義和新馬克思主義的理論形成了挑戰。

制度現實主義這種新制度主義的研究途徑似乎認為，國家機器中的正式制度和過程應被理解為馬克思主義國家理論中的一部分。但是事實上，我們很難在政策的立法過程中去區分，何者應被視為是由商業階級所主導的而違反國家中心模式的變項，或者何者應被視為是尚未解決之階級鬥爭的變項。其次，區分國家層次和社會層次的變數，終究是一種武斷的作法。國家與社會是相互依賴、相互滲透的。然而國家自主性概念的應用，則必須能夠在分析上區分國家與市民社會兩個範疇；也就是要能夠區別出何者是國家行動者，何者是階級行動者。因此傑叟言道，為了將國家的概念建構成為一種自主性的組織，就必須明確地界定出國家與其他制度之間的界限。但是有許多具政治性私人組織的位置，是被放置在介於國家和社會之間模糊地帶。

第七章　馬克思的資本論

壹、資本論導讀

早年在政大東亞研究所進修時，台大「資本論講座」林一新教授在該所開授「馬克思主義哲學」、「資本論」，我選修以上二課，而且努力做隨堂筆記，這篇「資本論導論」便是。

一、前言

一九六七年是《資本論》第一卷出版的一百年紀念。馬克思的資本論共有三卷。其中，第二卷和第三卷是在馬克思死後，由恩格斯根據他的草稿而編輯成冊的。第二卷出版於一八八五年；三卷出版於一八九四年。馬克思在資本論中所包含的思想，在資本論還沒有寫作和出版以前，就已經產生了。資本論不過是馬克思在這一方面的思想發展到最成熟的結果。整個說來，它的發展可有以下的三個階段：

第一階段

馬克思在一八四一年畢業於德國柏林大學，一八四二年十月參加一八四二年初所剛創辦的德國萊茵省的「萊茵新聞」，擔任主筆。一八四三年一月一日，報館被封。不久，他離開國門，到了巴黎。

馬克思在沒有離開國門之前只是一個激進的自由主義者，他所參加的「萊茵新聞」就是當時德國的激進自由主義分子所辦的報紙。只有到了巴黎之後，他方接受社會主義的思想和產生自己的思想。自一八四三年到一八四九年，是馬克思參加革命和流亡的時間。但在這個時期中也有幾個重要的著作，如一八四五年與恩格斯合作《神聖家庭》和《德意志意識形態》，一八四七年的《哲學的貧困》，和一八四八年的《共產黨宣言》（後一著作也是與恩格斯合作的）。在這幾本著作中，馬克思已形成了自己的思想。我們要特別指名的是《哲學的貧困》與《共產黨宣言》這兩本著作。馬克思主要的經濟思想和他對於資本主義的看法，已在這兩本著作中建立起來了。《哲學的貧困》是馬克思為批評普魯東的《貧困哲學》（本名是《經濟矛盾的體系》）這本書而寫的，可說是他的經濟學著作的開端，裡面蒐集有關經濟史的許多材料，對資本主義經濟作了種種的分析。至於《共產黨宣言》是大家所知道的，它說明資本主義的性質及其前途，指出一條從資本主義到社會主義的歷史道路。資本論中所包含的思想，其發展的第一階段，主要的就是表現在這時期馬克思所寫的這兩本著作上面。

第二階段

一八四九年六月十三日，馬克思又出巴黎被驅逐到了倫敦，從此以後，他結束了革命與流亡的生活，一直定居在倫敦，直至死亡為止，三十多年間，僅有短期離英養荷。英國是當時西歐資本主義經濟和民主政治最發達的地區，所以能夠允許馬克思長期居留下去。自一八四九年以後，歐洲革命的潮流，逐漸走向低落，因此，馬克思在這一時期中的大部分時間，幾乎都是用在進一步的研究及有系統的闡揚自己的思想，他經常埋頭於倫敦大英博物院的圖書館裡面。抵達倫敦的第三年開始，他的研究轉而集中於經濟歷史和經濟學方面。他在圖書館裡面，廣泛探討大量經濟史的資料，並通讀所有英國古典經濟學的著作。一八五九年出版的《政治經濟學批評》可說就是他在一八五一年以後，專心在這方面研究所得到的一個重要成果。《政治經濟學批評》是馬克思針對舊的資本主義的古典經濟學的一種批評，並以另一種新的經濟學的姿態而出現的著作。這本著作不僅表現他的經濟思想比前一時期大大向前跨進了一步，而且表現他的經濟思想的走向成熟和系統化。主要的就是他在這個著作裡，把「生產力與生產關係不斷地矛盾和統一」這個經濟發展的法則更加定型化了。

這個定形式的語句就是出現在這本著作的有名的「導言」裡面的。人們曾把馬克思這本《政治經濟學批評》與達爾文的《物種原始》相提並論，認為一八五九年所發表的達爾文學說是生物學的革命，而同年出版的馬克思的《政治經濟學批評》是經濟學的革命。但是，我們要知道，《政治經濟學批評》實是八年後馬克思所出版的資本論的前身。資本論是按照《政治經濟學批評》的雛形而加以充實和擴大而成的。資本論中所包含的思想，其發展的第二階段，就是表現在一八五九年所出版的這本《政治經濟學批評》的著作上面。

第三階段

自一八五九年《政治經濟學批評》出版之後，馬克思在倫敦的著作生活，幾乎是集中於《資本論》的寫作上面。他原有計畫是寫一個大著作，內容包含六大部分。第一部分：資本；第二部分：土地財產；第三部分：工資勞動；第四部分：國家；第五部分：國際貿易；第六部分：世界市場。其目的是在於「探討資本主義生產方式的基本原理」。在一八五九年以前，他動手寫第一部分「資本」的第一篇，可是事實上僅寫到論「商品」和「貨幣」兩章，而尚未談到「資本」問題，結果僅將這兩章先行出版，定名為《政治經濟學批評》，於一八五九年出版。到了一八五九年以後，他繼續寫作，寫好之後，便成為他的這部資本論大著。所以，《政治經濟學批評》是《資本論》的前身，而《資本論》可說是《政治經濟學批評》的繼續。不過，他於一八六七年三月，才完成了資本論的第一卷，然後於同年九月出版。至於他的第二卷和第三卷，在他生前都仍保持草稿狀態，沒有整理成書。但是《資本論》第一卷已將他內部的主要理論闡揚並確定下來了。所以，一八六七年《資本論》第一卷的出版，是《資本論》中所包含的思想發展到了第三階段，已經達到完成的地步。

以上我們說明馬克思《資本論》中所包含的思想演變的三個階段，不過使我們了解一八六七年馬克思《資本論》第一卷的出版，乃是馬克思《資本論》中所包含的思想長期演化成熟的結果，而並非一八六七年突出的一個事件。

二、《資本論》的性質和它的研究對象

現在，我們要說一說的是《資本論》的性質和它的研究對象。《資本論》到底是研究些什麼？它代表整個馬克思主義的思想嗎？當然不是，對於《資本論》的看法，歸納起來，有下列三種：第一種看法，是把《資本論》看成勞動者的聖經。我們說過，《共產黨宣言》所要指出的是從資本主義社會到社會主義社會的一條歷史道路，而《資本論》中所包含的基本思想是從《共產黨宣言》中所包含的思想而展開來的更成熟的結果。《資本論》研究資本主義的社會的發展，如何已陷入不可挽救的矛盾，和它怎樣才能脫離這種矛盾而產生新的前途。《資本論》替未來社會主義發展的可能性，奠定了一個理論分析的基礎。勞動者是資本主義社會中唯一的生產者，資本主義社會越陷入矛盾，勞動者就越痛苦。《資本論》指出資本主義的矛盾及其脫離矛盾的前途，無異就是替勞動者指出痛苦的來源，及其解除痛苦的途徑。所以《資本論》是「勞動者的聖經」。這種看法把馬克思看成為一個社會主義者，把馬克思主義看成為一種社會主義。《資本論》分析資本主義社會的矛盾及其出路，就是為社會主義社會的產生張本。因此，這種看法是把《資本論》中所包含的思想，看成為全部馬克思主義思想

的基石。

第二種看法是把《資本論》看成為馬克思主義體系的一個補充部分，即只是他的整個體系的構成部分。馬克思主義是以哲學唯物論為中心，並包括馬克思對於自然、社會和人生等各方面看法的一個完整的體系。其在社會的方面，就形成為「歷史唯物主義」的思想，也就是所謂「唯物史觀」的思想。所謂「唯物史觀」的思想，明白地說，就是「經濟客觀決定論」的思想。這種思想認為人類社會經濟生活及其結構是人類整個社會生活及其結構的基礎，並且前者發展的各階段和發展的動向，足以支配或決定後者發展的各階段和發展的動向。因此，在這種情形之下，社會發展正如所有自然界現象的發展一樣，有它的獨立性、客觀性和必然性。馬克思和恩格斯，特別是恩格斯一再說明經濟發展對於社會方面的發展的這種影響，是個間接而複雜的過程，但這並不妨礙把這種思想稱之為：「經濟客觀決定論」的思想，事實上，許多馬克思主義者也都是用這種稱呼的。

這裡我們應當知道：人類社會生活是存在於一定的社會結構之中，而人類的經濟生活也是存在於一定的經濟結構之中。所以，馬克思所謂的經濟發展對於社會各方面的發展的決定性和支配性發展，就是指一定的經濟結構的發展（其中連同經濟生活的發展）對於社會各方面的發展（主要的也就是對於所有各種社會結構的發展，連同所有各方面的社會生活的發展在內）的決定性和支配性的影響而言的。但是，說經濟結構是包含著兩個不可分的因素：其一是經濟技術；其二是經濟制度。經濟結構是經濟技術與經濟制度之綜合有機體。馬克思把前者叫做生產力，因為「經濟技術」就是「經濟技術力」，即「生產技術力」故稱為「生產力」；後者叫做生產關係，因為「經濟制度」就是生產過程中人與人之間所建立的社會關係的具體化，故稱之為「生產關係」。前者是技術性的，後者是社會性的。經濟結構或社會經濟結構就是由其內部這兩種因素：技術性的因素與社會性的因素不可分地綜合而成的結合體。

經濟發展就是這種經濟結構的發展。在「經濟結構」的發展中，因為經濟技術力——即生產力，是一種客觀的自動力。所以，它的變化是主動的變化；由於經濟技術力，即生產力的變化，然後才引起與之相配合的經濟制度上的即生產關係方面的變化，所以，「生產關係」的變化是被動的變化。主動的變化在先，被動的變化在後。在經濟結構的發展中，生產力和生產關係的變化的最後的步驟是一致的：生產力由舊的而變成新的，跟隨著生產關係也由舊的而變成為新的。但在它們變化的過程中，因為有主動與被動的不同，與先後的差異，它們的步驟遂發生不一致的現象：當舊的生產力已變為新的生產力，而舊的生產關係尚沒有變成新的生產關係或沒有完全變為新的生產關係。在變化過程中，它們這一種步驟的不一致，使生產關係成為生產力向前進步的阻力。這樣就引起了新的生產力與舊的生產關係之間的矛盾。這種矛盾須經過相當的時間，方能由新的生產力克服舊的生產關係的阻礙，使舊的生產關係轉變為新的生產關係，然後新的生產力與新的生產關係形成一致的步驟，再由此推出一個經濟結構的新的統一綜合體。所以，由此說來，經濟結構的發展必須經過它的內部這兩個因素不斷由矛盾到統一的過程而後達到，那也就是說，經濟發展必須經過它的內部兩個因素的不斷由矛盾到統一的過程，才能達到。人類的各個社會經濟發展，其外表雖然千變萬化，互不相同；但是，它們的社會經濟發展都是經過它們內部這兩個因素的不斷由矛盾到統一的過程而達到的，就是說：它們的社會經濟都是受著「生產力與生產關係的不斷由矛盾到統一」這一個共通的發展法則所支配的。

這種受著一定法則支配的經濟發展又對整個社會發展，起著支配和決定的作用。社會經濟發展只是整個的社會發展的一方面。除經濟發展以外，社會生活及其結構或制度的發展，尚有政治的、法律的、倫理道德的、宗教的、婚姻的、藝術的等等方面。這幾方面的發展，與經濟方面的發展，一起構成全面的或整個的社會發展，但是，經濟發展卻是整個的社會發展的基礎，而其他的社會發展，則只立於這個經濟基礎之下的上層建築物。社會的經濟基礎變動，它的上層建築物也跟著變動。經濟基礎的變動是主動的，其他上層建築物的變動是被動的。經濟基礎的變動在先，上層建築物的變動在後。從整個經濟發展來說，經濟基礎的變動與其他上層建築物的變動是採取一致的步驟，但在變動的過程中，因為它們有主動與被動的不同，和先後的差異，所以又造成不一致的形勢。當新的經濟的變動已經出現的時候，舊的上層建築物還沒有破壞，或者還沒有完全破壞，這時舊的上層建築物就成為經濟基礎變動的阻力。因此，引起了二者之間的矛盾，必須經過相當的時間，經濟基礎的變動才能克服這個矛盾，使舊的上層建築物破壞，新的上層建築物產生，由之而形成二者之間的統一，再出之而使整個的社會發展，繼續往前推進。人類的各個社會發展在外表上雖然千差萬別，但無不經過它內部的經濟基礎與它的上層建築物之間由不斷地矛盾到統一的過程。因此，社會經過它內部的經濟基礎與它的上層建築物之間的不斷矛盾與統一而向前發展，就成為所有社會發展的共通法則。社會經濟是透過它內部的生產力與生產關係之間的不斷由矛盾到統一的法則而向前發展，而整個社會的發展又是透過它內部的經濟發展（即經濟基礎的發展）與它的上層建築物的不斷由矛盾到統一的法則而向前發展。生產力與生產關係的不斷矛盾到統一的法則，不是直接決定整個社會發展的法則，只是間接決定整個社會發展的法則。在這個意義上，經濟發展對於整個社會的發展，起著最後決定的和支配的影響作用。這就是經濟的客觀決定論的社會觀，也就是所謂唯物史觀。從這樣的觀點，來研究社會內部的經濟發展與它的上層建築物的相互關係，及由此而各種社會生活和社會制度的真相及其變遷，那就是馬克思的社會學或社會思想，而由「生產力與生產關係的矛盾與統一」的法則，來說明人類社會經濟生活及其變遷，是馬克思的一般的經濟思想。

由上所論，社會經濟的發展是受著一定的法則所支配和決定的，而整個社會的發展，即社會各方面的生活和制度的發展，也是受著一定的法則所支配和決定的：所以，不論是社會經濟的發展或是整個社會的發展，也都有它的客觀性、獨立性和必然性的。這就是他的哲學唯物論除應用於宇宙或自然界，又應用於社會經濟或整個人類社會的發展所形成的結果。馬克思由此以哲學唯物論為中心而形成那包括他的宇宙觀、社會觀、人生觀，以至於他的經濟觀在內的完整的馬克思主義的思想體系。我們要指明的是：馬克思的經濟思想認為社會經濟是透過生產力與生產關係的不斷矛盾與統一的法則而發展的，但是社會經濟通過這個法則而發展，是要經過很多階段的，恩格斯把它們歸納為社會經濟發展的三大階段：第一個是社會化的階段，即社會化的生產力與社會化的生產關係統一的階段；第二個階段是個別化的階段，即個別化的生產力與個別化的生產關係統一的階段；第三個是新社會化的階段，即新社會的生產力與新社會化的生產關係統一階段。但是社會經濟發展由一個階段，移轉到另一階段，又都要經過生產力與生產關係的矛盾時期。例如，由第一階段到第二階段，便要經過新的個別化的生產力與舊的社會化的生產關係的矛盾時期；由第二階段到第三階段，便要過新的社會化生產力與舊的個別化生產關係的矛盾時期。總括地說，它是由最初統一階段而矛盾時期而達到統一階段，再出第二統一階段而矛盾時期而達到第三個統一的階段。社會經濟是經過這樣的不斷地矛盾到統一的過程而發展的。我們知道，在這三大階段的社會經濟發展中是包含某些經濟社會在內的。譬如，在第一階段即社會化階段中包含漁獵經濟社會和原始耕作經濟社會在內；在第二階段即個別化的階段中包含農業經濟社會，城市手工業經濟社會，和資本主義經濟社會在內；至於第三階段中包含社會主義經濟社會在內。而由每一個經濟社會發展到另一個經濟社會，也都是要經過矛盾到統一的過程的，不過，恩格斯只從大的方面，把它們歸納為三大階段的不斷地矛盾與統一的過程罷了。現在我們可以告訴大家的是：《資本論》所要研究的乃是個別化的資本主義經濟社會如何由統一到矛盾的過程。明白地說，《資本論》是以個別化的資本主義經濟社會發展出統一階段走到矛盾時期的現象，作為他的專題研究。因為，個別化的資本主義經濟社會由統一到矛盾的過程，它的情形是最複雜，對於它的了解也最重要：所以必須把它作為專題研究，才能明白它的因果關係，才能使我們知道自己所需的現社會是怎樣產生的？現在是怎樣？和將來到那裡去？《資本論》就是適應需要而產生，而且僅僅如此而已。

從前面所述，我們知道，馬克思關於社會經濟發展的思想，只是馬克思關於整個社會發展的思想的一部分：而整個社會發展的思想，又只是全部馬克思主義思想體系的一部分。至於社會經濟發展所通過的生產力與生產關係不斷由矛盾到統一的過程中某一階段研究的思想，更只是馬克思的經濟發展思想的一部分。《資本論》所從事的既然只是社會經濟發展所通過的生產力與生產關係不斷由矛盾到統一的過程中某一階段的研究。那麼，馬克思《資本論》中所包含的思想，自然不能代表整個馬克思主義的思想，也不能代表馬克思的一般的經濟思想。它不過是馬克思主義的思想體系中的一般經濟思想的一個部分。對於《資本論》的第二種看法把《資本論》看成為馬克思主義體系的一個補充部分，即只是它的構成部分，原因就是在此。

此外，對於《資本論》的第三種看法，是把《資本論》看成為一種「經濟學」，亦即是馬克思的「政治經濟學」。根據前面所論，《資本論》是研究個別化的資本主義經濟社會由統一到矛盾的過程，或者說，《資本論》是研究資本主義的現社會是怎樣產生的？它的現在的情形是如何？和它的將來到哪裡去？但是，不管怎麼說，《資本論》只是以「資本主義經濟社會」為研究的對象，是絕對沒有可疑的了。如果這是對的，那麼馬克思的《資本論》只是馬克思的經濟學的著作。在以前，「經濟學」都是命名為「政治經濟學」，所以，也可以說，《資本論》是馬克思「政治經濟學」的著作。

西方自十八世紀中葉以後，特別是在十八世紀末亞當斯密的大作《國富論》誕生以後，所謂「政治經濟學」或「經濟學」都是以資本主義社會的經濟現象為研究的專門對象的。不論哪一派都是一樣。為什麼所有各派的經濟學都是專門研究資本主義社會的經濟現象呢？這是因為資本主義社會是高度的交換經濟或商品社會。所以這個社會經濟生活最複雜，而且因此發生嚴重的經濟問題。因此，必須有一種科學，專門加以研究，乃能認識它的真相和它運行的法則，而在資本主義社會以前，人類的經濟生活是一種自給自足的經濟生活，所以他們的經濟生活很單純，沒有發生什麼重大的經濟問題，因此，不需要設立一個特殊的科學加以研究。由於這種緣故，在「自給自足的社會」裡面，根本就不會產生「經濟學」，只有到了資本主義社會出現的時候，研究「資本主義社會」的「經濟學」才產生出來。馬克思《資本論》既然是以資本主義經濟社會為專題研究，自然就是一種的「經濟學」。以上三種看法，表面說來，是不一致的。而實際上是有共通點的，只是因為所觀察的角度不同，所以，看法的重點也不同罷了。在以上三種的看法中，以第二種看法的解釋最清楚。關於《資本論》在整個馬克思主義體系中的地位，「第二種看法」中所說的是一點也不錯的：《資本論》不僅只是整個馬克思體系中的一個部分，而且只是馬克思主義體系中一般經濟思想的一個部分。「第二種看法」說得很明白：《資本論》只研究「個別化的資本主義經濟社會由統一到矛盾的過程」。這裡已確切地說到《資本論》只研究資本主義經濟社會了。正是因為《資本論》是研究資本主義及其矛盾，使資本主義社會內部的勞動者能夠了解這個矛盾是怎樣來的？應當如何加以解除？由此才能夠使他們從痛苦之中解放出來，所以《資本論》是「勞動者的聖經」。又正是因為《資本論》是研究資本主義經濟社會的，所以，它才是一種「經濟學」，可見這三種看法有一個共同之點，就是它們都承認《資本論》是專門研究「資本主義社會」的。

所以，最後說來，《資本論》是馬克思的經濟學。說《資本論》是馬克思的經濟學，並不妨礙把資本論看作是馬克思主義體系中的一部分。事實上，馬克思的經濟學不僅只是馬克思主義中的一部分，而且是馬克思的經濟思想的一部分。因為馬克思的一般的經濟思想是他對於所有各階段的人類社會經濟發展及其法則的思想。而《資本論》所論述的，只是人類社會經濟發展中關於資本主義經濟這一個階段的發展及發展法則的思想。後者發展及其發展法則的思想，是應當根據前者發展及其法則的思想而產生出來的。

說《資本論》是馬克思的經濟學，也並不妨礙把《資本論》看成為「勞動者的聖經」（是否為勞動者的聖經，自然又是另一個問題，這從以下的分析，便可知道）。因為馬克思在他這本「經濟學」著作中就是要研究資本主義經濟有什麼根本矛盾和它應有的出路，那也就是替勞動者指出一條解除痛苦的出路，如果他的分析都是對的，自然可以成為勞動者的聖經了。照馬克思的一般經濟思想的意見來說，當「生產力」已由「個別化」轉變為「社會化」的時候，如果「個別化的生產關係」還依然存在，那麼，這個經濟社會的發展一定會陷於不可解決的矛盾之中。要解決這個矛盾只有一個出路，就是將個別化的生產關係也轉變為社會化的生產關係，使社會經濟的發展升上第三大階段，也就是新的社會化的生產力與新的社會化生產關係統一的階段。馬克思認為「個別化的資本主義社會」到了末期，就是陷於這種「個別化的生產關係」與新生的「社會化的生產力」不可解決的矛盾之中。要解決資本主義社會中的這個矛盾，只有廢除資本主義社會中所依然存在的舊的「個別化的生產關係」，而建立新的「社會化的生產關係」，這時資本主義社會內部來配合已經產生的新的社會化的生產力，使資本主義社會轉化為另一個新社會化的統一階段，才是一條出路。而這個新的社會化的統一階段的社會，便是叫做社會主義社會。作為「馬克思的經濟學」的《資本論》就是要把資本主義中這一個生產力和生產關係的矛盾，做一個專門而詳盡的研究，以便證明矛盾在資本主義社會中已經無法解決，只有把資本主義社會改變為社會化的社會主義社會，才有辦法。所以，馬克思這部經濟學研究所得的結論，是現實社會主義。但是，馬克思這部經濟學，是研究資本主義的經濟學，是研究社會主義的經濟學。可是馬克思這部資本主義的經濟學，指出了資本主義的矛盾及其解決的方法，和未來實現社會主義的前途，因此，馬克思經濟學就成為勞動者的聖經，也成為社會主義者的聖經。如果把馬克思看成為一個社會主義者，自然更可以把馬克思這部經濟學的著作，看成為勞動者的聖經。

三、資本與剩餘價值

以上已把對於《資本論》的三種看法檢討過了。在這個檢討中，我們確定《資本論》是馬克思的經濟學，而它的研究對象是資本主義社會的運行法則根本矛盾。他在這個著作中要說明資本主義社會的發展已陷於無法解決矛盾，其結果將是資本主義社會的滅亡和社會主義社會的到來。因此馬克思這部著作的是否成功，全要看他對於資本主義的分析是否成功。他在《資本論》中所指明的資本主義內部的矛盾及其發展，是否符合於資本主義本身發展的事實，是馬克思《資本論》的正確性的最好的試金石。本文就是要從這一方面來對於《資本論》的理論分析，做一個積極性的評述，並由此來理解資本主義發展的真正前途。

《資本論》一共三卷，它們是從不同的方面，從事同一的分析。《資本論》第一卷，定名為〈資本的生產〉，它是研究「資本主義的生產過程」。《資本論》第二卷，定名為〈資本的流通〉，它是研究「資本主義的流通過程」。《資本論》第三卷，定名為〈資本的總過程〉，它是研究「資本主義的分配過程」。因為說到分配過程，便要牽涉全社會的各方面，所以由生產過程和流通過程的分析，進到分配過程的分析，無異是由抽象世界進到具體世界；即使一般的抽象法則，到這時也都要以具體的型態而出現。因此之故，馬克思才把《資本論》第三卷，定名為〈資本的總過程〉。總之，馬克思是由於資本主義社會的生產過程、流通過程、和分配過程的分析，而了解全部資本主義的經濟現象和它的法則，並從此而明白它的根本矛盾的所在。但是，雖然如此，他對於資本主義的分析或他關於資本主義的根本矛盾的分析的基礎理論，都已在《資本論》第一卷中建立起來了。《資本論》第二卷和《資本論》第三卷，不過只依據《資本論》第一卷所建立的基礎理論，對於資本主義作進一步的、全面的和具體的說明。因此，我們只要對於《資本論》第一卷，加以評述，不啻就是等於對整個《資本論》所包含的主要理論，加以評述。今年是馬克思這個占有重要地位的《資本論》第一卷出版的一百週年紀念，我們對它對照現代資本主義的發展，作一個新的研究，是一件非常有意義的事情。

說到《資本論》第一卷，它是研究資本主義的生產過程的。馬克思由於對資本主義生產過程的研究，知道了資本主義生產的性質。生產是一個社會經濟的基礎，這對於資本主義社會，正如對於其他任何社會一樣，也是不會有例外的。所以，只要知道資本主義生產的性質，便是等於知道整個資本主義經濟的性質。但是，馬克思對於資本主義生產過程研究的主要目的，是在發現資本主義生產的矛盾性質由而了解整個資本主義經濟的矛盾性質說清楚一點，馬克思所要發現的是資本主義生產中生產力與生產關係的矛盾性質，這是《資本論》第一卷所要完成的任務，也是《資本論》三卷所要完成的任務。而其結果，馬克思達到他的研究目的。

馬克思終於發現資本主義生產中，個別化生產關係與社會化生產力的矛盾性質。他發現資本主義的根本矛盾，即個別化生產關係與社會化生產力的矛盾，是表現於資本主義生產中的資本家和勞動者這兩種人的關係的上面，而資本家和勞動者這兩種人的關係，又是表現於資本主義生產中的資本（capital）與剩餘價值（surplus value）的關係上面。這種關係可以稱之為「資本的關係」，也可稱之為「剩餘價值的關係」。所以，也可以這樣說：馬克思終於發現資本主義生產中，也就是資本主義經濟中個別化生產關係與社會化生產力的矛盾關係，是建立或表現於資本家和勞動者之間的剩餘價值的關係上面，亦即資本的關係。這種建立或表現於剩餘價值的關係上面的生產，是叫做剩餘價值的生產。資本主義生產的性質就是剩餘價值生產的性質，而資本主義經濟就是建立在這種剩餘價值性質的生產基礎之上的社會經濟。

闡明資本主義生產是剩餘價值的性質，和資本主義經濟是以這種「剩餘價值生產」為基礎的社會經濟的理論，是叫做剩餘價值的理論（Theory of Surplus Value）。資本與剩餘價值是一物的兩面，所以，剩餘價值的理論就是資本的理論。這個剩餘價值理論是《資本論》的基礎理論。它是《資本論》第一卷的基礎理論，也是《資本論》三卷的基礎理論，它是馬克思對於資本主義分析的基礎理論，也是馬克思對於資本主義的矛盾的分析的基礎理論。恩格斯稱剩餘價值是馬克思的三大發現之一，它是馬克思《資本論》全部理論的中心。

因此之故，《資本論》第一卷：〈資本的生產過程〉，可以定名為：「剩餘價值的生產過程」；《資本論》第二卷：〈資本的流通過程〉，可以定名為：「剩餘價值的流通過程」；《資本論》第三卷：〈資本的總過程〉，方可定名為「剩餘價值的分配過程」。

在《資本論》第一卷裡面，說明資本主義生產是剩餘價值生產的性質，構成其內容的最重要的部分，也可以說是構成它的第一部分。馬克思以為，資本主義的生產是由資本家和勞動者這兩種人組織起來的，這兩種人是資本主義生產中的骨幹人物。這兩種人組織大工業的工廠制度（農業方面也是由這兩種人組織「大農場制度」。「大農場」實際就是農業方面的「大工廠」），開始進行生產。這種大規模的工廠制度或農場制度，就是資本主義生產的組織單位，它是由過去手工業或小農的小規模的個別生產單位轉變過來的。過去這些小規模的生產單位在自由競爭的市場裡，優勝劣敗，大部分都被淘汰。大部分因為力量軟弱，競爭失敗，所以他們所擁有的生產手段（means of production），都被集中到少數力量較強的勝利者的手裡，這些勝利者組織新的大規模的生產單位，繼續生產的進行。變成為新生產單位中的「生產手段的所有者」，卻不參加生產的工作。大部分競爭的失敗者，生產手段被人集中以後，一無所有，他們參加新的大規模的生產單位，從事生產工作，成為新的生產單位中的生產者，卻沒有生產手段。「生產手段的所有」和「生產的工作」脫離關係：「生產手段的所有者」與「生產者」的脫離開係，是這時生產組織中一個十分重要的特徵。但是這時還有一個更重要的特徵，就是這時生產組織單位的規模擴大了，每一種的生產品，都是由這些擴大了的生產單位內部人數眾多的生產者，經過細密的分工程序所共同合作生產出來的，不像過去小規模生產單位中，每一種生產品都是由各單位中的主人個人所生產出來的那樣。這時任何一種的產品都是多數人或眾人共同合作的生產品，而過去任何一種生產品都是個人的或個別生產的生產品。這是前後兩個時期生產方面的最大不同的地方。這種眾人合作的生產，是叫做社會化的生產：而由眾人或多數人合作而產生的生產力，叫做社會化的生產力。同時，因此，過去的生產可以叫做個別化的生產，而過去的生產力可以叫做個別化的生產力。由個別化的生產到社會化的生產，由個別化的生產力到社會化的生產力，這是經濟技術發展的結果。

這些參加共同合作生產的多數人或眾人，就是新的大規模的生產單位中的那些沒有生產手段的生產者。但是值得注意的就是這些由眾人或多數人生產的生產品的所有權，並不屬於那些參加生產的眾人或多數人，即不屬於那些參加生產的多數生產者的共同所有。反而屬於新的生產單位中某個沒有參加生產，卻擁有生產手段者的個人所有。追溯原因，這很明顯地是由於生產手段和生產者脫離關係所造成的。但是這裡就隱伏下了一個重大的矛盾。在過去，生產是由各單人主人個人所生產出來的，所以這些個別生產品的所有權是屬於這個「個別生產者」的個人所有，自然是沒有什麼矛盾可言的。但是到了這時，各種生產都已變成眾人或多數人所共同合作的生產品，那是社會化的生產，那麼，他們生產的結果，如何再能屬於某一個的個人所有呢？如果把它屬於個人所有，自然要發生重大的矛盾了。換句話說，過去生產是個別化的，生產的所有權也是個別化的，個別化的生產與個別化的所有權之間的關係，是一致的關係；現在生產已經變成社會化的生產，而生產品的所有權依然是個別化的，則在社會化的生產與個別化的所有權之間，便形成為矛盾的關係了。這種矛盾就是叫做社會化的生產力與個別化的生產關係之間的矛盾。

我們已經知道：在新的大規模的生產單位中有兩種人：一種是參加共同合作生產的多數人或眾人，就是那些所謂沒有生產手段的生產者；另一種是沒有參加生產卻擁有生產手段的人，即組織這個新的生產單位的人。前一種人叫做勞動者，後一種人叫做資本家。把多數人所共同生產的生產品，屬於沒有參加生產卻擁有生產手段的人的所有，就是把多數勞動者所共同生產的生產品，屬於資本家的所有，那也就是把勞動者的社會生產，屬於資本家的個人所有。由此所引起的矛盾，從一方面，它是社會化的生產與個別化的所有權之間的矛盾，即社會化的生產力與社會化的生產關係之間的矛盾，但從另一方面看，它實際上是勞動者與資本家這兩種人之間的矛盾：勞動者是社會化生產力的化身，而資本家是個別化生產關係的化身。

在資本家以為：在新的生產單位中，生產手段（包括生產工具如各生產設備、器具或機器等，及生產的原料）是他拿出來的，而勞動者也是他以一定的貨幣代價（一定的價值或價格）雇用進來的。

有了生產工具（instrument of production）和生產的原料，再加上勞動者的勞力，各種生產品就可以生產出來。由此生產出來的生產品，其所有權該屬於他自己。但在勞動者看來，每一個新的生產單位的所有的生產品，都是每個新生產單位中所有的勞動者共同生產出來的，即是他們運用自己的勞動力，經過一定時間的勞動而產生出來的。運用勞動力而實行勞動的過程就是生產過程；所有的生產品，都是勞動的生產品。那就是說，任何生產品是勞動者（即生產者）花費若干單位（以時間為單位，例如每小時）的勞動量才能生產出來的。勞動者生產一個生產品，所需花費的勞動量（即勞動時間）越多，他所需要索回的生產的勞動代價也越多；反之，越少。或可以這樣說：他所值得換回來的勞動代價越大；反之，亦越小。這個值得換回來的勞動代價，叫做價值（value），即生產品的價值，馬克思把它叫做商品的價值。價值的大小就是勞動者生產的勞動報酬的多少。勞動者認為各種生產品（商品），既然都是勞動者所共同生產的，那麼，所有這些生產品的勞動報酬，都應當屬於勞動者的共同所有。也就是說：這些生產品（或商品）的價值（勞動代價），都應當屬於勞動者的共同所有，而不應當屬於資本家的個人所有。因為這些生產品的價值都是勞動者所共同生產出來的，或是他們的生產勞動所共同創造出來的。自然，生產每一種生產品所用的生產工具和原料，是資本家拿出來的。生產這些生產工具和原料所在真的勞動代價，如果計算在所生產的生產品（即商品）的總價值裡面，便應當加以扣除，那是不可歸屬於勞動者的所有的。可是，扣除這些以外，每一種生產品（商品）的勞動生產代價，即它們的價值，便應當屬於勞動者的共同所有，而不應當屬於資本家的個人所有。

其次，也不錯，資本家在雇用勞動者進入生產單位來參加生產的時候，曾對勞動者支付過一定的代價（勞動代價），即曾對勞動者支付過一定量的價值。但是這一份的價值，僅等於勞動者為維持他們每一天勞動力的存在所最必須消耗的生活資料品的價值（馬克思把這一份的價值，叫做「勞動力的價值」），它實際上就是勞動者所得到的工資。這一份生活資料品的勞動代價，比起勞動者為生產某種生產品所花費的每一天的生產勞動代價是少得多，前者僅占後者的一部分。換句話說，勞動者在他每一天所生產的或所創造的商品價值中，以其中一部分償還資本家所支付給他們的生活資料品的價值（即支付給他們每一天勞動力的價值）以外，還有很大剩餘的部分。這剩餘部分的價值，可以叫做剩餘價值（surplus value）。償還資本家所支付給勞動者的一天必須的生活資料品的價值，是勞動者在這一天裡所花費勞動時間生產出來的。此外，剩餘部分的價值，也是勞動者這一天所花費的勞動時間生產出來的。勞動者在一天的生產中所花費的勞動時間分為兩部分：一部分勞動時間拿來生產那償還資本家所付給勞動者的一天必須的生活資料品的價值，這部分的勞動時間，馬克思把它叫做必要勞動時間。而另一部分的勞動時間，是必須勞動時間以外的剩餘勞動時間。而由這部分剩餘勞動時間所生產的價值，才叫做剩餘價值。但是不管怎樣說，這個剩餘價值總是勞動者生產的，應當屬於勞動者的共同所有，而結果卻歸屬於資本家的個人所有。在這種情形下，勞動者應得的剩餘價值是被剝削了。可是資本家以為，生產工具和原料既然是他拿出來的，而雇用勞動者的代價，又是他支付的，那麼，由此所產生的全部生產品或其價值，是應當屬於他的所有。資本家在組織生產單位時，預先墊付了生產工具和原料的價值，又墊付了勞動力的代價。在資本家看來，這些墊付是他為組織生產單位而投下的資本。所以，由他投下的資本而生產的全部價值，都是應當屬於他的個人所有。

馬克思把資本家所支付的或投下的資本分成兩個部分，那是根據價值的觀點，而不是從技術作用的觀點來加以劃分的，不論是生產工具、原料，或是勞動力，從技術作用的觀點上說，它們都只是在生產用途上所不可少的東西。可是要取得這些東西，卻必須支付一定的勞動代價，因為它們和其他生產品一樣，是由勞動生產出來的。這個勞動代價，就是它們的價值。馬克思承認這些東西的價值，都是由資本家預先墊付過了，因此，算是資本家投下了資本。可是，生產工具與原料的價值在生產過程中不會發生變化，所以，這些價值固然應當計算在新生產品的價值裡面，但是它們照原來價值的大小加以計算便可以了。唯勞動力投入生產過程之後，能夠生產出比自身的價值更多的價值。所以，我們前面說過，勞動者在生產過程中所生產的價值，除了償還資本家雇用勞動者而支付勞動力的價值以外，還有很大的剩餘的部分，而這就是所謂剩餘價值了。馬克思因為資本家所預先墊付的屬於生產工具與原料部分的價值，在生產過程中不發生變化，所以把它叫做不變資本（constant capital）。而墊付屬於勞動力部分的價值，因為它在生產過程中能夠創造比自身價值更大或更多的價值，所以，把它叫做可變資本（variable capital）。馬克思之所以把資本家投下的資本，分成這兩大部分，不過是藉此來表明剩餘價值是勞動者生產出來的，而資本不過是用以產生更多的價值的價值而已。

依據這種情形，資本家雖然在組織生產單位時，投下了資本，剩餘價值還是勞動者生產的，但是剩餘價值的所有權屬於資本家。因此，資本家和勞動者之間發生了矛盾。資本家和勞動者之間的矛盾是發生在剩餘價值的生產和剩餘價值的所有權的矛盾上面。

由此看來，資本主義的根本矛盾，即社會化的生產力與個別化的生產關係的矛盾，雖是表現於資本主義生產中的資本家與勞動者這兩種人的矛盾關係上面，但資本家和勞動者的矛盾關係是表現在剩餘價值的矛盾關係上面。「剩餘價值論」經過對於剩餘價值的分析，指明資本主義社會矛盾的根柢，指出資本主義生產中個別化生產關係與社會化的生產力之間的根本矛盾的性質。剩餘價值論是馬克思對於資本主義的矛盾分析的最重要的理論，它構成《資本論》第一卷的第一部分的內容。

四、資本累積論

《資本論》第一卷裡第二個重要的理論，是資本累積的理論（簡稱為資本累積論）。它構成《資本論》第一卷第二部分的內容。如果說，《資本論》第一卷裡的第一個重要的理論——剩餘價值論是說明資本主義生產根本矛盾的性質。那麼，它的第二個重要的理論。資本累積論，便是說明這具有矛盾性質的資本主義生產在發展中的狀態。任何社會中任何性質的生產，都是不會停留在一個地方的，它們都是要繼續不斷地向前開展的，資本主義的生產也是沒有例外。資本主義生產中個別化的生產關係與社會化的生產力發生矛盾。這是資本主義生產的根本矛盾。具有這種根本矛盾的資本主義生產，它是怎樣開始發展的？它在發展中有些什麼現象？將發生什麼結果？這些都是《資本論》第一卷中這個「資本累積論」所要研究的。「資本累積論」可說是「剩餘價值論」的延續。前者理論從靜態去研究資本主義生產，而後者理論從動態去研究資本主義生產。這樣，對於資本主義的生產過程，才能有完全的認識。

一個「在開展中」的生產，就是一個不斷地再生產的過程。在發展中的資本主義生產，也是一個不斷地再生產過程。生產是為消費而實行，但消費一定是不斷地再消費，所以，為消費而實行的生產，也必是一個不斷地再生產過程。生產是絕對沒有只實行一次，便停留在原來的地方。任何生產都是一種再生產的過程。

說到再生產，一般說，都應該是一種擴大的再生產。所謂擴大的再生產，就是指第二次的生產的規模比前一次為大，第二次的生產量比前一次為多。各種生產設備和參加生產的勞動人數增加，便是表示生產的規模的擴大，生產的規模如果擴大，則它生產的生產品或商品，自然也就增加了。至於縮小的再生產，可算是一種例外，即便是單純的再生產也是比較少有的。所謂縮小的再生產，就是第二次的生產規模縮小，因而引起它的生產數量的減少；純再生產就是指第二次的生產規模不變，因而引起它的生產數量也不變。所以，所謂再生產或不斷地再生產，是包括單純再生產和擴大再生產，主要是擴大的再生產。而縮小再生產是不把它算在裡面的。

馬克思在《資本論》第一卷中說到資本主義的再生產過程，對於單純再生產只是略為提到，而集中力量說擴大再生產，其原因就是在此。所以，我們說：所謂在發展中的資本主義生產過程，就是指資本主義的擴大再生產過程而言，也是沒有錯的，而馬克思所說的也正是如此。

但是，擴大再生產必須擴大生產規模，然後第二次生產的數量，才能增加。而擴大再生產的規模，必須增加投下的資本，增加不變資本，才能增加生產工具和原料；而增加可變資本，才能增加對於勞動力的雇用，由此然後才能擴大生產規模。但是，增加投下的資本，它的來源是出自哪裡呢？它的來源只有出自資本家在上一次生產中所得到的剩餘價值裡面，即只有把上一次所得到的剩餘價值的全部或一部分，不移作消費而用於增加再生產所必須投下的新資本。這叫做剩餘價值的資本化。由於剩餘價值的不斷地資本化，再生產的新資本也不斷地累積起來，於是，為再生產而投下的新資本，越來越多，生產規模也越來越擴充；因之，不斷再生產的生產品數量也越來越多。還有一點值得注意的，就是當資本越增加，生產規模越擴大，因而生產越擴大的時候，由每一次資本增加及其所引起的生產擴大的過程中，所能得到的剩餘價值也是不斷在增加著的。因此，剩餘價值的資本化也更多，資本的累積更甚，再生產過程也越加擴大了。資本的累積過程也就是剩餘價值累積的過程，而生產擴大再生產過程，是通過資本的累積過程來達到的。在某種意義上說，資本累積的過程就是擴大再生產的過程。因此，《資本論》第一卷就是擴大再生產的過程。因此，《資本論》第一卷中第二個重要的理論「資本累積論」，所討論的就是擴大再生產的過程，就是資本主義生產的發展過程。

現在我們請看馬克思在這個資本累積的理論中，如何說明資本主義生產的發展過程及其發展的結果。這是馬克思進一步對於資本主義的分析的非常重要的部分，因為這個部分分析說到具有個別化生產關係與社會化生產力的矛盾性質的資本主義生產在發展中的狀況，自然要說到發展的結果，因而一定指出這個資本主義生產或資本主義的前途。這是我們現在非常關切的問題。

馬克思在這裡所說的「擴大再生產」的過程，就是資本主義的發展過程。因此擴大再生產過程所產生的結果，也就是資本主義生產或資本主義的發展所產生的結果。從這些結果，就可以把資本主義發展的前途看出來了。

歸納馬克思對於這個「擴大再生產過程」的研究，「擴大再生產過程」產生以下十項的結果。

第一，具有社會化生產力與個別化生產關係的矛盾性質的資本主義生產，是一個剩餘價值的生產過程，所以，它的再生產過程也是一個剩餘價值的再生產過程。只要是一個剩餘價值的再生產過程，那麼，這個再生產過程裡，比起它的第一次生產過程，便有了新的變化。資本家在再生產的過程中雖然是投下與上次的數量相等的資本，但在這二次投下的資本中，已有一部分不是資本家自己拿出來的，而是勞動者替他拿出來的。譬如，上次的生產過程中，資本家投下的資本是一萬元，其中二千是可變資本，八千是不變資本。而這個生產過程每次所產生的剩餘價值，對資本而言，是百分之二十的百分率，那麼，是二千元。這樣說來，資本家在第一次的生產中，得到剩餘價值二千元。資本家可把這二千元用來為第二次生產過程，即再生產過程所需投下資本的一部分。假定再生產過程中投下的資本一起還是一萬元，那麼，其中二千元的可變資本，就不是資本家自己拿出來的，而是勞動者替他拿出來的了。因為這二千元的剩餘價值本來應屬於勞動者的所得，結果卻被資本家取去，當作再生產的投下資本。照此推論，如果再生產過程連續五次，那麼，第六次再生產過程中，不僅可變資本，而且不變資本，換句話說，即是全部資金都是勞動者替資本家拿出來的了。這裡，再生產過程發展的第一個結果，是勞動者替資本家拿出資本，並用這個「資本」來剝取自己生產的剩餘價值。單純再生產尚且如此，擴大再生產自然更是如此。

第二，擴大再生產，必須擴大生產規模，一方面增加生產工具和原料，另一方面增加雇用勞動者的人數。但在初期擴大再生產中，生產工具方面包括各種生產設備，如工廠、房屋、和機器等，不必要增加，但是原料和雇用的勞動者人數是一定要增加的。為明白起見，馬克思在這裡把在「技術生產過程」中所必須應用的，不宜即完全消耗及不改變型態的生產工具，包括工廠房屋與機器等，叫做固定資本。而把在技術生產過程中所必須利用的，但會完全消耗而改變型態的原料和勞動力等，叫做流動資本。以別於從價值觀點劃分的不變資本和可變資本。同時，資本由固定資本和流動資本所構成者，叫做「資本的技術構成」。而資本由不變資本和可變資本所構成者，叫做「資本的價值構成」。初期擴大再生產，在技術上可以不要增加固定資本，而只要增加流動資本，因為這時很多固定的生產設備和機器等都還沒有充分利用，所以擴大再生產時只要增加原料與勞動力也就夠了。即使已經充分利用，初期擴大再生產所要增加的產量並不太多，所以，只要在工廠裡增加夜班勞動的方法也可以，不一定要增加生產工具或機器等。但是，不管怎樣，擴大再生產總是要增加投下的資本的。要增加投下的資本，便要把第一次或上一次的生產過程中所得到的剩餘價值的全部或一部分，加入到生產中去。這便是剩餘價值的資本化，也就是叫做資本的累積。擴大再生產的過程本來就是資本的累積過程，這是我們已經說過的。資本由於累積才會擴大起來。不過，初期擴大再生產過程中所增加的資本，只是用於增加原料和勞動力。即只用於增加流動資本，或只用於流動不變資本（原料）和流動可變資本（勞動力），而不用於增加固定不變資本而已。

在這種情形下，擴大再生產使流動資本增加起來，特別使其中的流動可變資本增加起來，隨著而引起的現象是對於勞動者雇用人數的增加。又因對於勞動者雇用人數的增加，造成了勞動者供不應求的情況，最後遂促成了勞動者工資的提高。但是馬克思認為資本家擴大再生產，增加雇用勞動者人數的目的，是擴大剩餘價值的再生產。如果因此而大多提高了工資，以致抵銷了剩餘價值的增加，甚至完全抵銷了剩餘價值的生產，那麼，資本家必定停止擴大再生產，因而停止對於勞動者雇用的增加。而這樣，勞動者的工資不但不會增加，甚至還更減少下去。所以，在初期擴大再生產過程中，勞動者的工資固然可能有相當的提高，但也是極有限度的。而在另一方面，擴大再生產使社會內部參加生產的勞動者人數比以前增加，這無異是替資本家生產剩餘價值、增加剝削材料了。整個說來，初期擴大再生產的結果，使資本家的剩餘價值收入大量增加，一般生產的財富亦大量增加。但在勞動者方面，工資收入並沒有因此而有多大的提高，只是被剝削的人數越來越多了。這是擴大再生產的第二個結果。

第三，後期擴大再生產有進一步的發展。進一步的擴大再生產，必須進一步擴大生產規模。因此，也必須從上一次生產過程所得到的剩餘價值中抽取更多的成數，充為進一步擴大再生產所需增加的新資本。換句話說，進一步的擴大再生產，必須有更多的剩餘價值的資本化，更擴大的資本累積。但是，進一步的擴大再生產過程中，投下的資本必須多用於增加固定的生產設備，特別是增加機器，而少用於增加雇用勞動者人數。在進一步的資本的技術構成中，固定資產所占比例，不斷相對地提高，而流動資本的比例，不斷相對地減低。固定資本比例提高的原因，是生產使用機器日漸增加；而流動資本比例減低的原因，是雇用勞動者的人數日漸減少。在進一步的擴大再生產中，因為要更多的擴大生產量，所以，除了增加勞動者的雇用之外，還要擴大生產設備，特別是增加機器的使用。但是機器的使用一旦擴大，勞動者雇用的增加，也就趨於遞減。接著，以後機器的使用，還排斥勞動力的使用，因此，勞動者的雇用人數，不但增加得越來越少，而且反有減少的趨勢。所以，這樣一來，「資本的技術構成」的變化，反映在「資本的價值構成」上面，便是不變資本（不變固定資本）的相對地擴大，而可變資本（可變流動資本）相對地縮小。因此，勞動者雇用人數的減少，勞動者日漸增多的被排斥於生產領域之外。最後，減少了勞動者的就業的機會，就是造成了勞動者的大量失業。於是資本主義社會中不斷產生一大群失業破產的過剩人口，它叫做相對地過剩人口。這是擴大再生產的第三個結果。

第四，這時期擴大再生產，增加機器的使用，使生產中比較熟練的工作，讓給機器來擔任，而勞動者所從事的大半是管理機器的工作，這方面的勞動是比較簡單的、不熟練的勞動。所以，隨著機器使用的擴大，各生產部門中熟練勞動者不斷地減少，而不熟練的勞動者不斷增加起來。生產越擴大，機器使用越增加，勞動者不熟練化的程度也越提高。馬克思以為，不熟練勞動的廣泛存在是高度發達的資本主義的重要特徵之一。

再者，由於機器的使用，只要能夠管理機器的人都可以加入生產，因此，大量的童工和女工便被普遍應用。童工和女工都只是最簡單的不熟練的勞動者。所有不熟練的勞動者，連同童工與女工在內，他們的勞力代價都是最低廉的，對於他們的雇用，可以大大地節省可變資本；即勞動者的數量沒有變化，但雇用他們消耗的可變資本可以大大地減少，這就是工資水準的壓低。剩餘價值剝削的百分率固然由此而提高，但是如此一來，剝削材料反而增加，剩餘價值的分量也大為增加，可是勞動者的負擔加重。更因勞動者一家大小都到工廠中去，又破壞了勞動者正常的家庭生活，此種勞動的不熟練化和大量女工與童工的利用，是擴大再生產的第四個結果。

第五，機器的使用，使勞動者變成為簡單管理機器的人。因此，機器的轉動越速，勞動者必須越提高他的工作強度。這就等於延長勞動者的工作時間。機器有一個特點，就如果不把它轉動或不多用它，一樣會在一定的時間以內生銹變壞了。自然：如果加速運轉，損壞也快。但是，機器能夠在更短時間內參加生產而加速消耗，那麼，它所參加生產的物品能夠提早出賣，機器的這一部分的價值也能提早收回，資本家也能更早取得所增加生產的剩餘價值。更重要的是這些提早收回的機器價值和提早取得的增加生產的剩餘價值，都可以提早把它變為下一次的再生產過程中的資本，從事下一項更增加的剩餘價值的生產。這樣，是機器轉動越快，在同一時間之內（例如在一年之內），從事剩餘價值生產的次數增加，那麼，這也就是在一年之內所能得到的剩餘價值的總量大大地增加了。可是，加速轉動機器的生產還有一個重大的好處，就是機器早一天消耗，就可以更快換置新的機器。在技術進步的時代，機器每日都在那裡進步，所以能夠早日換新，則在他對其他資本家實行競爭的時候，便容易得到勝利。所以，資本家在擴大再生產過程中應用機器的話，必須要加速運轉機器。但加速運轉機器，卻提高勞動者的工作強度。由此說來，擴大再生產中使用機器，加速轉動機器，增加剩餘價值的生產，和勞動者工作強度，是擴大再生產過程的第五個結果。

第六，根據前面的敘述，我們看到所有再生產過程的發展，對於勞動者都沒有產生好的結果，而且只有產生壞的結果。在單純的再生產中，其結果只是勞動者替資本家拿出來那生產剩餘價值的全部資本。在初期擴大再生產的過程中，雖然增加勞動者所得的工資，但是這些工資的增加都是有一定限度，對於勞動者生活改善的幫助很小。在本質上，勞動者，包括新增加的勞動者在內，自然都是替資本家生產剩餘價值的人物。勞動者雇用人數的增加，不過是資本家剝削材料的增加。同時，這些工資的提高，到了相當的程度，還是要再跌落下去的。在後期擴大再生產過程中，由於機器的使用，勞動者被排斥於生產之外，因而造成勞動者的大量失業。並且勞動的不熟練化，使勞動者的勞動力代價普遍低落，即勞動者的工資水準的低落。又因為不熟練勞動的廣泛利用，使每個勞動者為圖增加收入，全家不論大小都參加勞動，因此，他們家庭應有的正常生活，隨之喪失。而機器的使用，提高勞動強度，導致勞動者痛苦加深，那更不用說了。馬克思由這一連串現象，斷定在擴大再生產過程之中，勞動者永遠是貧困的。這個意思就是說，哪怕生產是怎樣的發達，而勞動者的生活都是貧窮和困難的。生產的發達，與勞動者貧困生活的改善是不相干的，是沒有絲毫幫助的。不僅如此，而且事實證明，在資本主義社會之中，生產越發達，勞動者的生活還要更陷於貧困的狀況。勞動者生活的永久貧困趨勢，是資本主義社會的擴大再生產的第六個結果。

第七，擴大再生產使勞動者一般生活趨於艱難，這是表示社會中多數人口的貧困化。特別是勞動者大量失業現象出現以後，社會貧困人數更為增加。由此，造成人民對於生產品的購買力的減少，各種商品市場的縮小。而在另一方面，擴大再生產卻使資本主義的生產力急劇的提高，商品或生產品的數量，因之而有迅速和巨大的增加。這樣，人民購買力的變化和生產量的發展，形成了背反的形勢。擴大再生產越發展，這種背反的形勢越加甚，結果，各種生產品或商品滯銷的現象發生，即一般的生產過剩的現象發生了。這種生產過剩不是局部的生產過剩，而是全面的生產過剩。局部的生產過剩只是某一種生產品或商品過剩的現象，那只是某種生產品的生產與消費，即它的供給與需要的一時的偏差所造成，這只要經過價格變動的調整，就可改正過來。而這全面的生產過剩是由於人民一般購買力的低落和所有生產量的大量增加所造成。用另外的話說，它是由於普遍的有效需要的缺乏而產生。但這種普遍的有效需要的缺乏，來源是在於生產制度。所以，它不是隨時可以復原的，而且隨著時日，即隨著擴大再生產發展而越益加重的。這種「生產過剩」是資本主義的擴大再生產過程的第七個結果。

第八，在上述市場趨於縮小的條件之下，資本主義各生產部門之間的自由競爭日漸激烈。這個自由競爭，和以前發生過的一樣，使優者勝，劣者敗。其淘汰的作用也一樣的出現，卻比以前出現過的，更加厲害。結果，力量較強的生產部門，得到勝利，就把力量較小的併吞下來，自己變成更大的生產部門，一切失敗的生產部門都消滅了。以力量較小的生產部門當犧牲品，社會上存在的是數目越來越少的，非常龐大的生產部門。這種在資本主義各生產部門之間，發生併吞的大資本吃小資本的過程，是叫做資本集中（centralization of capital）的過程。我們知道，各生產部門這時本來都是處在不斷地擴大再生產的過程中。他們不斷地走上擴大再生產的過程，首先就是他們不斷地走上資本累積的過程。他們的資本累積過程越發達，以他們的擴大再生產過程也越發展。反之，他們的擴大再生產過程不斷地前進，他們的資本累積過程也不斷地前進。兩者互為因果，反覆發生影響，最後使他們都變成規模擴張、力量強大的生產部門。而這就又是因資本累積過程不斷前進而發生資本集積的結果。因此，這種經過不斷地資本累積而形成資本不斷龐大、生產規模不斷擴充的過程，叫做資本積集的過程（concentration of capital）。由於這個發展，各生產部門都變成力量強大的生產部門。正因此故，在市場縮小的條件下，他們之間所發生的自由競爭，才是非常激烈的。由此而引起的優勝劣敗的淘汰作用，也特別厲害。這樣一來，才發生那由少數巨大的生產部門實行壟斷生產的資本集中的局面。所以，資本集中過程的出現，一方面是由於購買力市場的日漸縮小，他方面是由於資本集積過程的形成與發展，而這二者都是擴大再生產發展所造成的。這種資本集積和資本集中現象的產生，是擴大再生產發展的第八個結果。

第九，從前面對於擴大再生產的分析中，已可見到有一種貧富分化的現象在那裡發展。不斷地擴大再生產過程，使生產品數量一次比一次地隨著生產規模的擴大而擴大。所以，社會財富是一直在增大著。可是勞動者，即生產者的生活卻是永久貧困的，並且隨著財富的增大而更見貧困。尤其是當擴大再生產到了應用機器的時期，生產力空前發達，生產量即社會的財富急劇的增大，而此時勞動者收入水準下降，他們的貧困程度更高。最重要的，是這時期因機器的使用，發生了勞動者大量失業，他們構成為廣大的過剩人口。這些過剩人口沒有職業，也沒有收入，是社會中最窮困的人口。社會財富的增加和社會貧窮的現象是同時存在並加甚起來的，這就是所謂「富有之中的貧窮」的現象。值得注意的是不斷增長的社會財富是以剩餘價值的形態，掌握在資本家的手中，成為資本家的個人所有。所以，這時社會財富的擴大和社會貧窮的發展的同時並存，變成為少數資本家的富有與社會多數人的貧困的分化現象。這種貧富化，隨著擴大再生產和資本累積的發展而日益加甚。不過，我們還要知道，這種貧富分化到了資本集中現象出現的時候，才又走到了極端的地步。資本集中是由資本集積的發展所引起，但資本集中又要反轉來加強資本集積形勢的發展。所以資本累積與擴大再生產都要因資本集中而加速；跟著，貧富分化的現象，也要因資本集中而加速。但是資本集中對於貧富分化現象發展的主要影響還不在此。資本集中的過程，使資本比較小的生產部門因失敗而消滅，代之而起的是資本比較大的生產部門的擴充。最後，社會生產都集中在極少數的最大生產部門的手裡。資本集中造成生產的集中，而生產集中又造成財富的集中。大多數生產部門的資本家的財富，都被移轉到極少數生產部門的大資本家的手中，成為這些大資本家的個人所得。較小生產部門的資本家連同他們生產部門的勞動者，都立刻變為一無所有的人，而加入到破產失業的廣大的過剩人口的隊伍中去。社會上極少數人擁有巨大的財富，而大多數人一無所有的形勢，由此才完全成立。資本集中的過程中，激烈的競爭使人們若不是變為巨富的大的有產者，便要淪落為破產失業的一無所有的人。中產階級是不能長久存在的，這是貧富雙方發展到了巔峰的狀態，也是貧富分化到了極端的情景。貧富分化向兩極端發展，是資本主義擴大再生產過程的第九個結果。

第十，因為生產手段與生產者脫離關係，所以由擁有生產手段的資本家投下資本並雇用勞動者來組織生產單位。因此，每個生產單位都變成為各個資本家的私有的生產單位。但每個生產單位中的生產者，是那些沒有生產手段的勞動者，各種生產品都是他們經過分工制度實行合作所共同生產出來的。這些生產既然是許多人共同合作的生產，所以它是帶著社會性質，叫做社會生產或社會化的生產。可是因為每個生產單位都變成各個別資本家的私有的生產單位，即都是由他們拿出生產手段並雇用勞動者來生產的。所以，這些社會生產的產品，又都以剩餘價值的形式，屬於這些個別資本家所有。這些個別的資本家就是為著取得剩餘價值，才來組織這些生產單位的。但是這裡要指出的是：各個別資本家還要在繼續不斷地再生產之中，取得更多更大的剩餘價值。因此，他們就不能不把他們的生產單位（如工廠）內部分工制度弄得更加嚴密，並且使用機器，來提高其中社會生產或社會化生產的生產力，以便能夠產生更多更大的剩餘價值。

馬克思以為繼續不斷地擴大再生產就是這樣推動起來的。在這種情形之下，各個別的私有的生產單位的部門的社會生產的生產力都日趨於強大。而因此之故，它們都要求在各個別的生產單位之間，建立相互的、配合的分工合作的關係，使各個別生產單位內部這些日趨於強大的社會生產的生產力，能在社會的範圍以內，得到新的發展。但是因為各個別生產單位都是個別資本家的私有單位，所以它仍是各自為政而不相調和的。結果，各個生產單位內部這些強大的社會生產的社會力，便受到自己生產單位個別性的限制，而不能繼續順利的發展。反之，在各個別私有的生產單位互不調合的情況之下，這些強大生產力的發展，在全社會範圍以內，因此引起了無政府的混亂狀態。這是社會生產的生產力（即社會化的生產力）的發展與個別資本家的私有生產單位的限制之間的矛盾造成的。也即是社會化生產力與個別化的所有權之間的矛盾造成的。這個矛盾在擴大再生產過程的發展之中完全表現出來了。

這個由社會生產性質的生產力與個別的私有的生產單位的限制之間的矛盾所造成的社會經濟的混亂狀態，如果再把它和前面所說的那因為過剩人口的擴大、商品購買市場的縮小和大量生產之間的背反形勢所招致的全面生產過剩的現象，加在一起，一種極深刻的所謂經濟恐慌（economic crisis）就會爆發出來。特別是到了資本集中非常厲害的時候，生產量是急劇的大量的增加。而此時過剩人口也加倍、加速度的擴充；商品購買市場因此空前縮小，生產過剩的現象露骨的出現。同時，資本集中非常厲害的時候，各巨大生產單位中的社會生產力，也是極度的提高；各巨大生產單位之間的競爭更為慘烈，其所以造成的無政府混亂狀態比任何時候都來得擴大和深入。種種因果相承使經濟恐慌的爆炸性更大。每次經濟恐慌爆發之後，社會經濟雖然會再復甦起來，但是終究還是要再來的，而且一次比一次更具爆炸性。這種定期的經濟恐慌的反覆發生，恩格斯把它叫做惡的循環。這種無政府狀態加上全面生產過剩所造成的經濟恐慌是資本主義生產在發展之中所必然產生的，它是資本主義的擴大再生產過程的第十個結果。

從以上所敘述的資本主義擴大再生產的十項結果，我們可以看出整個資本主義發展的前途是什麼?在這種擴大再生產過程的發展之中，社會財富隨著資本累積及剩餘價值的累積，固然有極龐大的累積，可是另一方面所造成的是社會貧窮的累積。立在這種社會分裂口之上的社會經濟發展，終有破壞或崩潰的一天。全面生產過剩、無政府狀態，或經濟恐慌的到來，就是社會經濟立在這種廣大裂口之上，不能不走上破壞與崩潰的預示。

但是，所有這一切矛盾或社會裂口的現象，從上面的分析看來，都是從一個矛盾中產生出來的，那就是社會化生產與個別化的所有權之間的矛盾。這是資本主義的根本矛盾，以這個根本矛盾為基礎而進行社會經濟的發展，自然也只能產生這個矛盾的多方面的展開，而最後在這個矛盾的多方面的展開之中宣布自己的滅亡。這是不可免的。這就是馬克思在《資本論》第一卷裡，通過剩餘價值論和資本累積論這兩個理論，所作對於資本主義及其發展的分析，而得到對於資本主義前途的最後認識的結論。

五、關於分工協作生產制的分析

馬克思在《資本論》第一卷裡的最主要的理論，就是「剩餘價值論」和「資本累積論」這兩個理論。前者討論資本主義生產的剩餘價值的性質，他由這個理論指出，資本主義生產或資本主義的根本矛盾的所在；後者討論資本主義生產或經濟的發展。根據這個理論指出資本主義生產或經濟的根本矛盾的發展，以及在這個根本矛盾展開的情形之下，資本主義經濟的前途。在第二個理論中，馬克思提出幾個主要的派生的理論：如工人永久貧困論，相對地過剩人口論，資本集中理論，貧富兩極端分化理論，生產過剩理論，和經濟恐慌論等等。這些都是隸屬於「資本累積論」裡面，並由「資本累積論」分枝出來的。

但是這兩個主要理論之外，還有一個理論分析，夾在這兩個理論的中間，作為這兩個理論的承前接後的橋樑，那就是對於資本主義生產制度的分析。這一個分析是事實的分析，也是理論的分析。它可以說是構成《資本論》第一卷內容的兩大主要部分以外的第三部分。在我們還沒有說到馬克思理論上的正確性或他的錯誤性以前，對於這一個部分還應當補充說一說。

馬克思在《資本論》第一卷中第一個主要理論即「剩餘價值論」的裡面，說到資本家是為生產剩餘價值而組織生產單位的。他在這裡面曾經說到「剩餘價值」是由勞動者的「剩餘勞動時間」生產出來的。現在照馬克思的說法，勞動者每個「工作天」是叫做「勞動日」。假定一個「勞動日」中的全部勞動時間可有十二小時，資本家支付給雇用勞動者每天勞動力的時間代價，是維持勞動者一天勞動力的存在所必須的最低限度的生活資料。又假定這些生活資料以六個勞動時間（即六小時）即可生產出來，那麼，勞動者在工廠裡只要替資本家從事生產工作六小時，即可償還資本家支付給雇用勞動者的每天勞動力的代價。但是勞動者在他的一個工作天或「勞動日」中，至少也要以六小時替資本家從事生產工作，才能償還資本家所墊付的這一部分的代價。我們已說過，馬克思因此把這六小時的勞動時間叫做必須勞動時間。如果一個「勞動日」可有十二小時，那麼，超過六小時以上的每一小時，都是剩餘勞動時間。譬如，勞動者替資本家從事生產工作的時間是七小時，那麼，其中的六小時便是必要勞動時間，另外一小時便是剩餘勞動時間了。而在剩餘勞動時間裡所生產的價值，便叫做剩餘價值。正確地說，必要勞動時間所生產的生產品（商品）的價值，等於勞動力的價值的償還部分，而剩餘時間所生產的生產品（商品）的價值，便是剩餘價值的部分了。

現在要說的，就是這個剩餘價值的部分是屬於資本家所有的。如果勞動者在一個「勞動日」裡從事生產工作的時間是七小時，其中「必要勞動時間」六小時，「剩餘勞動時間」便只有一小時，他所生產的剩餘價值只有一個單位。如果是八小時，剩餘勞動時間有二小時，他所生產的剩餘價值便可有二個單位。如此類推，剩餘勞動時間越多，他所生產剩餘價值也必越多。很明顯地，以生產剩餘價值為目的來組織生產單位的資本家，一定要使勞動者在「必要勞動時間」以上，盡量延長「剩餘勞動時間」，以便能夠得到更多的剩餘價值。但是問題就是產生在這裡。勞動者在一個「勞動日」裡能夠從事生產工作的勞動時間，一共只有十二小時。延長剩餘時間，有一定的限制。自然，把勞動者從事生產工作的勞動時間，增加超出十二小時，藉此以延長「剩餘勞動時間」亦未嘗不可，但是，它畢竟不是無限制的。過分的延長，勞動者的體力擔負不起，這是生理的限制。勞動者不能連吃飯及必要休息或最低的娛樂時間都完全被剝奪，這是道德的限制。並且工作時間太長，會引起社會輿論的攻擊，這是社會的限制。總之，不管怎樣延長剩餘勞動時間，總有一個限制。因此，資本家要增加剩餘價值的生產，只靠絕對的延長剩餘勞動時間，不是唯一的方法。另一個方法是縮小必要勞動時間，藉能相對地擴大「剩餘勞動時間」來增加剩餘價值的生產。我們已經知道：一個「勞動日」是由必要勞動時間和剩餘勞動時間兩部分所構成的。一個勞動日裡，勞動時間共有十二小時，那麼，在這十二小時之中，如果必要勞動時間越縮小，剩餘勞動時間便可越擴大。反之，亦是如此。如前例，假定必要勞動時間是六小時，則在六小時以上增加生產工作時間，可到十二小時，但亦只能增加到十二小時為止。在這裡面所延長的剩餘勞動時間盡量也不過六小時而已，如要再增加剩餘勞動時間，只有一個辦法，就是縮小必要勞動時間了。如果能將必要勞動時間由六小時縮減為二小時，則剩餘勞動時間便可由六小時再延長為九小時。由此，剩餘價值的生產也隨著增加了。

馬克思把那絕對的延長勞動時間來延長剩餘勞動時間，因而增加剩餘價值的生產，叫做絕對的剩餘價值的生產。而那縮小必要勞動時間來擴大剩餘勞動時間，因而增加的剩餘價值的生產，叫做相對地剩餘價值的生產。

依照馬克思，資本是能夠產生更多價值（即剩餘價值）的價值，但是真正能產生更多價值的，不是全部的資本，只是全部資本中屬於可變資本的部分。所以，資本能夠產生更多的價值，即剩餘價值的價值，是可變資本部分的價值。因此，剩餘價值對可變資本之比是資本能夠產生剩餘價值的百分率，叫做剩餘價值率。如可變資本是六小時的價值，因投下這六小時的不變資本而能產生二小時的剩餘價值（由二小時剩餘勞動時間產生的價值），其產生剩餘價值的百分率，即剩餘價值率是百分之五十。如果能產生六小時的剩餘價值（六小時的剩餘勞動時間產生的價值），其產生剩餘價值的百分率，即剩餘價值率便是百分之百了。這剩餘價值率是叫做絕對的剩餘價值率，是在必要勞動時間以上，延長剩餘勞動時間而產生剩餘價值。所以，它所產生的剩餘價值對可變本之比，便叫做絕對的剩餘價值率。但如果把必要勞動時間六小時縮減為二小時，因此使剩餘勞動時間由六小時擴大為九小時，其所生產的九小時剩餘價值對可變資本（二小時）之比，便變為百分之二百，這個百分率便是叫做相對地剩餘價值率。

由百分之百的剩餘價值率一變而為百分之二百的剩餘價值率，這顯然是剩餘價值率的提高，那也就是投下的可變資本產生的剩餘價值的比率或百分率的提高。前者以六小時投下的可變資本，產生六小時的剩餘價值。後者以三小時投下的可變資本，產生九小時的剩餘價值。如用貨幣單位表示，這可變資本的價值與剩餘價值之比，其情形也是一樣。剩餘價值率的提高，就是以同樣的投下的可變資本，可以從勞動者剝取更多的剩餘價值。所以馬克思又把剩餘價值率叫做剝削率。由絕對剩餘價值率到相對剩餘價值率，是剩餘價值率的提高，也就是資本家對勞動者剩餘價值的剝削率的提高。

以生產剩餘價值為目的而組織生產的資本家，一定努力於這種剩餘價值率的提高。但要努力於這種剩餘價值率的提高，一定要設法縮小必要勞動時間，即減少可變資本的部分。但是怎樣才能縮小必要勞動時間，因而減少投下的可變成本，是這裡一個主要的問題。要知道，為著使必要勞動時間能夠縮小，因而減少可變資本，必須進行提高生產力。也只有進行提高生產力的方法，才能因而縮小必要勞動時間和減少可變資本。因為生產力提高了，便可以較少的勞動，生產同樣數量的生產品。在這種情形之下，每種一定單位的生產品（商品），其中所包含的勞動代價便下降了，那也就是每種生產品（即商品）的價值下降了。維持勞動者每天勞動力所必須的最低限度的各種生活資料，也是生產品，它們的價值，自然也是下降了的。因此，勞動者為維持每天勞動力所必須的生活資料品的數量，雖然還是和從前一樣，但是比同一數量的生活資料的勞動代價，即它們的價值（以貨幣單位表示，即它們的價格）降低了。在以前，它們的價值是六小時，現在只有三小時，用貨幣單位表示，以前這同樣數量的生活資料品的價值是六元，而現在只要三元了。這自然可使投下的可變資本減少。同樣的道理，勞動者得到的各種生活資料品的數量，雖然和以前的相同，可是現在他們在工廠中，只要替資本家從事生產工作三小時，就可以償還資本家支付給他們這一份生活資料品裡面所包含的價值。也就是說，現在勞動者的必要勞動時間是三小時而不是六小時。因此，他的剩餘勞動時間也增加了三小時，而為九小時，而不是從前的六小時；由此為資本家生產的剩餘價值也不是從前的六單位，而是現在的九單位；如以貨幣表示，資本家所能得到的剩餘價值，現在是六元，而不是以前的三元了。資本家所得到的剩餘價值增加了。

這樣看來，資本家能夠增加所得的剩餘價值的原因，固然是在於必要勞動時間的縮小，但是必要勞動時間縮小的原因在於生產力（或勞動的生產力）的提高。所以，資本家為著增加剩餘價值的生產，必定設法提高生產力。馬克思從增加絕對剩餘價值的生產，說到增加相對剩餘價值的生產，再由增加相對剩餘價值的生產，說到生產力的提高。就是以為由此可以證明在資本主義社會中，一般生產力提高的動力，是來自資本家對於增加剩餘價值的要求；又因為生產力的提高，生產的規模才會擴大；不斷地再生產，才是一個不斷地擴大的再生產。這裡，馬克思由說明資本主義生產，是剩餘價值生產的性資，說到這個性質的生產的發展，是經過對於「生產力是怎樣提高」的說明的一環的。如果說，《資本論》第一卷中的剩餘價值論是說明資本主義生產性質的理論。那麼，其中的擴大再生產過程的理論「即資本累積論」，便是說明這個資本主義生產的發展的理論。由此說來，依據前述，說明生產力及其提高的理論，又是介於剩餘價值論與資本累積論之間，並把這兩個理論連貫起來的理論了。

馬克思已經說明提高的動力是怎樣出自資本家對於增加剩餘價值的要求。但是，這個生產力又是怎樣提高呢？馬克思認為這必須從提高生產組織的效率及改善生產技術入手。在資本主義社會中，每個生產單位的組織就是工廠（或農場、礦山等等）。內部的分工合作的組織，可把它叫做分工合作制。至於生產技術是生產工員及與生產工具有關的一套的生產設備。而生產工具，最主要的是生產用的機器。提高生產組織的效率，就是要提高分工合作制的效率，而改善生產技術就是盡量採用優良的機器，生產技術與分工合作制的組織是不可分的，它構成資本主義社會中，每個生產單位內部完整的技術性的制度：在資本主義社會中，每個完整的技術性的生產制度，它可以叫做工廠制度（factory system）。馬克思認為要提高生產力，只有在這個生產制度中加強分工合作制的作用，並應用優良的生產技術。所謂加強「分工合作制」的作用，就是分工要更嚴密，使分工與分工之間的合作程度更強化。所謂採用優良的生產技術，其最高發展便是使用以自然力發動力的機器（machine）。但是生產技術與使用生產技術的人的分工合作制是互相關聯的，所以，生產技術到了使用機器的時候，人的分工協作制也達到最高的發展，即達到了分工最嚴密、合作程度最強化的時候。並且進一步看，機器本身也是一種分工合作的精密組織，那也可說是人的分工合作制的高度發達，移轉到機器組織裡面所生的結果。因此，當使用機器的時候，使用機器的人的分工合作制也必是一個高度的分工協作制。機器的複雜分工合作的組織與使用機器的人的分工合作制，成為一個完整不可分的技術性生產制度，它是最高度的分工合作的整體。在這種生產制度之下，生產力自然也提高到很高的地步了。生產力的提高，要在這種生產制度的發達中去尋找。因此，馬克思在《資本論》第一卷中的這一部分對於生產力及其提高的說明，便轉變而成為對於技術性的生產制度的分析了。如果說，馬克思在《資本論》第一卷中對於生產力及其提高的說明所形成的理論，是分於這一卷《資本論》中的剩餘價值論和資本累積理論之間，並把這兩個理論連貫起來的理論；那麼，我們便可以這樣說，馬克思在這一部分對於生產制度所提出的理論分析，是馬克思在《資本論》第一卷中說明剩餘價值論和資本累積論這兩大部分之間的中介部分。它是這兩大理論之間前接後的橋樑部分。我們這樣說，是沒有錯的。

馬克思在這一部分中，有很多事實的分析，例如，他說到工廠分工合作制產生的來源及其變遷的經過，那也是非常引人注意的。這裡我們對於這些不能多加敘述，但他在那裡對於這個制度在理論上的分析，我們想指出其中有關的兩點：其一，在前面，我們一開始就已指明過，馬克思認為資本主義社會裡面的生產，已由眾多的勞動者經過分工而實行合作的社會生產。只是這個社會生產的結果，大部分以剩餘價值的型態，屬於資本家的私人所有而已。根據這點認識，資本主義社會裡面的生產單位的組織制度，是一個分工合作制，這是最自然的結果。因此，馬克思現在分析這個生產制度時，便特別從「分工」與「合作」兩方面，證明這個制度是「多數人生產的制度」，不諱是分工合作，或是合作制度，沒有多數人參加，都是不能成立的。這就是證明在分工合作制之下的生產，是一種社會生產。但是馬克思在分析這個生產制度時，又指唯有在分工合作制之下的生產，才能適合替資本家生產剩餘價值的需要。因為分工合作制之下的生產是多數人的生產，唯有多數人的生產，才能生產大量的剩餘價值；又唯有大量的剩餘價值，才足以維持消耗以取得剩餘價值為主的整個資本家階級的存在。

所以，馬克思在這裡又發現分工合作制度適合於剩餘價值生產的性質，因此，哪個地方有這個分工合作制的工廠制度的普遍存在，便可被認為那個地方是一個資本主義的經濟社會。至於機器的使用，不過是表示分工協作制有更高的發展，那個地方的資本主義社會也有更高的發展罷了。

其二，馬克思在分析這個生產制度時，指出這個分工合作制的產生，使不熟練的勞動者在生產中有立足的餘地。在資本主義社會以前，生產是個別化或個人的生產或極少數個人的生產，在那裡分工合作制無從建立，因為不論是分工制度變成合作制度都是以多數人參加生產為前提。分工制度既然不能建立（協作就是分工的另一面），則不論生產中的熟練工作與不熟練的工作，都要由一個人來擔任。這樣一來，那些只會不熟練工作而不會熟練工作的人，就無法參加到生產中，而參加生產的因此便都是熟練的生產者了。但是分工制度一成立，就可將生產中的熟練工作與熟練工人，由兩種人來分別擔任，就是參加生產的人數增加，而不熟練的勞動者，也可以加入工廠，作為工廠許多勞動在生產中的人數更多。我們前面說到，自從使用機器以後，勞動者日趨於不熟練化。但是這裡應當知道：在使用機器以前，資本主義工廠中勞動者的不熟練化便已開始了。機器的使用，只是使勞動者不熟練化的程度更高，而有走向全面不熟練化趨勢，這是因為分工制度在使用機器以前就已經存在；而機器的使用，也只是分工制度走向更高的發展。機器的使用，不僅使分工制度有量的擴大，而且有質的變化，那就是我們已經說過的，使用機器使人的分工協作制作，逐漸移轉到機器中去。因此，勞動者在生產中所實行的，就多是不熟練的工作，如管理機器及其他等等的了。

六、馬克思資本論的主要偏失

綜觀馬克思《資本論》第一卷的內容是由三個部分構成的。「剩餘價值論」的部分說明資本主義生產是剩餘價值的生產，它指出資本主義經濟的根本矛盾的性質。「資本累積論」的部分說明具有這種矛盾性質的資本主義的生產或經濟是如何發展的？以及它有什麼樣的前途。所以，它不過是剩餘價值論部分的延長。至於關於「生產制度的理論」分析，更只是以上兩大理論之間的中介部分。所以，由此而言，剩餘價值論是馬克思資本論的整個理論構成中的核心。我們對於馬克思資本論中理論的正確性或錯誤性的研究，也應該是從剩餘價值論開始。如果剩餘價值論是正確的，那麼他的「資本累積論」以及由「資本累積論」所派生出來的幾個理論，也都是正確的。如果「剩餘價值論」是錯誤的，那麼，他的「資本累積論」以及由「資本累積論」所派生的幾個理論也都是錯誤的。生產制度的理論，只是上述兩大理論的中介，所以，它的正確與錯誤是追隨這兩個理論的正確與錯誤而有所推移的。「剩餘價值論」是馬克思資本論中整個理論的核心，因此，剩餘價值論的正確與錯誤，足以決定資本論整個理論的正確與錯誤。我們經過仔細的研究，認定馬克思這一個剩餘價值的理論是錯誤的，因此，我們也不能不認為馬克思的資本累積的理論以及由資本累積所派生的若干理論也都是錯誤的。明白點說，我們認為馬克思對於資本主義經濟的性質、發展、及其前途的分析，是錯誤的。理論與事實是不可分的。理論的正確與錯誤的，與事實認識和預測的正確與錯誤，也是不可分的。可以說，理論的正確與錯誤是包含在對於事實的認識和預測的裡面；反之，亦然。在某種意義上，也可以說，理論的正確與錯誤，是由於對於事實的認識和預測的正確和錯誤而產生出來的，並且應由事實和它的發展來證驗。我們研究馬克思對於資本主義經濟的性質、發展及其前途的分析，亦持如是看法。我們之所以把馬克思資本論與近代資本主義相提並論者，其主旨就是在此。在馬克思《資本論》第一卷出版的一百年後，將馬克思對於資本主義分析所提出的誠心而豐富的理論，和近代資本主義的發展事實加以對照的研究，是一件十分鄭重，但不是很簡單的事情。我們這裡所述，不過是輪廓而已。

以下，我們從剩餘價值論開始，先作理論上的研究，然後再從近代資本主義的發展，再作事實上的探討。前者由本節擔任，後者由下節加以論述。

馬克思的剩餘價值論是以幾個假定作出發點，但是，這幾個假定都是有錯誤的。第一個假定資本主義經濟（或資本主義社會），主要是由資本家和勞動者兩種人組織起來的；第二個假定在這兩種人中，只有勞動者是生產者，資本家僅是生產手段的所有者；第三個假定資本主義經濟之所以是由這兩種人所組織的，並且在此兩種人中之所以只有勞動者是生產者，那是因為生產手段的所有權和生產者脫離關係，以致使從事生產工作的人沒有生產手段，而占有生產手段的人，不用從事生產的工作。馬克思這幾個假定都是與事實不符，這是表明馬克思對於資本主義經濟的起源、資本主義經濟的性質，和資本主義經濟的結構的內容等方面的看法，都有不對的地方。

資本主義經濟是怎樣起源的？它是社會經濟分工高度發展的結果。自然，一般地說，馬克思很明白知道，一定的社會經濟都是社會經濟分工發展的結果。但是我們對於這點的看法與馬克思的看法還有很大的不同。我們認為任何一定的社會經濟都是社會經濟分工發展的結果，因此資本主義經濟也沒有例外。但是我們又認為社會經濟分工發展的原因是在於人類對於經濟生活的進步目的的追求。換句話說，我們認為人類社會經濟發展的動力，是來自人類對於經濟目的之追求，只是它是透過社會經濟分工的發展而往前推進罷了。因為經濟目的的追求是動力，而經濟分工的發展不過是不斷達到經濟目的之手段；所以，經濟目的的追求越擴大，社會經濟分工越發達，即經濟目的的追求，越由低而至高，由簡單而複雜。因之，社會經濟結構即有連續不斷地變化，而社會經濟由此也就不斷地發展起來了。客觀的環境雖然也影響於社會經濟分工的發展，但那是社會經濟分工發展的條件，而不是社會經濟發展的原因。但馬克思以為社會經濟分工發展只是人類在經濟活動的過程中，由客觀經濟經驗不斷累積而造成的產物，這是我們與馬克思對於社會經濟分工發展一個主要的不同之處。關於這點，我們這裡不想多說。其次，說到資本主義經濟的起源，馬克思也並沒有充分和合理的運用：「社會經濟分工發展決定社會經濟發展」這一個重要的理論，反而它作為例外的與次要的解釋。因此，馬克思對於資本主義經濟的起源，產生了不正確的看法。

我們認為，資本主義經濟主要是社會經濟分工高度發展，而社會經濟分工的發展，又引起社會經濟結構的變化，因而造成種種不同的社會經濟制度。社會經濟分工在開始時期都是非常簡單，而分工種類甚為稀少，這是它的社會經濟分工由低級階段走上高級階段的演進。社會經濟分工在它的低級階段。以後，社會經濟逐漸由簡單而複雜，分工種類亦由稀少而繁多，這階段，每種或每個都是粗工，但到後來，也都逐漸由粗工變為精工。因為這些經濟分工的發展是由簡單而複雜，由稀少而繁多，所以它們是越分越細，而越細遂亦越精。社會經濟分工的這一種發展，很明顯地是表明人類智力及其發展是社會經濟分工發展中的一個重要因素。人類追求的經濟目的越擴大，人類的經濟活動所須接觸的客觀環境才越廣，經濟活動為著對付這日漸廣大的客觀環境，它在經濟活動中所須實行的工作分配，自然也是多方面的。人類社會經濟分工之所以有越細越多的趨勢，其原因就是在此。同時，也為了此種關係，社會經濟分工，走向個別化與專門化的趨勢。起初，社會經濟分工，處於粗工的階段，個別化的程度非常有限，因此，當時的分工還談不上專門化。但是到了以後，進入了精工的階段，個別化的程度提高，乃有專門化的發展。所以，在粗工的階段，即在個別化程度不高的階段，都是實行輪流分工的制度，可是一到了精工的階段，即在個別化程度很高的階段，輪流分工制度就無法實行，而專業分工制度遂代之而起。這就是因為在起初人類追求的經濟目的沒有擴大的時期，智力不夠發達，所以，社會經濟分工都是粗枝大葉，不夠細密，都是實行者粗工的輪流制度。但是在以後人類追求的經濟目的的擴大時期，智力發達起來，社會經濟分工便逐漸細密，而達到精工專業化的制度。在這演變的過程中，客觀環境變化，固然是它的重要條件，但是演變的決定因素是人類智力的發達。不錯，當人類追求的經濟目的沒有擴大的時期，人類經濟活動所接觸的客觀環境不同，人類社會經濟活動不需要複雜的工作分配。到了人類經濟目的擴大時期，他所接觸的客觀環境是多方面的，經濟活動的工作分配必定是多方面的。經濟分工也必定是細分的。而且因為所接觸的客觀環境的方面是越來越多，因此經濟分工也一定越趨於細分，特別重要的是經濟分工趨於細分的輪流制度就不易實行。因為細分的工作所面對的或所要處理的客觀環境是各不相同的，所以，細分的工作如果時常加以調動，就要減低他的工作效率。因此，當工作趨於細分時，每一細分的工作就有固定化的趨勢；即一固定化，每一細分的工作才能專心致意，精益求精。其結果，一方面是精工的出現，他方面是分工專門化的出現，因為當精工出現時候，分工的輪流由於各種經濟分工之間的熟練度及技巧的不同變成不可能，專業分工制的建立也就不可免。

貳、資本論解讀

阿圖舍的《資本論解讀》（*Reading Capital*）是新馬克思主義理論知識經典著作之一，值得介述。

一、哲學性解讀

大多數的人都已經讀過《資本論》，而且在這近一個世紀來，我們幾乎每天都在以不同的方式來閱讀它。在戲劇的情境裡與我們歷史的夢幻中，在工人運動的爭執與衝突中，在失敗與勝利中，這都是一種希望與命運。自從我們「來到這個世界」之後，我們經常以著作和演說的方式來閱讀《資本論》，無論是好或壞、是生或是死。而如恩格斯、考茨基、普列漢諾夫、列寧、羅莎盧森堡、托洛斯基、史達林、葛蘭西，這些工人組織的領導者以及支持與反對的人，又如哲學家、經濟學家、政治家等，透過他們的協助，使我們所讀的部分能將零碎的內容篩選連結，也因此我們能夠順利地閱讀《資本論》第一卷中有關由商品到剝削的部分。

在詳細閱讀《資本論》第一章後，建立再生產的簡單架構，再生產在擴大的規模上，第二卷有如由平地到高原，進入建立理論的範疇，開始討論利息與租金，這部分不僅出現於法文翻譯版之外，也在德文版中，馬克思的基本觀念，至少有包含基本理論的章節與所有的段落，都已經呈現於表面。這也決定了我們如何去閱讀《資本論》，對此計畫的研究有許多已經出現，其不僅是不同閱讀的備忘錄，也是對這本書展現出不同的研究途徑。當我們詳述這些研究的內在形式並沒有對其加以進行更改，這麼做也使得其產生了些許的風險，讀者將可以在閱讀的過程中擁有全新的經驗。

我們都是哲學家，我們不僅如經濟學家一般地閱讀《資本論》，也如歷史學家或哲學家一般的方式來閱讀《資本論》，不僅只去尋求其內在的「邏輯」，而是如哲學家一般地提出不同的問題，我們提出問題與客體間的相關性，問題的論述形式是被控制在這個客體之上，以科學的方式來敘述問題。我們對《資本論》提出的特殊問題不同於它的客體與論述。進一步自我要求在每一次的閱讀時，要區分出資本論的客體，不僅是古典政治經濟學的客體，同樣也是馬克思早期工作的客體，特別走出自於一八四四年手稿的部分，所以對《資本論》進行論述時，除了要由古典經濟學入手之外，也必須從青年馬克思的哲學論述中著手。

以經濟學家的角度來閱讀《資本論》，也就是意謂提出的問題是在經濟的範疇中，以及它的分析價值與架構之中。以歷史學家的角度閱讀《資本論》，則我們所提出問題之間關係，是存在於它的歷史分析與歷史客體之中，而客體是不會去質問它自身。若是以邏輯學家的角度來看，則意謂對說明與證明的方法提出問題。但是沒有任何問題會對其自身論述的相關方法提出質疑。

若以哲學家的角度來閱讀《資本論》，針對特別的論述提出特殊的問題，此種特殊的關係存在於論述與客體之間，將論述一客體與認識狀態的問題相結合，將此與其他論述一客體之聯合體形式區分開來。只有這樣的閱讀，才能回答關於如何對待《資本論》於知識歷史中的位置問題，這個問題被歸納為：資本論是一種意識形態的產品，古典經濟學黑格爾式的分析形式，有如人類學範疇的負擔。透過對馬克思早期哲學成果中對經濟現實主宰領域的部分來加以定義，關於《論猶太人問題》與一八四四年手稿理想抱負之現實化，不禁令人懷疑，《資本論》是否僅是馬克思對客體與概念兩者繼承的一種連續，或者古典政治經濟學的頂點，資本論與古典經濟學的區分除了以客體之外，還有其他的方法嗎？是向黑格爾處所借用的辯證法？或者還有其他。而相反地，資本論組成一種真實認識的客體、理論與方法上的變異，資本論是否代表一種新的原則，一種新的科學？因此資本論的內容是一種真實的事件，一個理論的革命，對於古典政治經濟學的互動和黑格爾式與費爾巴哈式的前歷史意識形態，是一種歷史科學的純粹開始。如果是歷史理論的新科學，則沒有重回原先的歷史知識領域的可能，若是同時也可以擁有古典經濟學與青年馬克思哲學的清楚視野，那麼如此對資本論而提出認識論上暗示性的問題，這便是屬於一種哲學式閱讀的方式。

對於《資本論》哲學性的閱讀，是相對於單純的閱讀方式，它是一種內省式的閱讀（a guilty reading），對此我們要提出一個相當簡單的問題：

那就是對於《資本論》而言，究竟要如何地去閱讀呢？

當弔詭出現時，阿圖舍建議在對待人類文化歷史上，將標記視之為是悲劇與困難所產生的試煉，而此種訓練上的發現意味著存在的簡單化行動：看、聽、說、讀。此種行動關係著人與他們的工作，而工作將其投注於現實當中。目前的狀況，對某些人而言，它是建立在觀念的缺乏，如：馬克思、尼采與佛洛伊德。自佛洛伊德起，我們開始質疑我們所聽到的、所說的意義；說與聽的意義顯示出在其無辜本質的背後，存有一種相當不同的論述方式。我的懷疑是因為馬克思使我們開始懷疑閱讀與書寫的方式，而毫無意外地，我們能夠減少意識形態的虛偽，此種意識形態的影響甚至高過了《一八四四年手稿》的力量，始終狡猾地在《資本論》中糾纏著，並對歷史的沒落感進行誘惑，而顯現在對《資本論》簡單純真地閱讀方式中。對於青年馬克思而言，理解事物的本質，歷史人類世界的本質，以及它的經濟、政治、美學與宗教的產物，以一種抽象的本質展現出具體存在的透明感，此種於存在中並直接閱讀的本質，表達了黑格爾有關絕對知識的宗教模式，在此種觀念中，將可看到歷史的終結。現存的一切，如麵包、身體、臉或人，都是此種「精神」的自身。這讓我們渴望立刻去理解伽利略（Galileo）所言「世界的大書」——聖經，並去懷疑對待自然或現實，書中是以語言靜默的論訴方式，如幾何、三角、圓等，對我們展現出這個世界的奧秘。

第一個提出關於閱與書寫問題的人是史賓諾沙，他也是第一個提議將歷史理論與哲學理論加以連結的人，對他而言，人與閱讀本質及歷史本質相聯繫，在想像與現實中存有理論上的差異。這為我們解釋了為何馬克思不能夠成為馬克思，除非能夠在意識形態與科學中，發現歷史理論與歷史哲學的區分。青年馬克思的《一八四四年經濟學哲學手稿》，最初是以人的本質呈現，同時也是以一種異化的方式出現。相反地，《資本論》以遠距的測量及現實內部的無存，將世界書寫入其架構之中，直接閱讀所導致的錯覺使其影響擴大成「拜物教」（fetishism）。在本質上，這種做法將歷史倒回為迷思的獸穴之中。只有從思想中的歷史，理論的歷史中，才有可能釐清楚對歷史閱讀的宗教性：歷史的真相並不能透過對手稿敘述的閱讀而來，因為歷史的文本並不是理性文本所言。要打破對閱讀的宗教性迷思：對於馬克思這種理論的必然性，導致了具與黑格爾關於「精神」整體性概念的破裂。在閱讀理論的背後，並不意外地，我們發現到了表現的理論，同時我們也發現到對整體性表述的理論，在黑格爾，此種理論在歷史領域當中，組成了當時宗教理性迷思的連線論述，事實成為了它的聖經。而值得去打破存在與理性間所展現宗教共謀；存在於聖經中與世界的世界知識的論述，存在於事物本質與其閱讀中的論述，一旦此種默契被破壞，則人們的脆弱，將不得不使其團結起來面對困難。

二、馬克思的解讀法

重回馬克思，我們指出不僅要考慮他所說的，同時也要掌握他如何由早期的概念與實際的閱讀，轉變為一種新的閱讀方式與歷史理論，此能夠提供我們一種新的閱讀理論。

當我們閱讀馬克思時，我們發現他的閱讀方式對我們而言太過花俏。事實上，馬克思是一個巨大的讀者，對我們而言，馬克思藉由大量閱讀來填補他的文本，不僅是為了引用時的快樂，使用文獻時的審慎，不僅是因為在知識上的誠實，同時也是因為深植於發現工作的理論條件，馬克思對於我們而言，他的閱讀是相當重要的，而閱讀的成果，除了在剩餘價值理論之外，同時也存在於《資本論》。

他閱讀奎內、亞當斯密、李嘉圖等等，他對於類似這些的閱讀，是使用一種相當清楚的方式：為了支持他自身，他使得政治經濟學全盤地被其所掌握，而對於這些經濟學著作的閱讀，馬克思發展兩個較激進地不同閱讀原則。

在第一種閱讀中，馬克思通過自己的論述來閱讀其前輩的論述，閱讀的結果是建立起一組座標，經由此組馬克思的座標來閱讀亞當斯密的文本，平衡亞當斯密的發現與未見。事實上，此種閱讀是一種回顧理論式的閱讀。將亞當斯密未見之處視為一種激進的忽略，此種忽略的閱讀方式，並未能提供出一個理由，馬克思持續性的論述，體現了亞當斯密論述中的缺口，此種做法減少了概念中的缺點，使得知識趨向於心理學上視界的弱點。

視野的單一邏輯性以及其所忽視的角度，透露出其真面目，此種知識概念的邏輯是與認知立場有若干的關係，整個目標的本質是歸因於已設定的條件。因為這種立場的弱點，導致亞當斯密無法發現的若干論點，但馬克思卻看到。我們處於一種循環當中，重複於知識的迷思。

馬克思第二種的閱讀，與前者毫無相同之處，其是結合了觀察、監督，它可以因為自身的疏忽而加以自我譴責。在此，我們運用一種迂迴的方式來進行閱讀，以此來發現馬克思真正的面目。以《資本論》第二十一章為例，在討論工資時，特別運用了恩格斯的理論概念。運用這種方式，古典政治經濟學相信可以使勞動價格趨於真實價格，透過組成貨品的勞動的生產價值來決定其之價值，就是利用勞動價值來組成物品的價值，此種勞動價值僅存在於個體勞動中，這樣的分析方式使得其不僅強迫勞動市場價格降至其所需要的勞動價格水平上，也使得勞動價值轉變為勞動能力的價值。

古典經濟學並未能察覺到此種替換，將勞動價格與價值加以聯繫，價格關係與商品價格、獲利率等等，導致了更進一步一般性的價值分析，使得一般人認為勞動價值導致了無可化解的矛盾。至此，我們終於發現了真正問題的所在，問題存在於失去立場後實際認同上的困惑，在沒有立場的觀察或監督中，我們無法單獨由馬克思理論座標進入古期經濟學領域的閱讀中，必須比較古典理論與馬克思主義的理論後再提出一套標準，在此我們將問題與國家的概念相聯繫，將其定義在單一的領域中。

讓我們重新仔細地回顧文本，在此範圍內古典經濟學質問勞動價值的觀念，這樣的做法經常會有一些特例產生了在古典經濟學中產生了一個正確的解答：勞動價值是等於貨物組成價值，而此產生於勞動生產過程中。

正如古典經濟學所提出的原始問題：什麼是勞動價值？利用古典經濟學來加以回答：勞動價值是等於構成貨物的價值，必須要依賴勞動的再生產與維繫。在此有兩處的空白，馬克思利用古典經濟學的文本來反省這空白，而空白之處所呈現的是一種沈默的意義表示，如果我們運用自己的解釋來填空，我們便可以獲得一個完整的句子：勞動的價值是等於構成貨物的價值，以及對於維持與勞動者再生產的需要。但是當勞動者並不是勞動這個術語敘述的結束，而是其開始時，他們並未擁有相同的內容與公事，勞動者除了勞動之外，無法獲得其工資。

我們如何於勞動者的概念範疇中，加以界定勞動的概念？在敘述這個句子時，勞動在答案的最初與最後沒有直接指出其功能，如果我們直接回答這個問題，重建這個敘述，則空白之處其實就是敘述時所作的省略。答案告訴我們，其實問題就是自身簡略的結果。馬克思重建關於敘述的連續性，利用介紹，重建於勞動能力的敘述，他創造出一個尚未提出的問題，且並不需求任何答案的回答。

目前我們已經抵達重點，重新忽視的理由當中，去發現見解所關切的重點：我們認知到知識的理念，我們必須放棄直接觀點與閱讀迷思的反射，而將想像知識視之為一種生產。

政治經濟學所犯的錯誤是如何造成了客體轉變疏失。無論如何，經由此種轉變，使得一種新的政治經濟學產生了，而於其中我們獲得了新的回答，其徹底改變了原先的問題，但也因此產生了新的問題而不自知。為什麼政治經濟學必然未見其所產生與生產的工作？因為是它的眼睛始終注意在舊的問題上，因為始終集中注意力於舊的視野上，對於新的問題無法察覺。因此存在於馬克思思想中的隱喻，其必然會建議去改變過去的視野，如此使得我們得以逃脫心理學運用時的化約與疏失。恩格斯曾於《資本論》第二冊的前言中指出：如同氧生產在化學中的位置，或剩餘價值的發現在古典經濟學中的價值，此種改變並非僅止於一點，而是對於整個經濟與化學領域的革命。因此在平衡過程中總是處於不穩定或明顯的地域性事件，而革命的可能性就是理論中的問題，老是被視為是具有整體性。這引導我們去面對一個稀有的科學論述：能以一種精確理論結構的視野，找到並提出問題於某些特定區域。

這種說法打開了一條道路，得以去面對決定時的理解，任何客體與問題的情況設定於此一領域及此視界，都是以一種精確的結構，去面對經由理論準則而設定的問題。我們必須對這些文字仔細閱讀，這種意見通常是由暫時性地單獨主體所執行的行動。至於對於結構條件作用的見解，是將其視之為內部的反射關係，存在範圍是有疑問的部分與其目標和問題之間。

同樣的連結在對明確可知性的時，也可定義為對其潛在未知性的觀察，而這是屬於疑問的範疇中，結構的未知性被排除在外，這些新的客體與問題定必然無法知道其所存在的理論領域，因為它們不是這個理論的客體。

借助於傅柯《性史》中的概念，我們得到對於明顯可知與未知的可能性條件，這樣的條件在理論領域的內外區域是明顯可見的，在理論的發展階段，可觀察領域的未知並非隨意出現，此種無法看到的感受必須經過有形的方式來加以界定。也就是說所有這些限制都是內部的，它使它的外表成為它內在，因此，當我們需要保留有關空間的隱喻，在理論領域中弔詭的部分，是它在有限空間中的無限延伸，它沒有任何的外部界限，全靠內部自己的限制，經由排除不是它所有的部分，來界定究竟它是什麼。由於「無形的」所產生的消失，形成了理論上的缺口，使得分析之後得到：理論上的無形，就是導致了為何亞當斯密自己所發生的失誤。

來審視此種無形未知，或審視這些疏忽，確認這些裂縫處於論述之中。除此之外，我們須正視馬克思所描述的問題轉型，於此處，我接受現實的轉變，無須任何行為去分析此種機制，以此方式釋放並完成之，而事實就是區域的改變，心靈理念對於轉換觀點的決定，是絕對不可縮減的，它在整個過程中是作為主體的意見，在轉換的過程中作為知識生產的方式而存在，一旦此種建構主體的主張是失敗的，如同在有形生產過程中主張主體觀點的結果一般。整個過程發生了辯證的理論結構突變的危機，在主體所扮演的角色中沒有任何部分是如其所展示，但是這角色卻受到了機制過程的指派。這些都是問題但卻無法在此研究。但這已足夠提醒我們主體必須占據新的位置在新的領域中。馬克思能夠看到亞當斯密所看不到的，於是利用其所產生的新答案來占領這塊領域。

如馬克思第二種閱讀方式：這種閱讀可以稱得上是一種症狀，在此種範圍其揭穿那些在文中未被揭穿的事件，如同他首次的閱讀，馬克思第二次閱讀假設了兩種文本的存在，第一次的結果相對於第二次的，但是新與舊閱讀之間的區分在於第二次的文本中對於第一次的缺點敘述是較為清楚，我們發現存在於閱讀中必然性與可能性兩者所帶來的交互作用。

三、所謂「症候解讀法」

阿圖舍說，在這篇文章中你是在「讀」，而且也沒有脫離我所言的規律，根據其所要求，在最後的時間，敘述將帶有理論的意義。我們簡單嘗試使用馬克思閱讀方式的「症候解讀法」，以此種方式，馬克思試圖去理解亞當斯密的模糊字跡，理解在其著作中關於問題可知性的最初形式，如此將可發現，最初的距離區分馬克思與亞當斯密，因此我們聯繫馬克思，而由馬克思聯繫亞當斯密，此則有相當程度的不同：在亞當斯密的文本中，產生了一個答案，其並沒有直接回答任何問題。相反地，馬克思產生了答案而非問題，只要有點耐心與領悟力，我們將可於別處發現到問題的存在。在恩格斯對馬克思的評論當中，對這些問題的論述就產生了相當的啟發。

對於認同與省略的所在，是一種哲學上的省略，能夠領導我們跨過馬克思主義的門檻，我們希望能夠自歷史理論當中獲得其自身的理解。一種概念上的省略並沒有被穿透，但是相反地，在被神聖化之後，就不是可以省略的東西。也許如此，將形成為科學發展的阻礙。於此，我們只須注意科學的進步，對於生命而言，我們給予極端的注意，然而如此將使得其處於理論上脆碎的情境。經由這些標準，多少需要依賴其對自身生命的理解，可以知道什麼，或不知道什麼，但是主要的前提仍然是鎖定在未知的部分，同時也對此提出問題，對於科學未知的部分不能以經驗主義者的意識形態來思考：它的剩餘，有什麼部分失去以及又有什麼部分是不能夠集中、解決。假使科學進步為真，而生命也懂得聆聽此種聲音的回響（sound hollow），對於馬克思主義歷史理論之部分生命而言，或許其之存在，是依賴正確的指出馬克思展示於我們之前，以成千種的方式來詮釋其思想概念的本質，然而此種詮釋卻無法自其論述中尋求。

這是我們對於《資本論》哲學閱讀所應感到愧疚的地方：閱讀馬克思，是根據其在古典經濟學自身閱讀時，所展現於我們之前的閱讀規則。我們承認這樣的疏忽的結果是無法規避的，我們應當自我反省，希望能夠建立起對馬克思哲學範圍的正確認識。

我們都應該去尋找這樣的哲學，關於《德意志意識形態》的哲學斷裂的記錄，並無法賦予我們自身的特性，甚至《費爾巴哈論綱》也是如此，這些作品有如明亮的閃光打破了哲學人類學的黑暗，雖然它們掌握了新的世界，但在視網膜上卻仍有舊世界的殘象。在《反杜林論》中，恩格斯提出了最終的看法，關於哲學的意識形態領域或是世界的外觀，都被描述為一個系統，對於思考關於馬克思哲學或許可以運用《費爾巴哈論綱》來切入，然而此項工作必須花些時間才能夠成熟。當馬克思以《哲學的貧困》與《共產黨宣言》來評論這個世界之後，恩格斯寫到：我們於這個模式的觀點，在《資本論》出版之前，經過二十年的準備與孵化。對於馬克思哲學我們不能夠忽略他的傑作《資本論》，我們對此已經知之甚詳，恩格斯在《資本論》第二冊的前言中對我們一再地強調，他認為總有一天《資本論》會成為學校的教科書，而列寧則也重申，馬克思主義哲學的全部就是建立在「資本的邏輯」，而此邏輯馬克思沒有時間加以書寫。在近一個世紀中，學院式的哲學已經埋葬了馬克思於寧靜的大地，然而於此同時，馬克思的同志與繼承者仍繼續地奮鬥，而馬克思的哲學進入了他們歷史中的企業、他們的經濟、政治、意識形態的行動中，而且成為引領與指導行動之不可或缺的部分。在長期鬥爭過程中，馬克思哲學的意念，存在於意識與功能、唯物主義與經驗批判主義，以及列寧的所作的努力之間，這些原則宰制了所有的事物，而且不包括專業化的科學意識，這種情形便是我們現今的現象，我們也以這樣的理念來定義我們的計畫：有許多的事物，部分經由科學理論的實踐所產生，部分則由經濟與政治實踐所產生，或者是經由實踐結果所反射而得，由於他們所執行的工作並非只有馬克思主義的歷史理論而已，也包括了資本主義生產模式的理論，以及所有革命行動成果，也包含了馬克思的哲學理論。

曾經主張必須給予馬克思主義哲學的實踐存在，「資本」是在工人運動中經由經濟與政治的歷史實踐後所產生的結果。而此種理論存在的形式不可或缺地滿足了我們的需要，在此提出關於勞動的調查與批判的說明，並利用所提出的「症候解讀法」來閱讀馬克思主義與馬克思著作。所謂的症狀是閱讀法，是指透過對於客體疑問反射與系統產生進行思考，基於此種功能的需要，吾人主張進行實際的政治實踐，並於其中閱讀關於馬克思主義辯證結構所反射出的特殊理論形式，將此結果作為功能的原則，阿圖舍也要求如此對待毛澤東於一九三七年其對於「矛盾」的主張，一樣也可視之為馬克思辯證結構於政治實踐中的反射。但是這種閱讀方式不能、也不應該是一種直接閱讀，或僅是一般性的閱讀，因為馬克思主義的哲學經常被如此化約地對待，在此處的閱讀是一種二元式閱讀，有不同的結果，症候解讀方式引入了問題一個答案，給予其所缺乏的問題。

簡單的說，列寧有可能提出能夠給予我們實際的政治分析，一九一七年的革命形式便是對於馬克思主義問題的一個答案。馬克思曾宣稱其倒轉了黑格爾的辯證法，那麼我們要問的是馬克思的辯證法與黑格爾式的辯證法有什麼不同？答案在於反轉。如同古典政治經濟學的答案「勞動價值」一樣，其所展現的內在聯繫顯示出其無法進行自我反思，對於概念的模糊導致了此種「缺席」。所以在閱讀列寧的文本時，可以在文本中提出理論的問題。此種閱讀使得我能夠提出更為尖銳的問題。

對於《資本論》中的閱讀方式不同，使我們理解到馬克思哲學當中，存有著不同的哲學意識形態，（馬克思主義的哲學）是唯一能夠適用於我們客體的調查。這循環只有認識論上的可能，因為馬克思主義存在是屬於馬克思主義的工作之中。要理解於馬克思哲學自身的特殊性，就是去構思其所生產的知識，或是去想像知識為一種生產。

在此於本文的內容建立起一個架構。在所建立的原則中，如果沒有簡單的閱讀方式存在，那是因為所有閱讀僅僅反映了經驗與規則：知識的概念隱藏在知識的客體中，而其使得知識得以成為知識，我們可以暫見個別所呈現的閱讀，那是一種對公開本質的閱讀，也可以此來對馬克思進行新的閱讀，並提出一種新的知識概念。可是這樣的閱讀法必須略作修正，我必須要求讀者在需要時，略略修正其途徑以獲得最佳的角度。對於知識的概念與其之歷史關係並未被加以檢定。經驗主義者對於知識的概念復活了理論問起原則中的迷思，知識經驗主義的概念表現為一種程序，其發生於主體與客體之間。對於知識其可視之為真實客體的功能運作後的結果。

整個知識的經驗主義式的程序，使得事實存在於主體的行動中，稱之為抽象化。而主體所擁有的則稱之為知識。經驗主義式的抽象是由真實客體的本質中抽取，是一種真實的抽象，促使主體得以掌握真實的本質。但是真實抽象的意義究竟是什麼？如果知識是一種抽象，那麼由所包含真實中進行一種本質的抽取，本質由真實中加以區分出，它包括了真實並將其隱藏於其中，此種程序使得抽象化成為可能。在許多的案例中，於真實中進行此種區分，由廢棄中尋求真實的本質，如此的將真實與知識加以利用。為此，阿圖舍強調：

「真實」：這結構是一種如同廢土中所蘊含的少數黃金，是由兩個真實的本質所構成，是由純潔的本質與不純潔的本質，黃金與棄土，或本質與非本質等相對立的本質相組合，而此給予我們第一個結果：知識是包含於真實的部分當中。

「知識」：它的功能在客體中區分出兩個部分，本質的部分與非本質的部分，而此導出第二個結果：抽象的行動與所有的程序。

四、認識論的斷裂

讓我們以批判的立場來考慮純粹經驗知識結構。我們可以認為其是一種概念，可以將真實客體的知識視之為真實的一部分，而這部分或許可以稱之為本質的、內部的、隱藏的與無形的，將其視之為真實與非本質的混合體。對於知識的投資，想像其為客體的真實部分，在真實部分與真實結構之中，因此構成了知識概念純粹經驗的問題形式。總而言之，在這些論述中，我試圖去堅持一個特點：對於文字與概念之間關係是基於「真實」的概念上，而事實上，是有可能給予知識一個經驗概念的特徵，那就是真實。

史賓諾莎與馬克思為我們打開了通往知識的道路，史賓諾莎警告我們知識的客體或本質是完全不同於真實的客體，而兩個客體不一，定會陷入困惑：理念的循環，而知識的客體不會隨著此種循環困惑，而此就是真實的客體，在一八五七年《共產黨宣言》的引言中，馬克思儘可能的使用了此一原則。

馬克思反對黑格爾式的混亂，其認明此真實的客體與知識的客體，此真實的過程與知識的過程：黑格爾落入了想像的幻覺中，真實成為思想的結果重述其本身，利用其自身來達到深化其自身的目的。然而此種方法也使得由抽象到具體，而僅成為思想的模式，此種途徑導致明顯與再生產思想而使之成為精神的具體化。此種困惑在黑格爾處採取了絕對歷史的唯心主義的原則來處理，然而處理困惑的變數導致了經驗主義的問題。反對此種困惑，馬克思防衛存在於真實客體與知識客體間的區別，視之為思想的產品。其產生自身視之為思想的具體化、思想的整體，視之為思想的客體，絕對不同於真實的目標、真實的具體、真實的完整性。知識包含了思想具體的精確、整體性，馬克思更進一步顯示存在於此兩個客體的區分。

對於這些論題做更進一步的檢視。當馬克思告訴我們知識生產過程，是發生在頭部或思想中，並不是直接落入意識的唯心主義中，而此種思想是歷史地組成的思想狀態的系統，是建立在自然與社會現實的清楚表述時。是藉由真實條件的統合來完成的，如果大膽的使用這樣的敘述，知識生產的決定模式，是一種理論生產的系統，物質是一種精神的系統，而其此種現實是建立與表述在存在經濟、政治與意識形態實際當中，直接或間接提供了本質的原料，決定了客觀的現實，此種決定的現實是界定了特別之思想角色與功能，其只能去想問題，也只能將其思想的能力運用在生產模式的經濟結構，作用於直接生產者的勞動能力，但是以其獨特的運作方式，建立在真實世界的歷史社會，與自然維持了穩定的關係，是由其之存在的條件與實踐來決定，此一特殊的結構是一種連結原料之間的形式，生產的特殊方式與它的關係與其他的社會結構。

如何接受這樣的思想，馬克思使用的是非常簡單的方式來界定，生產知識及其獨特的理論實踐組成與發生的地方，都是完全於思想之中。經濟生產的過程發生於經濟當中，以此來引申，精確的說，結構的特殊決定，與自然間的必然關係與其他結構，組成社會形式的全球結構屬於特定的生產模式，因此我試圖顯示由原料中的知識工作的生產模式，我也試圖展示更清楚的知識分枝化演進的進步。

生產處境的理論實際的正式概念，不僅能提供特別的概念，其也能使我們組成一個理論實踐的歷史，並循著不同的理論實踐分枝化（數學、物理學、化學……），去超越單純的理論實踐的形式概念結構。對於知識的生產，理論生產的不同形式概念，以及不同理論產生分枝間的彼此關係，理論精心製作的假設是一個非常長期的調查，其必須建立於科學歷史的古典領域與認識論當中，對於適當經由事實所提供的原料調查，可以作為理論建立的初級結果。但是這些事實的蒐集與經驗的設定，只有少數是值得採納，對於這些事實的採集是無法滿足組成歷史的理論，這些概念必須被建構，在其被採納之前，最少也應提供一個形式。在文中我們已經注意到馬克思對於經濟生產一般條件的設想，與馬克思主義思想中的概念對於歷史理論的設想，並不僅是因為要捕捉馬克思經濟理論中關於資本主義的生產模式，也是為了確定一些基本的觀念。

通過這樣的調查，我們可以確定一些觀念，這樣的方式將引領我們進入科學歷史傳統概念中的革命。啟蒙時代中哲學的理性，黑格爾利用其展示了一套概念發展的系統形式，僅利用一個意識形態的概念即掌握理性與其歷史，而這樣的知識歷史發展顯現出，今天我們要服從的是相當不同的準則——電訊科技邏輯（teleological），必須要配合此一技術原則，知識才能獲得理性的自信與驕傲。在此，我們或許要開始思考歷史是否是一種不連續的狀態。

我們強制性地否認每種理性的技術性，去構思存在於結果與自身環境的法則，並視其為一種生產關係，對此我們稱之為偶然的必要性，我們必須要掌握導致生產的邏輯，即是知識生產的邏輯條件，透過傳科的分析，我們明白理論的本質與實踐，其決定性區別存在於科學與意識形態當中，於其中得到些許的保護而能抵抗教條的與科學對其引誘的威脅，實際上我們所面對的問題就是一個有關於「認識論的斷裂」的問題。現在回到馬克思第二個重要的評論，在一八五七年出版的導言中在引言的部分，區分了真實的目的與知識的目的，也區分了它們的過程為兩種過程。一個長期發生於《資本論》中的秩序，馬克思宣稱此種秩序在知識的過程中統治了思想的範疇，無法結合秩序與統治，這樣的區分引發了許多存在於《資本論》中的爭議，問題是牽涉在所謂邏輯的秩序與真實的秩序之間，《資本論》給予我們一系列的答案，其認為主要的問題是在於提出問題時受到的是什麼的影響，我認為提出一個問題而非在一個意識形態的問題環境中，處於馬克思主義理論問題的領域裡，區分存在於真實目的與知識目的的差別。

真實目的與知識目的之間，我加以歸類，運用馬克思於手稿中一八五七年的前言所言，因為過去歷史的決定，使得安排經濟範疇的秩序想法將無法實行，相反地，這些秩序的決定是被現代資產階級社會所決定，而此種自然的秩序是對應於歷史的發展。

重新回到馬克思的分析當中，由他的證據顯示，邏輯的秩序與真實的秩序之間，並不存在一對一的對應關係。由馬克思本人的閱讀經驗來看，我們可以明白馬克思其所使用的分析方法，也就是他的說明模式，是不同於其研究調查的模式，如在《資本論》的研究中，我們發現馬克思也使用「試錯」的方法等等，如果研究馬克思的研究方法，將可以發現其相當地依賴「分析」的概念，然而馬克思分析的概念其意義又是為何？我們文中論及之馬克思的分析，其實就是一種理解與證明的形式。

然而在進行討論之前，有兩點必須注意的事項：

第一，因為我們所擁有的馬克思主義參考資料不足，所以對於馬克思問題的意圖，必須運用其問題意識與原始概念來進行分析；

第二，有許多對於馬克思主義已有所定見的人，由於其處理問題的方式受到成見的影響，導致了對於問題約定俗成的處理方式。

阿圖舍認為意識形態的哲學分類歷史，是一種知識問題或知識理論的觀點。由此種意識形態來提出其所建構的知識的問題，其問題的產生是立足於回答的基礎之上。也就是說，問題只是一種解答的反射，以意識形態生產的理論模式來看，問題的形成是環境的理論上表達而已，而在知識的過程中，答案已經被其所產出。近代整個西方哲學界都深受此種知識問題的影響。

在此我們遇到了最大的問題，我們必須揚棄那種由意識形態的問題來界定意識形態空間的作法，拉康（Lacan）稱此為雙重鏡像的反射，而須以一種不同的方式打開新的空間，這樣的作法依賴著正確的提出問題，而不是先行判定猜測結果為何。一種新的問題意識將會允許真正問題的產生。

在一八五七年前言中，馬克思寫到：整體，是以一個思想的整體出現於心靈中，是思想心靈的產物，其指涉的世界是單一的模式，其不同於藝術、宗教或是實踐精神意指的世界。但是對於這種區分的表達卻必須揭露真實世界的關係，並以此為背景，這清楚的指出知識是關切在真實世界上，而此也是知識的功能目的，知識的目的是要掌握真實世界的真實目的。

真實世界知識目的的問題是在於：

（一）其所有意識形態的解決資源都被包含於主體與客體此二者當中，此二者如鏡子對應一般的相互影響。

（二）知識結構的概念形式是公開的特殊結構，因此問題的概念當被提出時，會隱含著問題位置與功能的目的於其中。

在進一步論證之前，先回顧過去的一些誤解，重返意識形態的領域之中，藉由敘述的方式，我們的問題通常以一種明顯的實用主義式的簡單語言被設定了直接的答案。然而事實上，實用主義的本質使得我們的問題進入了意識形態，而被給予其一種意識形態的力量，實用主義也是一種唯心主義式知識理論的意識形態。馬克思的理論有其科學的部分也有其批判的部分，然而在發展的階段，其試圖將此二者相互連結起來，對於馬克思而言，由意識形態理論的實現到科學理論的實踐：而在其理論當中，其穿插了理論實踐以一種經驗目的的形式來完成。馬克思在此將意念與概念相互聯繫，並將其意識形態的理論基礎予以推翻。

對於上述之如此的大費周章，主要的原因是在於有必要對我們的道路加以清理，為了避免平等主義式的慣例或是在哲學上所稱的「實踐」，我們通過對事實的認知，並重新回到我們的問題：利用機制促使知識客體的生產以認知真實的客體，然而其是否真正的存在於外在世界呢？同時機制必須要能夠解釋一項特殊事實：也就是以知識現實來解釋這世界的最適模式，而此整個論述空間即是客體，而對區分真實客體就是所謂的知識，如此的推論必須負擔相當大的風險。在此進一步的推論，首先就是使我們的方程式更加銳利，對其必須加以區分，當我們對機制提出問題，關於知識的客體產生了對於真實客體的認知，我們提出相當不同的問題，主要是關於知識生產的情形，而此是走自歷史理論的理論性實踐而來。關於知識理論的歷史，或是理論實踐的歷史，使我們了解人類的知識是產生自歷史之中，自意識形態的形式中，或是科學的形式中。在這樣的領域中存在著意識形態的知識與科學的知識的分別。知識生產的歷史理論能夠給我們一個觀察：這便是知識所產生的機制功能，但是這種對待知識只是其視之為事實，而其已經轉變為另一種形態，如同產生此種知識的其他理論實踐結構。關於此種知識生產的歷史理論，其並非完全如同我所言的「知識影響」，但是進一步我們要問的是，什是知識影響，我以為是那種透過某種特定機制所產生出來的效果，就如同人性中所背負的原罪，它便是一種知識與機制相互結合後的產物，也是一種原始的知識影響。

在此我們做一些澄清：馬克思主義一點也不能由經驗主義中尋求與發現自身，不管它是否為唯物論或唯心論，在其處於原點時，總是會受到一點唯心主義的影響，一點意識形態的影響總是伴隨著主體，也難怪沙特總覺得需要填補存在於抽象性與具體間的空虛。

讓我們向前追溯，如同我們看到原始的目標一樣，其並不能由責任中解放我們，去思考存在於知識客體與真實客體間的不同，馬克思曾經說過了知識必須與當時社會相互聯繫。他的名言，人類的自主性不同於大猩猩之自主性，而此即是主要的關鍵。而知識的影響將也會產生與其他影響間彼此的聯繫。

我們必須體認到馬克思理論所存在的危機，尤其是其歷史理論的領域。當馬克思研究現代資產階級社會時，其採用了弔詭的態度，其首先想像存在社會是一個歷史的結果，作為被歷史生產的結果，自然地我們承認這是受到黑格爾式概念的影響。事實上，馬克思卻採取了相當不同的方向，馬克思研究的是當時的資產階級社會，他的想法是將其視之為歷史的結果，並非是那種包含結果於其中的「起源理論」，但是對於這個社會的理解卻剛好相反，社會體制中即包含了當時社會的結構。但是馬克思對此理解卻相當的堅持：首先是要以歷史理論來解釋何以演化的結果會產生當時的資本主義生產模式；其次就是何以會產生此種社會生產模式而非其他任何形式的存在模式？

我們能夠表述這個區別，這是對於馬克思的基本理解，馬克思認為當時社會，既是結果也是社會，生產模式轉變機制的理論，此理論的生產模式是彼此繼承的，也就是說既定的社會形式所導致既定的生產模式所造成的歷史生產，但當時社會不僅只是一個結果，其也是一種產品，其功能如同一個社會。第二個問題的答案存在於資本論對於生產模式結構理論敘述，社會被視為一個身體（body），擁有功能的身體，這個理論是抽取自社會結果論，將其當作一個社會（as a society），而其機制將會產生社會影響而趨向資本主義生產模式。

馬克思提供了我們一個問題，而此是我們都關心的問題：對於真實客體的認知問題，經由知識客體使得世界被其他實踐的方法所運用，假使我們要避免對於結論的成見，我們就應避免知識的影響，知識的影響構成了總的客體，其包括了兩個次級個體：意識形態知識的影響與科學知識的影響。我們如何去解釋知識影響的機制，如科學的效度使得對知識產生了影響，也就是利用某種形式使得知識擁有知識的面貌，而此便是所帶的機制。如何避面此種機制的影響？就是盡量的自經驗主義歷史的意識形態中尋求解放。

我運用非一致性與一致性兩個概念來作為知識客體存在形式的概念，一致性表示組織概念結構是處於思想的整體性或系統性，非一致性僅是為了尋求證據的論述，而證據的論述於系統中是科層化概念連結後的結果。所以當我使用一致性時，其實表示主要的與統治了所有的事物。

知識的影響產生了不同論述的證據，但是如何能夠科學的論述來產生知識的影響？

不像是意識形態哲學的知識理論，阿圖舍並不嘗試去宣告何種程度的保證。只是要我們確信主體與客體、意識與世界夠和諧地連結在一起，阿圖舍嘗試去說明機制的作用是如何產生了知識的歷史，然而在此最後的問題是，科學論述間的不同本質是要去理解如何才能夠形成客體的系統？唯一的方式就是對科學論述實地發展，我們必須跳出意識形態的循環，如此才能夠擁有良好基礎的知識。

總之，阿圖舍以其一貫艱澀隱諱的寫作方式與用詞造字，於本文中反覆地論證著其個人對於《資本論》中所隱含的馬克思主義的哲學核心。由文中我們可以看出作者由哲學的角度切入《資本論》，《資本論》在形式上似乎是一本經濟學的著作，但是作者卻運用／哲學眼光來進行閱讀，而他所使用的閱讀方式是所謂的「症候解讀法」。利用對主客體的相互比對，尋求其間相互的關係。而利用這種方式阿圖舍詳細地論證了知識客體與現實客體間的互動，在此時，其引入了知識意識形態的概念，導出了技術性條件對主客體互動的影響，以此結論來分析馬克思主義，認為於其中的哲學歷史的連續，存在著一個斷裂的缺口。在發現此一缺口之後，作者再次地返回到知識的客體與現實客體的論題上，以此來討論馬克思的知識結構，最後阿圖舍認為馬克思主義的哲學核心是呈現著一種以科學知識為主的閱讀方式，此種科學知識並不等同於經驗主義或實用主義，科學知識是去尋求主體與客體、意識與世界能夠和諧地連結的方式，而連結的方式作者以為是透過一組機制，而這樣的機制其實也就是知識的存在形式與產生過程。

經由對阿圖舍文本的理解之後，我們可以清楚的看到，他將馬克思主義哲學視為是一種系統，企圖分析此系統的核心與機制，論述此系統的功能來掌握其所討論的重心——馬克思的知識論，他在研究中所得到的結論是：馬克思哲學發展上的斷裂，它為後世讀者指出理解馬克思主義的另一種途徑。

第八章　西方馬克思主義

壹、對「西方馬克思主義」的思考

西方馬克思主義的出現，根據安德生（P. Anderson）在《對西方馬克思主義之考察》（*A Consideration on Western Marxism*）一書中所述，可以歸納為三個原因：

其一是標示歐洲無產階級革命來潮的第一次世界大戰，居然未能引發歐洲工人運動的成功，此使人覺得馬克思主義所謂的工業化國家生產力與生產關係矛盾必然引發社會革命一事有些理論不符事實。

其二是史達林的主義的惡劣，使東歐以及西歐的馬克思主義重新思考史達林主義與馬克思主義的差異。

其三是青年馬克思《一八四四年經濟學哲學手稿》的發現，使西方馬克思主義者重新思考馬克思主義的人文性。

這種對歐洲社會主義運動失敗的困惑，對史達林主義的反對，對青年馬克思「異化論」的重視，匯成一股不同於「正統馬克思主義」，也不同「馬克思列寧主義」的馬克思主義，因為其理論奠基人盧卡奇、柯西、葛蘭西俱為西方世界歐洲人，因此稱他們的馬克思主義理論思想為「西方馬克思主義」。

西方馬克思主義引起世人的注目在於一九六八年法國學生運動所製造的「五月風暴」，這批在發達資本主義社會中生活的左派青年奉「西方馬克思主義」為思想理論武器，因此在西方世界某些人的眼中，「西方馬克思主義」曾被理解為「發達資本主義社會的馬克思主義」。

其實「西方馬克思主義」是相對應以列寧主義及史達林主義為標榜的「東方共產主義」而言的一股存在於共產國際所屬西歐及東歐國家中某些共產黨內的一股「左」傾思潮。正式給盧卡奇、柯西、葛蘭西等人的思想貼上「西方馬克思主義」標籤的是法國的現象學的存在者梅勞．龐蒂。他在其《辯證法的歷險》（一九五五）中一面強調「西方馬克思主義」同列寧主義相對立，一面把「西方馬克思主義」的傳統追溯至盧卡奇一九二三年所發表的《歷史與階級意識》（*History and Class Consciousness*），從此才有「西方馬克思主義」。其實「西方馬克思主義」一詞早在柯西《馬克思主義與哲學》（*Marxism and Philosophy*）一書中就問世。但也有學者，如亞伯（M. Alber）與哈耐（R. Hahnel），稱西方馬克思主義是相對於「正統馬克思主義」，即第二國際的馬克思主義的另一種馬克思主義，又可稱為「非正統的馬克思主義」。還有學者如馬蒂克（P. Mattick），稱西方馬克思主義為「反布爾什維克的共產主義」。如果同意西方馬克思主義係對布爾什維克主義之批判而來，則盧森堡是西方馬克思主義的先驅，而不是盧卡奇。

雖然「西方馬克思主義」出現在西方，但卻並不是一個單純的地域性概念，而是一個意識形態概念，甚或一股政治社會思潮。恰如柯西所指出，馬克思的重要著作本質上是「批判性」的，如《黑格爾法哲學批判》、《政治經濟學批判》等，並不是只在說明社會發展規律，因此不能把它當作一般普通的科學理論，從而有將馬克思主義由科學還原為哲學的必要。其整個特色是人文主義的、非教條主義的和反蘇聯官方馬克思主義。

關於對「西方馬克思主義」的認識，中共的理論家們曾為此發生論爭，其中論爭者之一，中國社會科學院哲學所的徐崇溫認為，「西方馬克思主義」是第一次大戰後在十月革命勝利而西方革命相繼失敗的背景下，在西方資本主義國家中產生出來的，既反對第二國際的新康德主義，又反對共產國際的「機械唯物主義」。它在對現代資本主義的分析和對社會主義的展望，以及由此在革命的戰略和策略上，都提出不同於列寧主義的見解，而哲學上則提出不同於恩格斯和列寧等所闡述的辯證唯物主義和歷史唯物主義的見解，並且要求重新發現馬克思。徐氏並進一步指出，「西方馬克思主義」的特色在於：（一）反對教條主義；（二）在「重新發現」馬克思上要曝露馬克思主義的黑格爾根源；（三）在「重新創造」馬克思主義時，須利用西方當代思想的成就；（四）「西馬」改以青年學生、「新工人階級」作為自己的階級基礎；（五）「西馬」並未形成自己的政治組織，亦未形成彼此觀點一段的思想體系。然而與徐氏進行論爭的中共中央馬恩列史編譯局的杜章智卻採取另一種看法，他認為「西方馬克思主義」應該包括三種用法：（一）地域性概念，即馬克思主義可以劃分為「東方」馬克思主義、「西方」馬克思主義和「第三世界」馬克思主義；（二）梅勞．龐蒂概念，即指盧卡奇在其《歷史與階級意識》一書中所闡述那種強調辯證法、無產階級革命主觀性，並和列寧主義相對立起來的理論；（三）柯西概念，即他在《馬克思主義與哲學》一書中說的，強調相對於「東方」的一種具有主觀革命性的「西方」馬克思主義；（四）安德生概念，即安氏在其《西方馬克思主義之考察》一書中所說的史達林主義之後的在西方世界所出現的一股與正統馬克思主義截然不同的馬克思主義。這股「西方馬克思主義」之所以不同傳統經典馬克思主義乃在於它由對政治、經濟的具體分析轉向對哲學的探究，尤其回到馬克思以前的哲學中探尋馬克思主義的根源。雖然有這三種普通用法，但是杜氏並不認為「西方馬克思主義」是一個可被人們普遍接受的、有確定涵意的概念。正當的對待，杜氏認為應該把它看作「國外當代的馬克思主義」。

而在台灣方面，台大洪鎌德則提出所謂「西方馬克思主義」就是二十世紀二十年代中歐與西歐思想界對西方馬克思學說的「新詮釋」，這種新解說與蘇聯為主的正統馬古思主義的教條相乖離。洪氏還稱，西方馬克思主義的奠基者有匈牙利的盧卡奇、義大利的葛蘭西、德國的柯西，此外還包括法蘭克福學派那些所謂批判哲學家們，也還包括法國的沙特、梅勞·龐蒂、列費伏爾等。總之，洪氏認為西方馬克思主義並非一個完整的、一貫的、內部完全一致的馬克思主義新學說或新思潮或新學派，而是由一批學者不同意或批評蘇共及蘇共所控制的國家之官方馬克思主義，也即「西馬」是反對蘇聯的馬列主義、史達林主義等自居馬克思的「正統」，「西馬」強調對馬克思主義原著的新解釋。

以上東西方學者們對「西方馬克思主義」的看法，都值得重視與參考，並且從他們的看法觀點中可以抽出「西方馬克思主義」的「共相」，這個「共相」就是中歐及西歐的馬克思主義理論家針對馬克思主義在第二國際的庸俗化和第三國際以俄共為主導的教條化下，從而對馬克思主義所做的理論反思和重建。因此，「西方馬克思主義」是相對於「東方共產主義」或「馬克思列寧主義」而言，它有一定政治層面和理論層面的反抗或否定意義。

至於將一個理論重新解釋重新發現，或在基礎理論上，尤其哲學基礎，進行「還原」，則如「回返康德」、「回返黑格爾」而有所謂「新康德主義」、「新格爾主義」一樣。對馬克思主義作還原，也會出現「新馬克思主義」。「新馬克思主義」在理論層面絕大部分與「西方馬克思主義」重疊，但不能視為等同。「西方馬克思主義」是相對觀念的產物，「新馬克思主義」是重新發現或還原的產物，在時間上西方馬克思主義也較新馬克思主義出現在先。兩者的關係可以當作「新馬」與「西馬」的繼承、發揮和重建，亦即「新馬克思主義」是與「西方馬克思主義」有關聯的一種思潮或現象。

西方馬克思主義除了三個奠基者盧卡奇、葛蘭西、柯西以外，還包括「法蘭克福學派」、「阿圖舍學派」、「德拉伏爾佩學派」、「布達佩斯學派」、沙特及梅勞·龐蒂的「存在主義的馬克思主義」等。而「新馬克思主義」除了涵蓋「西方馬克思主義」的思想外，還包括南斯拉夫的「實踐學派」、波蘭的沙夫（A. Schaff）、美國的華勒斯坦（I. Wallerstein）、法國的李歐塔（J. Lyotard）和克莉絲多娃（J. Kristeva），以及美國的詹明信等人的思想與理論。

然在台灣，也有東吳大學高宣揚視「新馬克思主義」在範圍上涵蓋西方馬克思主義。他認為第一次世界大戰結束後便出現「新馬克思主義」，其三個先驅者是盧森堡、盧卡奇與柯西，以後有「法蘭克福學派」，六〇年代以後又出現「新左派」。至於「新馬」與「西馬」的關係，高氏則持與姜新立及洪鎌德相反看法。高氏認為，「西方馬克思主義」所包括的範圍要比「新馬克思主義」寬廣得多，它指的是整個西方的馬克思主義，以區別於東方（蘇聯、東歐、中國）的馬克思主義。高氏也認為梅勞·龐蒂在《辯證法的歷險》中首先提出「西方馬克思主義」，從此「西馬」就用來突出那些表現西方國家特徵的馬克思主義，並且產生流行於西方各國「多元化」的多種類型的馬克思主義。是故，高氏將「新馬克思主義」概念焦聚投射在「法蘭克福學派」身上。

不論是「新馬」涵蓋「西馬」，還是「西馬」包括「新馬」，這是見仁見智的說法，但有一件事實相當明確，此即西方馬克思主義與新馬克思主義存在著有機聯繫，而且相當部分相互重疊。

不論研究「西方馬克思主義」或「新馬克思主義」，都要把重點首先放在三個奠基者身上，此即盧卡奇、葛蘭西、柯西身上，他們都是面對當代資本主義的發展，從抓住資本主義的實質以發展「西方馬克思主義」，其理論重點徐崇溫在其《西方馬克思主義》中總結為十一項：

（一）關於「總體性」是重建馬克思主義的核心問題；
（二）關於意識革命的重要性問題；
（三）關於日常生活批判是社會變革的中心問題；
（四）關於工人階級被融入發達資本主義社會和社會主義非無產階級基礎問題；
（五）關於發達資本主義社會中結構的變化和形成新工人階級問題；
（六）關於在發達資本主義社會中國家資本主義的性質和作用問題；
（七）關於剩餘價值的理論問題；
（八）關於西方資產階級在意識形態和文化上的領導權問題和國家理論問題；
（九）關於在發達資本主義社會爭取實現社會主義的戰略問題；
（十）關於政黨、階級、領袖和群眾的關係問題；
（十一）關於克服官僚主義的有效措施問題。

其實這十一個理論重點還不算完全，宜乎加上關於方法論和認識論問題，關於世界觀和歷史觀問題，關於馬克思主義基礎和本質問題，關於晚期資本主義或後工業社會文化批判問題，關於馬克思主義危機與重建問題。

研究「西方馬克思主義」，我們建議要先研究青年馬克思，尤其是他的《一八四四年經濟學哲學手稿》。此手稿呈現出馬克思「異化論」，此使馬克思主義回歸到人本主義與人文主義，也是半個世紀以來「西方馬克思主義」發展的理論原始基礎或知識核心。

《一八四四年經濟學哲學手稿》是馬克思於一八四三年十月到一八四四年八月在巴黎對他所讀的

政治經濟學名著作摘要而寫出的思想大綱。雖然是個思想大綱，但馬克思主義的重要結論已經在「手稿」中呈現出來，以後馬克思的所有著作，不過是「手稿」的延伸和結論的證明而已。

馬克思的《巴黎手稿》一九二七年被發現，一九三二年才與其他若干手稿先後公布。首先把《巴黎手稿》併入《馬恩歷史批判集》的是梁贊諾夫。但一九三二年蘭子胡（Siegfried Landshut）、邁爾（J.P. Mayer）在合編馬克思的《早期著作》中也收錄了馬克思這一手稿。二戰後，手稿廣為傳布，德文版有多種，如費茲契（Iring Fetscher）所主編的《馬恩研究版本》第一卷、第二卷就分別收錄馬克思的《巴黎手稿》。英文版本以一九六〇年莫斯科外國文出版局的譯本較完整，譯者為米力根（Martin Miligan）。一九六四年史崔克（Dirk J. Struik）曾對米氏譯本加以訂正，並附上「序言」在紐約出版，題名為「The Economic and Philosophic Manuscripts」。至於常被引用參考的還有巴特摩爾（T.B. Bottomore）一九六三年在倫敦編輯出版的《馬克思早年著作》，其中收有馬氏手稿。另外易士敦（L. D. Easton）與古達特（K.H. Guddat）合編的《青年馬克思哲學與社會文存》一九六七年在紐約出版，也是目前英語國家很流行的版本，但書中未將馬氏手稿全文刊錄。

《巴黎手稿》的基本概念是「勞動異化」與「人的異化」，此使「異化」（alienation）和「外化」（externalization）成為馬克思的基本思想。《巴黎手稿》是馬克思主義的基礎，它不僅發揮資本主義自我崩潰的必然性，而且特別發揮人的疏離、失落、解放與精神自由問題。列寧曾說過，如果不通盤研究和了解黑格爾的邏輯，就不可能了解馬克思的資本論，那我們也要指出，如果不讀馬克思的《一八四四年經濟學哲學手稿》，忽視了馬克思對資本主義異化的批評，也就不可能完全了解馬克思主義，是這一手稿使世人對馬克思主義重新評估。

首先注意到《巴黎手稿》的重要意義並加以研究的，是著名的匈牙利馬克思主義理論家盧卡奇

（一八八五—一九七一）。盧卡奇早在一九二〇年寫《歷史與階級意識》時，就注意到馬克思與黑格爾的密切關係，並把馬克思主義作黑格爾化的解釋。當他一九三三年為逃避納粹主義迫害回到莫斯科任職於蘇聯科學院哲學研究所後，使他有時間對《巴黎手稿》重作思考。雖然一九三四年共產國際和傑波林公開抨擊盧卡奇在《歷史與階級意識》裡的觀點並被迫承認錯誤，但盧卡奇此時已著手寫《青年黑格爾》，依然堅持馬克思主義與黑格爾主義不可分。可以這麼說，《青年黑格爾》是盧氏對《巴黎手稿》理解的一本評述和發揮。

《巴黎手稿》是「青年馬克思」的著作，馬克思寫它時只二十六歲，因為它論述了人的外化與超越，使一些馬克思主義者及學者認為它具有人文主義成分。但也有人主張這只是「青年馬克思」的觀點，與「老年馬克思」論人的觀點有很大出入，充其量它是黑格爾唯心主義的殘餘。俄共早在一九三四年就對盧卡奇試圖恢復馬克思的人文主義而迫其認錯，因此堅決否認「老年馬克思」是「人文主義的青年馬克思」的繼續。

前蘇共對馬克思的《巴黎手稿》是不表讚賞的。並不是《巴黎手稿》給馬克思主義以新的基礎，從而威脅了「『正統的』馬克思主義」，而是「手稿」的出現使馬克思主義的性質更見分明與一貫。

《巴黎手稿》中的「異化」概念按照馬克思的解釋可分為四個方面：一是人與自然的異化；二是人與自身的異化；三是人與類存在（species-being）的異化；四是人與人的異化。關於第一種異化，馬克思所指的是工人與他的勞動生產物之分離，並進而與外在世界及客觀自然之分離。第二種是指工人在勞動過程中與他的生產活動相分離。第三種是指人經過異化勞動使他自己離他而成為一種個體存在的工具。第四種是指如果人與自己相自外，也就自然地與別人相自外，亦人即人相互自外，相互失去自己的本質。

馬克思的《巴黎手稿》並非完整，原稿共分三大部分，外加一個對黑格爾辯證法與哲學的批評，全部文字達五萬字。全部手稿以「勞動異化」為中心以推展出異化理論。

《巴黎手稿》三大部分為：前言、異化勞動、私有財產與共產主義。手稿以第二部分缺失最多，只剩四頁，第三部分留存較多，共有四十三頁。雖然它不是一個完整的手稿，但從手稿中仍然可以看出馬克思思想的基本概念。

在「序言」中，馬克思聲明他的「結論」是基於政治經濟學的全面批評研究和經驗分析而來的，亦即由經濟的分析批評而到人的分析和研究。所以，馬克思所說的「人的本質的外化」是以經濟分析為基礎，從而上升到人的哲學解析。其析論要點如下：

第一，勞動者越是生產更多的財富，他的生產在力量和範圍上越是擴大，則他越來越貧困。勞動者越是創造更多的商品，他反而越加變成更廉價的商品。物品的世界越是增加其價值，人的世界越是在正比例中貶值。更甚者是，「勞動」本身不僅生產著商品，還把自身和勞動者當作一個商品來生產，如此，商品、勞動者對於勞動作為異己物而存在並對抗著。商品是具體化的勞動，因此它又是勞動的客觀化。這種勞動的客觀化，在經濟學領域裡對勞動者表現為現實剝奪，亦即表現為對象的喪失和隸屬，終於出現了異化和外化。

其二，經濟學因不考慮勞動者與生產物之直接關係中的隱匿，看不見的勞動性質中的內在的異化現象，因此一般人也就很難看出勞動一方面為資產階級生產著財富，另一方面為無產階級生產著貧窮。這是勞動異化的結果。當然，勞動異化者生產過程中也使勞動者將自己外化，變為非人。這主要是勞動與勞動者發生了分離，整個勞動形式和生產物的目的都不是為了充實或實現自己，而是在否定自己中去充實別人。強迫勞動是一種外部勞動。這是人在其中外化自己的勞動，是一種自我犧牲和死而後已的勞動。勞動者生產過程中既然不是為自己而勞動，而是為他人而勞動，則在勞動中他不屬於他自己，個體之肯定這時就談不上，因而外化成非人。

其三，人是一種類存在，亦即他是「社會化的人」，這種社會化的人不僅使他所處存的社會在實踐上和理論上都是他的對象，而且他以「現存在」的「活人」，以一種普遍的、自由的存在來對待自己，這樣的有生命的人，他本身與自然、社會不可分，但不幸的是由於「異化勞動」，使自然與人分離，使人與社會，甚至與個體的主動功能、生活活動、自由意志相分離，因此他首先與他自己分離，接著與社會同類分離，最後終於與這個世界分離，如此的外化個體在人的存在中成為被否定和失落的單子，這一種不幸都是因異化勞動而來。

「異化」基本上是指個體喪失了自我和同一性，馬克思手稿注重的是由勞動異化分析出人的自我異化過程。這種自我異化在當代社會變成嚴重的心理現象和社會現象。這種自我異化的關係在當代世界甚至蛻變成社會異化關係，可以這麼說，人在當代的異化與科技對人的宰制是「新馬克思主義」的討論重點。

由此可知，人的外化和失落是二十世紀人類的歷史困局，無數的哲學家和學者在尋求非人問題的解決，馬克思的異化論益增它的歷史的、哲學的、社會的、與現實的意義。當某些學者看到西方資本主義世界人的外化狀態而追尋馬克思主義的分析後，他們認為馬克思主義實是西方人文主義傳統中的急進派。例如比哥（Pierre Bigo）在《馬克思主義與人文主義》中就指出馬克思主義對資本主義的關心，不是從經濟分析者的觀點出發的，而是從「人本主義哲學」的觀點出發的。塔克《馬克思的哲學與神祕》一書中分析馬克思一生的思想後，特別強調，「人的自我異化和對它的克服，常是馬克思最重視的和成為他思想的中心論點」。「手稿中對歷史的經濟解釋和共產主義的概念，一如它們所被安排好的，早具哲學特性的一種可理解的思想體系。它的主題是人和這個世界——一如馬克思所稱在『異化了的世界』的自我異化的人」。弗洛姆在《馬克思的人的概念》之書中也以心理分析方式說明了馬克思「手稿」的重要性，他甚至指出如果不根據馬克思在早期著作中所發揮的人的概念外，就不能了解他的社會主義觀和他對資本主義的批評。普拉米那茲在《馬克思的人的哲學》一書中肯定馬克思早期著作關於人在工業社會的狀況、人的本質以及人之發生異化情況的分析對人的存在與正當生活而言，有絕對的重要意義。因此他如此指出：「馬克思的馬克思主義，對西方學者與知識分子而言，現在頗有價值，這不在於他對未來的識見，而在用於解釋與早期社會型態不同的工業社會提供理念上豐富源泉，這不但是經濟和社會上的，而且也是文化和意識形態上的。」

此外，也須注意到波蘭的哲學家沙夫的著作《馬克思主義與人類個體》。這個波蘭的馬克思主義者看到波蘭受史達林主義的毒害，對於馬克思手稿感受可以說比西方學者要來得深切。沙夫從馬克思的《巴黎手稿》得出這樣的結論：應把馬克思列入西方文藝復興以來的人文主義運動中的一員戰士，「人本主義」是馬克思思想的基礎，缺少了它，馬克思主義無以存在。東歐捷克貝爾格萊特大學的柯拉奇（Veljko Korac）談到馬克思主義的理論核心時，他透過馬克思《巴黎手稿》肯定人是馬克思整個社會理論的中心。他在《人類社會探尋》中如此指出：「馬克思的目標是勞動被解放的情況下和不被分工分化下的真正人的生活」。因此，「社會主義不是馬克思的最後目標，而是近似的目標」。此即馬克思的最後目標是停止非人化的存在。

除了馬克思主義理論家和學者把馬克思《巴黎手稿》和人的哲學問題連在一起討論外，沙特也談人的問題以觀察馬克思《巴黎手稿》的意義。一九四五年以前，沙特由存在主義（Existentialism）研究個人的實際存在問題，在意識與存在的對立中，人成為虛無之物，沙特之理論是法國戰後孤獨處境與歐洲人民絕望情緒反映。存在主義是西方文化危機下的產物，存在主義哲學家起而對人的實際存在分析和終極命運的探尋，所求得的結論是人生無意義，存在即虛無，唯有人的自我肯定存在時，對荒謬界才可以加以拒斥，人生才有意義。沙特的觀點使他於戰後接近馬克思主義，他研究青年馬克思的著作，由馬克思的《巴黎手稿》中的異化概念，提出馬克思主義的存在主義的概念，此即人是「創造性的存在物」。梅勞．龐蒂對馬克思主義的解釋異於沙特，但關於人的外化問題，他也承認馬克思的異化論是不能忽視的。他認為人的外化使一般人在人的存在方式和屬性上失去了意義和歸屬，反異化，正是使人由「物」回向「人」，如此才能求取人的歷史角色。

「西方馬克思主義」及「新馬克思主義」都注意到馬克思《巴黎手稿》在馬克思主義中的普遍意義，《巴黎手稿》的觀點和精神實貫穿了馬克思主義整個系統。整個馬克思主義，在西方馬克思理論家眼裡，全是以人的問題為基礎而從事經濟哲學層面，或政治層面的「人的本質的外化」的分析。恰如比哥所說的，馬克思是把「精神現象學簡單地變為勞動，人的異化的辯證法變為資本，絕對知識的形而上學變為絕對共產主義」，這就是《巴黎手稿》的具體化。

對於「西方馬克思主義」的研究，除了重視青年馬克思的《巴黎手稿》外，再其次就是要對「西馬」的開山鼻祖盧卡奇、柯西與葛蘭西的著作要下功夫，以徹底明白他們的思想與理論。

關於盧卡奇，他無疑是國際共產主義運動史上最有爭議的人物之一，也是二十世紀最著名最有影響力的思想家之一。他在成為馬克思主義者之前曾經是晚期資產階級意識形態鼻祖，其代表作《心靈與形式》便是明證。其中有關齊克果（**S. Kierkegaard**）的〈形式在生活中的破滅〉一文被認為是存在主義哲學發展的開啟。

關於盧卡奇在成為馬克思主義者所寫的《歷史與階級意識》一書，無論對海德格（M. Heidegger）、曼罕（K. Mannheim），或是對法蘭克福學派都產生極深地影響。晚年《社會存在本體論》旨在系統論述馬克思主義哲學理論，而且也是盧氏在走向馬克思主義道路上理論知識總結。當然，在西方，從一九二〇年代中期起，《歷史與階級意識》一書就引起熱議，屬於「批判的馬克思主義」各種流派，如法蘭克福學派、存在主義派、實踐學派等，固然以青年盧卡奇的理論概念作為本身理論建構的基礎，至於「科學的馬克思主義」諸流派，如結構主義派、新實證主義派，也以盧卡奇的理論作為參照。

《歷史與階級意識》的主題內容如下：

關於「物化」問題。盧卡奇一九二三年出版《歷史與階級意識》時，馬克思的《巴黎手稿》尚未發現，盧氏也不知馬克思有關「異化」理論，但盧氏卻提出「物化」（Reification）一詞，並對物化與無產階級意識作了分析，足見盧氏非凡的理論洞察力。盧氏是由分析馬克思所謂的「商品結構」的本質出發，認為在商品拜物教中人與人之間的關係具有「物的關係」，並由此獲得一種「虛幻的客觀性」，此種以「物的關係」掩蓋並代替人與人之間的關係，稱之謂「物化」。物化的過程標誌，盧氏指出，就是現代社會把「合理的機械化」和「可計算性」應用於生活的每一個方面。合理化過程和勞動分工，其結果是技術專門化，此導致摧毀了人作為主體與整體的想像。

關於「總體性」問題。對於「物化」之克服，盧氏提出「對總體性之渴望」。所謂「總體性」係對局部而言，而且具有優越性，盧氏認為此是馬克思取之於黑格爾，它是無產階級科學中的方法論基礎，而且構成馬克思主義與資產階級思想之間決定性區別的，不是歷史解釋中經濟功能的首要性，而是總體性的觀點。「總體性」是盧氏用來表述歷史發展過程中主客體關係的一般概念。「總體性」

概念實即辯證法概念，它將一切事物置於原有的關係中，它使每一個局部服從於歷史和思維的整個統一。盧氏強調，「總體性」就是對資本主義整個不合理的結構之否定，而無產階級只有用「總體性」概念來觀察歷史與社會時，才能徹底認清資本主義的固有矛盾性質以及認清無產階級就是「總體性」中的「主—客」統一體。無產階級作為歷史的主體—客體而言，實指無產階級與整個人類社會和歷史相聯繫。盧氏並指出，無產階級從產生的第一天起一面作為歷史主體而存在，以通過勞動改造歷史與社會，一面也作為客觀歷史與社會的一個組成部分而存在。故在盧氏眼裡，「總體性」的具體化即無產階級。不但如此，盧氏還把「總體性」概念擺在哲學上對待：「只有當主體既是辯證過程中的生產者又是其產品，只有當結果是主體在一個自我創造的世界中運動，以及只有當世界以充分的客觀性加諸於主體身上，此時所謂辯證法問題，所謂主體與客體、思維與存在、自由與必然的對立之克服才算得到解決」。

關於「階級意識」問題。由於盧卡奇認為無產階級「渴望總體性」，它成為社會歷史過程的「主體—客體」，亦即它既是「自為階級」，又是「自在階級」。由於無產階級對社會現實能充分地自覺，故無產階級所具有的「渴望總體性」的階級意識自然成為一種改造社會的精神力量。尤其是當著向「自由王國」過渡的時刻到來時，歷史的命運將取決於無產階級的意識形態的成熟性，取決於它的無產階級意識。

研究柯西首先要把注意力放在《馬克思主義與哲學》（一九二三）一書上，這是一本強調馬克思同黑格爾的歷史關係，強調無產階級革命理論與實踐統一的著作。柯西的《馬克思主義與哲學》內在意義是探討馬克思主義與哲學的關係，按照柯西自己的說法，他在這本書中展開了一種完全非教條的和反教條的，歷史的與批判的研究，所以是「最嚴格意義上的唯物主義的馬克思主義歷史觀」。

柯西《馬克思主義與哲學》與盧卡奇《歷史與階級意識》無疑都是西方馬克思主義的經典著作。此書明白地指出哲學在馬克思主義世界觀中的角色意義。哲學對柯西而言無疑是精神能源。關於這一點，柯西在該書中開宗明義指出：不論是資產階級學者還是馬克思主義者均未完全理解此一事實，即「馬克思主義與哲學的關係已經成為一個極為重要的理論和實踐問題」。

除了強調馬克思主義與哲學的關係，柯西還由「總體性」角度出發，以探究理論與實踐的統一關係。由此，柯西把理論與實踐當作一個過程中的兩個組成部分，即一物的兩個方面，反對把「實踐」（praxis）當作是認知的基礎和檢驗理論的標準，從而斥責那些偏重實踐論者是「庸俗社會主義」或「素樸實在論」。

「總體性」問題同時為盧卡奇與柯西所把握。柯西認為「實在」或「社會」由三個方面構成，即：經濟、法律與國家、純粹意識形態。柯西認為庸俗的馬克思主義者只看到「實在的三個方面」，但未能把它們理解為一個總體，因此在《馬克思主義與哲學》一書中柯西的基本假設是把「社會」當作一個總體加以把握的，而柯西自己也強調馬克思對資本主義的分析與批判也是屬於「總體性」的批判。柯西把馬克思主義當成「一個鮮活的總體性的社會革命理論」，亦即指謂馬克思主義不單是經濟學、政治學與意識形態的構成，而且也是歷史過程和不斷地構築革命實踐的、鮮活的、統一的與自覺的社會活動。

至於哲學在馬克思主義中的角色意義涉及馬克思主義哲學內的實踐意義。此即所謂「揚棄哲學」問題。柯西將此問題分為三個層面探討：（一）馬克思所謂「揚棄哲學」的具體意義；（二）「揚棄哲學」內容含蘊；（三）如何「揚棄哲學」，其與革命實踐之相關性。這三個層次，柯西引述馬克思的語言加以概括：「不在現實中實現哲學，就不可能消滅哲學」。由這句話，可以看出柯西抓住了馬克思主義的本質，他是真正理解理論與實踐統一的人。整個柯西的思想有黑格爾色彩，並將馬克思主義視為一種階級鬥爭理論。此一「理論」明確地告示無產階級只有實現馬克思主義，完成共產主義，才算是「社會實踐」，才能實際超越資本主義的對立與矛盾，才能算是無產階級得到解放。至於如何實現馬克思主義，柯西認為要從社會整體進行批判改造或在實踐中加以變革。總的說來，研究柯西的思想，請將注意力放在所強調的社會整體性概念、實踐概念以及實事求是認識概念。透過對他的思想和理論的研究，可以發現他是所有西方馬克思主義者中少數能將理論與實踐做到辯證的統一的人。而透過對柯西的研究，也可以更加了解如何掌握馬克思主義的本質，此即「馬克思主義」基本上是一種階級鬥爭「理論」，此理論既是無產階級的哲學，也是反映無產階級階級意識新內容的「理論科學」，此哲學或理論科學必須由無產階級加以掌握，變成無產階級的精神靈魂，並化為社會實踐。只有無產階級實現馬克思主義，無產階級才能夠解放，而此「實踐」，柯西強調的不是「無產階級革命」，而是所有一切涵蓋整個社會現實的諸般形式，必須經由科學社會主義途徑以進行革命的社會批判，並經社會批判以變革現實社會。

對於葛蘭西的研究，其最重要的經典著作是《獄中札記》（*Selections from the Prison Books*）。在理論上表現為正統馬克思主義的經濟主義，即對一種改良主義的實證主義的、還原主義的、決定論的批判，而其思想既具理論性又具戰略性，極為原創。《獄中札記》係葛蘭西在被捕入獄期中所寫筆記，共三十二冊，涉及主題包括歷史、教育、文化、哲學、知識分子、國家理論等，西方學者認為葛蘭西的思想提供了適用於現代西方發達資本主義條件下的新馬克思主義理論。

葛蘭西的理論觀點大致可分述於後：

關於無產階級革命：提出「工廠委員會」（The Factory Councils）以反對資本主義社會中的「工會」，並取代列寧的「職業革命家黨」。葛氏認為不可把無產階級革命的真正過程等同於一種政黨或工會等契約型革命組織與活動，政黨是資產階級民主的產物，其整個活動未能超越資產階級國家，不可能形成一股革命力量以對抗資產階級國家機器。葛蘭西強調，在階級占有經濟和政治優勢的資產階級國家中，無產階級的革命過程發生在地下、在工廠間、在資本主義使其服從其規律的勞動階級的意識思想間。至於「工會」，則是資本主義社會一種形式，「工會」不把勞動者以「生產者」組織起來，而是以「工資勞動者」組織起來，其所培養出來的僅是狹隘利己主義、勞動商品化和個人主義，而非考慮到整個無產階級利益的革命後備軍，因此「工會」的立場不會超出資本主義制度外，不會成為資本主義制度與社會的潛在繼承者或取代者。「工廠委員會」與「工會」相反，它代表著工廠中一切生產者對生產過程的直接的民主控制，它是一種自主力量，也是生產過程的主體，並藉由它可體現「無產階級專政」，它是未來的「無產階級權力機關」，同時也是「無產階級生活中心」和「教育中心」，以使無產階級能藉此經驗，從而獲得有利於掌握國家政權的階級意識。

關於「政黨」問題，葛氏反對列寧主義式政黨，也反對西歐社會民主黨。葛氏認為列寧主義政黨充滿官僚主義民主制乃至極權主義。葛氏並指出雅各賓式的列寧主義政黨雖為「無產階級先鋒隊」，但忽視了群眾性的有機的革命聯繫與轉變。葛氏強調「一個黨不能只依靠一種內在必然性而存在」，而必須通過其所代表的「階級」作有機的聯繫而存在，亦即「現代君主」（革命政黨）是個「有機體」（The Organism）。所謂「無產階級政黨」就是能反映和服從工人階級真正願望與利益的政黨，它是一個真正的勞動階級的工人政治運動，而不是靠看自己是「告知」而從勞動階級身上尋求支持的「職業革命家黨」。

關於「文化霸權」（Hegemony）是葛蘭西理論中最具原創性的一部分。一般所謂「國家」指政治國家（Political State）而言，葛蘭西認為國家等於政治國家市民社會（Civil Society）。所謂「國家」指「政治國家」一事，葛氏認為這是經濟決定論的產物，即直接由下層建築為基礎而出現的一個組成部分，故「國家」的存在也自然等同於「鎮壓性的統治機器」，因此統治階級所欲為的不是希望改變「國家結構」，而是僅僅改變政府的政策。依此，葛氏進一步指出，資產階級國家的政治發展只在於「統治階級」的政黨在政府中政治權力的輪換，而不是更新社會的基礎和組織，更不是新型的市民社會基礎與組織的出現。

國家＝政治社會＋市民社會＝強制的甲冑保護起來的文化霸權。在這個意義上，國家成了「統治階級藉以證明和維護宰制，並設法贏取被其統治的人民的積極同意的整個實踐上和理論活動上的複合體」。因此，所謂「權力」（power）概念也被擴及包括整個制度架構的複合體，「權力關係」可通過制度架構在社會中得到中介，以保證一個社會集團用作為國家倫理內容的政治和文化上的文化霸權對整個社會進行支配或宰制。亦即「宰制」被建立在同意（consensus）基礎上的「文化霸權」所補充。如此，「國家」不再是單純地宰制工具，而是包括行使文化霸權的總體。此處，葛蘭西告訴世人，「權力」不是單指奪取「國家機器」，而且還要占有或掌握意識形態與文化領導權。而現代國家的特徵，依葛蘭西看，無一不是政治統治與文化霸權的複合體。

以上所敘述的不過是研究西方馬克思主義必須涉及的三個奠基型的人物。至於其他學派與人物則可在研究這三個奠基人物之後再次展開研究。總之，由於「西方馬克思主義」，所涉範圍太廣，主題與對象太多，就以「法蘭克福學派」而言，其中任何一位人物的思想理論都十分豐富，並與當代社會（後工業社會）發生有機的聯繫。任何研究當代思想與理論者都須面對西方馬克思主義或新馬克思主義所開啟的知識之庫。

貳、盧卡奇的馬克思主義

一、黑格爾主義的馬克思主義

盧卡奇（G. Lukacs）是西方馬克思主義之父，他的馬克思主義是黑格爾式的馬克思主義。他的馬克思主義之路在他《自傳》中如此描述：初次接觸馬克思《共產黨宣言》是在中學快畢業時候，大學時期讀馬恩著作，特別是從頭至尾研讀了《資本論》第一卷，一九一四年進入第二階段，由黑格爾《精神現象學》進入費爾巴哈哲學，轉入青年馬克思《政治經濟學批判大綱導言》。盧氏透過黑格爾觀察馬克思後，他說馬克思不再是「傑出的部門科學家」，不再是經濟學家和社會學家，而是一位「全面的思想家」、「偉大的辯證法家」。進入中年以後，經過長年革命實踐和研究列寧著作，讓他走入馬克思主義之路第三階段，此時他在理論知識上關注的焦點是馬克思主義即辯證唯物主義，它以「統一性」、「總體性」指導革命實踐，認識社會現象，把握發展規律。晚年，他有這樣看法：「在馬克思出現以後的年代，認真研究馬克思應當是每個抱持嚴肅態度的思想家的中心問題。」

盧卡奇為西方馬克思主義的邏輯架構奠定基礎，他反對第二國際「正統馬克思主義」（Orthodox Marxism）的意識形態性，強調即使馬恩經典著作也不是教條，在其《歷史與階級意識》中他指出，對待馬克思主義的研究「類似對聖經進行訓詁式煩瑣性研究來注釋經典」的態度是不對的，相反地，對這些馬恩經典也要有一定的反思與批判。

盧卡奇突出馬克思主義的方法論，文本上注重馬克思的《黑格爾法哲學批判》、《神聖家族》、《共產黨宣言》、《哲學的貧困》、《政治經濟學批判手稿》、《資本論》。盧氏不從經濟決定論及實證主義理解馬克思主義，他突出隱匿在馬克思主義經濟分析背後的歷史哲學批判邏輯，此一理解馬克思主義的方法論特色充斥在盧卡奇的主要著作中。

研究盧卡奇的馬克思主義，要把關注焦點放在他的《歷史與階級意識》巨著上，這本書不僅深入論述總體性／整體性、物化與階級意識，更重要的告訴我們要重新理解馬克思主義的實質與方法，馬克思主義的實質是「階級意識」的覺醒，馬克思主義的方法是革命辯證法，對資本主義現實不但要分析，對資本主義意識形態更要批判。總之，《歷史與階級意識》的核心概念在於它由歷史性、辯證法、總體性、階級意識、批判資本主義形構出重新理解馬克思主義的邏輯。這個邏輯指出歷史本身是在社會存在維度上發生的，因此辯證法只能與一個向度發生關係，此即歷史中的主體與客體的關係，而「整體性」這一概念也集中反映出黑格爾對盧卡奇哲學話語的深層制約。盧氏對馬克思主義的這種理解完全是黑格爾式的，為此我稱盧卡奇的馬克思主義是「黑格爾主義的馬克思主義」，我的這一觀點與柯拉可夫斯基（L. Kolakowski）在其《馬克思主義主流》（*Main Currents of Marxism*）所論盧卡奇的《歷史與階級意識》強調了馬克思主義的黑格爾根源是一樣的。

二、盧卡奇論「物化」

青年馬克思有「異化論」（Alienation），但他不用「物化」（Reification）這個詞，雖然「異化」概念涵蓋了「物化」。盧卡奇在馬克思《巴黎手稿》未被發現前提出「物化」及「物化意識」以追尋青年馬克思人文主義思想，這在研究馬克思思想理論上極具原創性，將盧卡奇定位為西方馬克思主義開山鼻祖要從這個角度切入。

從《歷史與階級意識》到《關於社會存在本體論》，盧卡奇都特別論述了「物化」／「異化」問題。當然，前者是青年盧卡奇論物化，後者是老年盧卡奇論異化。

根據盧卡奇在《歷史與階級意識》一書中的論述，他認為物化／異化的主體是無產階級，這是他對馬克思《資本論》中對商品結構的分析／商品拜物教所得出的第一個知識觀點。盧氏雖然把注意力集中到馬克思對商品物教的論述，他感興趣的似乎異化／物化根源不在私有制上，反而在韋伯所謂的「科技理性」上。既然商品拜物教是一種經濟意識現象，在盧卡奇眼裡異化／物化一開始就具有純粹精神現象的特質，因為他有此論述：無產階級在資本主義社會的框架結構中已經不是作為「主體」的自主性地去創造歷史，而是淪為自己的創造物的「客體」，從而被貶抑為「物的世界」的一個因素——商品。

盧卡奇把物化與異化置於等同地位，認為物化就是異化。其實「物化」、「異化」、「對象化」是三個不同的範疇，馬克思對此有清楚且精確的區分。馬克思明白指出，在商品生產的社會裡，「物化」有兩種，一是勞動在其自然規定性中的「物化」，此表現為勞動者因勞動所創造的「使用價值」，二是勞動者在其社會規定性中的「物化」，此表現為勞動者因勞動所創造出的「交換價值」。「使用價值」即產品，是勞動的「對象化」，「交換價值」是勞動產品的「外化」，這都是「物化」，只有在生產關係／資本主義邏輯下勞動產品離勞動者而去並將勞動者貶抑為「商品」／「物件」，最終將「人」墮落為「非人」時的那個社會實在才叫時「異化」。

對資本主義社會中的「物化現象」以及與之相適應的「物化意識」問題盧氏論述最多。對於這個問題盧卡奇的論述有幾個重點：其一是，「物化」是在社會生活中發生的，是歷史現象，不是自然現象。其二，盧氏在談「物化」一事時，馬克思的《一八四四年經濟學哲學手稿》（《巴黎手稿》）尚未被發現及出版，世人還不知道馬克思有「異化論」，青年盧卡奇此時居然提出「物化」問題以追尋青年馬克思的「異化論」，這不能不說是盧卡奇對青年馬克思思想有洞見在先的知識潛力。其三，在馬克思眼裡，「物化」有兩種，一是勞動的對象化，亦即「勞動」在其自然規定性上的「物化」，二是生產者在社會規定性上與生產者疏離，即生產物不再屬於勞動者自己所有，這是生產關係上的「物化」，又叫「異化」。盧卡奇則是把「物化」等同於「異化」。其四，盧卡奇認為物化／物化造成一個自外於人的準自然境域／準客觀社會實在，它和人相背離，並反過來與人的主體意識相對立，進而支配和主宰著人的活動。其五，物化／異化導致社會歷史普遍存在的二元對立，包括主觀與客觀的對立、思維與存在的對立、自由與必然的對立。其六，「物化意識」在意識中表現為二律背反，即思維形式與概念內容的互相脱節／排斥，表現為自在之物的非理性和不可克服性，表現為人們對於總體性的不可把握性，以及理論與實踐的相互分離。這種「物化」一旦成為「準社會規律的客觀性」時，盧卡奇認為就不是僅僅通過批判和理解可以加以消除，相反，反而要通過歷史發展和革命實踐加以超越與揚棄。

盧卡奇的「物化」論述直到一九三〇年莫斯科首次發表馬克思《一八四四年經濟學哲學手稿》後才做了觀點上的反思，他這樣説：「我開始明白，對象化是人類攻克世界的一種自然狀態，而異化則是在特定社會狀況影響下的一種存在」。

晚年盧卡奇最重要的著作是其《社會存在本體論》，雖然這部著作未能寫完，但無礙於標誌他作為一位傑出學者所投入的最後生命力和他作為哲學家所展現的知識良心，這部著作，按照盧卡奇的設想，應該是純馬克思主義的，也是他走向馬克思主義之路的最後見證。

盧卡奇在《社會存在本體論》中表現出一定程度地自我批判，糾正並完善了他的社會哲學觀，總結了歷史唯物主義不僅是一種認識社會發展過程的理論和方法，而且肯定它就是社會本體論與世界觀，尤其是他以「勞動」範疇為中介，把社會與自然聯繫起來，以此揭示人的勞動活動和以它為基礎的文化活動的本體論結構，從而指出不該把物質本體論同實踐本體論對立起來，在哲學意義上甚為精彩。

盧卡奇在該書〈導論〉中強調了歷史唯物主義的基本範疇「物質實踐」、「勞動」、「生產」，而且將「物化觀」昇華為「異化論」，以與青年馬克思的「異化論」相合一。就異化的主體而論，盧卡奇在《社會存在本體論》中就沒有像在《歷史與階級意識》中那樣明確地指出是無產階級，反而是通過勞動而實現的「群類性」與「個體性」問題中來看待「異化」問題。盧卡奇把勞動、分工、交換、私有制、階級等歷史範疇和人的「群類性」發展聯繫起來加以思考，提出所謂「自在的類性」與「自為的類性」兩個概念。盧氏認為處在「自在的類性」階段的人類，「異化」只能改變其形式，但無法從根本上消除其「異化」，只有發展到「自為的類性」階段，人的異化問題才能從根本上解決。其次，晚年的盧卡奇在《社會存在本體論》清楚地對「物化」、「異化」「對象化」加以區分，說明盧卡奇對馬克思的《巴黎手稿》和《政治經濟學批判手稿》熟讀並深刻理解。再次，在《社會存在本體論》中，盧卡奇認為「異化」是一個歷史範疇，也就是「異化」是在一定歷史條件下產生的歷史現象，不是超歷史、超時空的人類學現象。他還強調，如果不首先研究歷史的辯證發展，就無法研究「異化」問題。為此，他進而指出「異化」表現為歷史過程中的辯證的對立性，是發生在社會歷史中的不可避免的對抗性矛盾，直到共產主義社會到來，「異化」才能作一歷史的終結。可見盧卡奇晚年的「異化觀」已經超越了青年盧卡奇的「物化觀」，而且是在一個較為寬廣的概念下論述

「異化」。

應該注意的是，在《社會存在本體論》中盧卡奇不是簡單地論述「異化」問題，而是辯證地由論述「異化」進而克服「異化」這個問題。前面講到盧氏強調人類須由「自在類性」進到「自為類性」外，他還強調「異化」之克服即在由「局部性的個體」向「完整性的個體」做轉化。最後，關於「物化」或是「異化」問題，老年盧卡奇提供給我們三個值得參考的論點，這些論點具有現實性與現代性：其一是，「異化」和「反異化」的鬥爭只能主要在「日常生活」中進行。其二，「異化」明顯的是一種集中表現在個人身上的「社會現象」。其三，「異化」在很大程度上是一種「意識形態」現象，尤其是主體和個人為擺脫／克服異化而進行的解放鬥爭更是具有根本的意識形態性質。當代社會的「異化」形式是以科技理性及資本主義邏輯形構出的晚期資本主義意識形態在人類日常生活中對人的普遍控制或全面宰制。因此，盧卡奇晚年的這三個論點其實在告訴活在當代世界的我們：個人必須首先在意識形態上超越「局部性的個體」和「自在類性」維度，站在社會實踐本體論的基礎上揚棄「物化」／「異化」意識／趨勢對於人類／個體所加的束縛與宰制，如此人的解放才能真正的實現。

三、對經驗主義的批判

在《策略與倫理》與《歷史與階級意識》著作中，盧卡奇都提出「什麼是正統馬克思主義」的問題。

根據盧卡奇的回答，所謂正統馬克思主義並非指任何忠於馬克思的特殊觀點，以及可能對馬克思觀點採取批判的態度，只要對馬克思主義的本質，即辯證法維持信心者，就是正統的馬克思主義者。

所謂「方法」，並非指謂智識的操作法則，如邏輯的推演，而是指一種思維的方法，這種方法認為思考世界亦有助改造世界；換言之，這種思維方式是具有實踐的意涵。馬克思主義的辯證法並不只是觀察描述社會實在，或是指示應如何去描述社會實在的方法；辯證法是社會革命的動力，辯證法並非是外在於革命的過程，所以作為一種方法，辯證法是屬於革命過程的內在組成部分。

盧卡奇認為，辯證法的這種方法概念，涉及到將社會視為單一總體性（totality）的作法。從一九一九年至一九七一年，盧卡奇從未動搖以下的觀點：將社會視為總體性概念的展現是馬克思主義的核心。有關社會總體性的概念，最常出現在馬克思的《政治經濟學批判大綱．導言》中；在這一篇導言中，馬克思提出抽象相對於具體具有首要性地位的觀念。根據盧卡奇的分析，如果不否定社會總體是由個別社會事實的積累構築而成的觀點，則馬克思主義的存在幾無可能。事實的意義並非由事實本身來自我呈現，社會事實的意義唯有與社會總體關聯起來才能獲得彰顯，因此總體在邏輯上必須先於總體的個別組成部分。就總體與其個體之間的關係而言，馬克思主要是承繼黑格爾的思想。因此盧卡奇認為，我們必須了解，辯證法的基本主張，就是黑格爾的實體概念理論。此一理論認為，整體先於其所組成的個體部分：即我們必須將個體與整體關聯起來，並在此關聯關係下理解個體的意義，而不是相反。實體不應與現象對立起來，而認為唯有通過意識（mind）才能理解現象；因為對馬克思與黑格爾而言，實體本身只能作為整體的一部分才能被理解。所以盧卡奇認為，整體絕對優先性，即整體優先於抽象孤立之個體的概念，是馬克思之社會概念及辯證法的本質。

因此馬克思的革命理論和社會主義只能建立在總體性的理解方式上，而不能對其進行瑣碎的經驗分析。正是肇因於經驗的分析，機會主義和修正主義總是將馬克思的革命理論及社會主義訴諸於經驗事實，而認定從經驗事實的分析過渡到社會的革命性轉型，之間並不存在邏輯的推演關係。在工人運動過程中，這種經驗主義正是修正主義與改良主義的意識形態基礎。

在他處攻擊經驗主義時，盧卡奇並未引用相同的話，但是他反對經驗主義的立場卻是一貫的。在《歷史與階級意識》書中，盧卡奇認為，將事實視為是直接給定的理論，同樣也會認定資本主義社會是不可逆轉的既定事實。但是要了解事實的意義，就必須將事實放在具體的總體性脈絡中來理解，像這類事實的意義當然就不是直接給定了。個體的真理取決於整體，而每一個個體若能獲得理解，整體的意義就可以獲得彰顯。對於社會實踐及理論而言，整體就是革命原則的母體。所以只存在一種科學，得以含括人類的全部歷史，如政治、經濟、意識形態、法律等，而只有整體才能賦予個別現象所具有的意義。馬克思不是說過，多軸紡織機本身就只是多軸紡織機，只有在特殊的社會條件下，多軸紡織機才可能成為資本。所以我們無法直接認定機器具有資本的功能：機器是否成為一種資本，我們只能通過機器產生的那整個社會過程來觀察。經驗事實不是最終的實在，經驗事實只不過是在整體中人為孤立的一個側面：歷史演化的總體趨勢，比起經驗性的資料更加真實。

但是盧卡奇所謂的整體性不是靜態性、給定的事性總和，它必須被理解為動態的實在，而在此一動態的過程中涉及某種趨勢、方向，以及結果。事實上，這種動態的過程已經將現在、過去、未來的歷史合而為一，但是這種對於未來的預言，並不等同於對自然事實的預測，而是在預測的行動過程中創造可預見的未來。所以此一動態的「整體」是可以預視的，而當前的事實唯有通過它與未來的關係才能被理解。

關於此一認知，對於區別社會主義運動中的革命主義與改良主義觀點的差異是特別重要。在改良主義者的眼中，目前工人階級社會和政治鬥爭的意義，都因為鬥爭的結果而消失殆盡。但是另一方面，對於馬克思而言，每一鬥爭的片斷，包括工人為改善經濟條件所從事的運動，必須從革命的整體觀點賦予其意義。這正是列寧與盧森堡的辯證與革命態度；因為列寧、盧森堡二人在與機會主義及修正主義鬥爭時，總是放眼革命的「終極目標」。在關於盧森堡的論文中，盧卡奇特別讚許盧森堡對權力進行整體式的分析方法。盧森堡認識到，資本積累不是一種孤立的現象，而是作為導引無產階級革命過程中不可避免的一部分；所以盧森堡能夠指出，資本積累不僅無法持續地受到限制，相反地資本積累的結果會造成資本主義的瓦解。像鮑爾這類的機會主義者，就是無法以整合性的歷史過程來思考問題，結果臣服於資本主義的威懾，只是企求透過倫理的手段治療資本主義的病端。一旦這種總體性的觀點被捨棄，資本主義作為一種導引經濟運作的法則，將會被視為是一種給定的（given）、不可改變的事實及自然律，只能使用不能廢除，那資本主義的弊端終將無法被克服。但是另一方面，從總體性的觀點來看，資本主義只不過是歷史的、短暫的現象，因而是革命意識產生的載體。

在那本探討列寧的書中，盧卡奇再度運用「總體性」概念，使其成為列寧學說的核心及列寧偉大功蹟的神祕之鑰。就盧卡奇看來，列寧的天才之處，在於他能夠從特殊經驗事實及事件之外或本身之中，區別出時代的革命趨勢；並且從單一的社會主義觀點，去整合所有當時的議題，即使這些議題都是相當細微末節。列寧認識到，總體性的過程要比任何枝節更加真實，因此除了所有的表象之外，列寧看到革命的時機已經成熟。從經濟的面向來看，列寧並未對帝國主義理論加添新意；但是列寧卻成功地將經濟理論與當時的政治發展整合起來，因而使其帝國主義的理論超越希法亭的理論成就。

將「總體」與「中介」（mediation）的概念相互關聯，則可以將此種關聯性應用到社會問題的所有領域；而在盧卡奇文學觀中，這種關聯性的作法扮演相當重要的角色。所謂「中介」，盧卡奇意指在整合成一普遍性的總體，亦即整合成過去、現在、未來之總體的歷史過程之前，任何將「總體性」拆解成可被觀察之個別事實和現象必須先被配置得宜。盧卡奇經常也以「中介」一詞，意指將實體與總體關聯起來的智識過程。無論如何，無法採取整體性的思考模式，使吾人淪為既定環境的奴隸，使吾人無法超脫現存的社會秩序；但是另一方面，若是輕忽「中介」的需要，那麼吾人則又會犯下幼稚的錯誤，以單一的、無差別的整體去含括所有現象，而忽視了生活與文化中不同面向的特殊屬性。如後來所顯示的，納粹主義正是以一種無「中介」範疇的意識形態解釋總體性的概念。進一步而言，盧卡奇也指責所有其他藝術風潮的內涵，缺乏「中介」或「總體性」的範疇和概念。例如，自然主義（Naturalism）侷限在直接經驗的描述，而無法達致總體性的社會批判層次；象徵主義（Symbolism）則是讓不同的頹廢形式，將片斷破碎的經驗提升成一種外在的抽象整體，而使象徵主義醉心於「主觀」總體性的創造；所以象徵主義同樣欠缺總體性的觀點。對於社會主義而言，缺乏「中介」概念的結果，將導致宗派主義，即無能力掌握特殊功能之個體之間的相互關聯性。例如，宣稱在社會主義社會中，藝術工作主要是單純由宣傳價值來作決定，這就忽略了藝術工作本身特有之美學批判的中介角色。後來盧卡奇對史達林主義批判的要旨，主要是因為史達林主義無法了解社會主義建議，是容許不同手段的存在，以及將藝術與科學化約成政治性的作用；換言之，史達林主義同樣缺乏「中介」的概念。

就盧卡奇看來，馬克思主義中，所有化約主義的解釋，都是無法理解總體性與中介的特質；所謂化約主義是指，將歷史過程中的某些因素，理所當然地視為唯一的決定因素，而忽視其他歷史因素的可能存在。在盧卡奇的晚年作品中，他指責強調「社會存在決定意識」的馬克思主義者，並未處理所謂經濟主義（Economism）這一問題。因為這種馬克思主義並未將形式世界與意識內容，與直接生產關係中的經濟結構關聯起來，而是將它們與社會存在的整體接連一起。因而透過社會存在所產生的意識決定作用，就純粹只是一般的決定因素。從第二國際到史達林主義、甚至史達林主義之後，唯有庸俗馬思主義者宣稱已經在經濟，或經濟領域中特殊面向以及意識形態之間，建立一種直接的、絕對的因果關係。換言之，社會生活的基本決定因素，就不是存在於上層建築與下層建築之間的關係，而是在於社會存在與總體之各別特殊因素之間的關係。

四、對新康德主義與演化主義的批判

無論如何，就盧卡奇看來，辯證法不僅只是一種科學方法，可以隨意地從一個客體過渡到另一客體，同時應用辯證法的主體，也無法獨立於辯證過程之外。對於黑格爾與馬克思的理論而言，黑格爾與馬克思理論作為觀察社會實在的方法，已經成為其所研究之社會實在的建構因素之一部分，而不僅只是一種了解社會的方法。因此作為社會建構之一部分的辯證法，是歷史過渡到最後階段的成熟表現，辯證法同時也是歷史主體，即無產階級創造終極歷史過渡的理論意識。換言之，並非獨立於政治和社會地位之外的任何個人，能夠隨意採行辯證法而成功地將之應用到任何的客體對象。因為辯證法並非獨立於無產階級革命鬥爭之外；辯證法是無產階級革命鬥爭的自我意識展現，也是無產階級革命鬥爭的一環。

辯證法預設社會是一總體的概念，而只有社會的主體，即馬克思理論中的普遍階級——無產階級，才能在孤立的現象中認識社會的總體性。根據黑格爾「真理即主體」的原則，唯有通過此一階級，即具有命定的革命意識並能解消階級社會進行總體性社會生活改造的階級，歷史過程的真理意涵才得以展現出來。

第二國際理論家誤以為：馬克思主義是在對歷史實在進行科學的闡述，而只要馬克思主義的應用法則正確，那麼馬克思主義的理論便能為每個人所接受。馬克思主義是無產階級理論意識得以認識革命成熟時機的表現，無產階級的階級意識並非獨立於歷史過程之外，無產階級必須從歷史的發展過程汲取革命的動力。不像先前的革命行動，那些革命主體並不了解他們革命行動的意義，而他們所承受的苦難也只是一種幻想。無產階級若是無法完全地、除魅地自我意識地認清他的社會處境，以及命中注定要承擔的革命使命，那麼無產階級革命是不可能成功的。

歷史發展過程中無產階級具有特許的地位，這不僅是因為無產階級能夠進行激進的革命消除階級社會、階級剝削、社會衝突、個人與社會存在的割裂、異化、錯誤意識，以及人性對非人之歷史權力的依賴等現象；更進一步從知識論的角度來觀察，無產階級特許的歷史角色和地位得自無產階級對社會的全面理解：只有無產階級能夠從一種總體性的觀點理解歷史，因為在無產階級的行動中，總體性才真正地在革命運動中獲得實現。無產階級的自我意識，與歷史作為一總體的認識，二者是緊密契合的；而在改造世界的過程中無產階級也達到對世界的成熟理解，因此理論與實踐也是統一的。在這種特殊情境中，對實在的理解與改造不是割裂的過程，而是同一的現象。

基於此一理由，馬克思主義運動中的新康德主義以及演化論的主張，都錯誤地區分歷史的「純科學」，與作為一種道德無上命令的社會主義理想的動力，並與獨斷的價值判斷區隔開來。在社會知識領域中，主體與客體是同一的。因為科學是一種社會的自我認知，所以同樣地科學也是決定科學在歷史發展階段中所在位置的因素之一。就無產階級而言，這種自我認知同時也是一種革命運動，而自我認知與革命運動同一的概念，則是伴隨著無產階級無法將革命的「理想」與實現此一理想的實際過程分離的。社會主義並非只是無能為力地等待人道主義的到來，以及歷史法則的保證，社會主義也不僅只是一種道德的無上命令，社會主義是無產階級的自我知識，是無產階級真實鬥爭的一個側面。

基於此一認知方法，馬克思主義才能解決第二國際理論的困窘。第二國際的演化主義與新康德主義認為，馬克思理論主要的目的在於解釋不可避免的歷史法則，換言之，馬克思理論是一種科學理論，所以在馬克思理論中並不存在規範性的因素。因此新康德主義者認為，馬克思理論中必然的規範性因素或理想，必須由康德的道德哲學予以補充。故正統馬克思主義認為，馬克思主義應該滿足於歷史的描述，宣稱社會主義是可欲的也是不可避免。根據盧卡奇的觀點，上述二者的主張並非是站在馬克思主義的立場，因為他們是跟隨康德二元主義的步伐，將實然與應然割裂開來，但正是黑格爾與馬克思二人克服了康德二元主義的困境。馬克思主義並不止於對世界的描述，馬克思主義是社會過程的自我展現和自我知識，通過這類的社會過程世界革命化了，同時自我知識的主體即無產階級也在改造世界的過程中理解了社會實在。將社會生活分割成不依人類意志轉移的客觀過程，以及對此一客觀過程進行蒼白無力的了解或對此一客觀過程予以道德化，這是非常普遍階級即非無產階級的特質及無可避免的態度，即使此一階級是當時歷史進展的代表階級；換言之，這些階級受限於自我的特殊利益，無法從總體性的面向觀照歷史。然而，無產階級的特殊利益是與人道主義的原則相契合，而不僅只是偶發的歷史現象，無產階級的特殊利益是歷史主體與客體統一的真正體現。在無產階級的革命行動中，歷史達致自我知識。歷史必然性是作為一種自由行動而展現出來，而這種歷史的必然性之所以是自由，是因為在這場革命行動中無產階級達到完全的自我意識。歷史的客觀過程與對此一客觀過程的理解是同一的。在社會存在，即實然面向，與此一客觀過程中的歷史主體之理論或道德意識之間，是沒有任何差別的。主體與客體、自由與必然、事實與規範不再彼此對立，而是實在的不同面向。如此一來也就解決了康德主義的兩難困境：如何從經驗事實歸納出責任倫理的宣稱，而科學主義也面臨相同的問題。

同樣地，也不存在意志論與決定論、人類意志與科學預測的矛盾。因為將社會視為一整體不僅是個人的認知，同時這也是真正革命實踐的自我知識，所以在馬克思主義中也就不存在所謂基於歷史法則的客觀預測，以及獨立於人類意志之外規範社會變遷的歷史規律。預測的行動是與影響被預測事件發生的行動合而為一的：無產階級在創造未來的行動中認識未來。

盧卡奇認為，歷史主體與客體、意識的認知與規範面向之統一的觀點，是黑格爾主義與馬克思主義豐富的遺產。但這並不意謂馬克思是毫無批判地直接承繼黑格爾理論的推演模式：馬克思認為黑格爾並不了解，歷史客體與主體的同一是在於歷史本身之中，而在黑格爾時代，也不存在主體與客體同一的歷史條件。結果黑格爾將主客同一置於超歷史的（**extra-historical**）理性範疇中，而在歷史演化過程中賦予精神作為造物主的角色。雖然克服主、客體二元主義的兩難困境一直是黑格爾的終極目標，但是黑格爾終究無力成就此一目標，最後留待馬克思加以完成。

隨著以上理論的推演，任何人都無法宣稱自己僅是理論性的馬克思主義者，只是承認馬克思的社會理論及歷史預言能力的效度，而不參與促成理論及預言實現的行動。正確地說，抱持這類的態度是有可能的，但這並不是馬克思主義者的態度。作為一位馬克思主義者，必須能夠參與實踐理論的行動，因為理論本身只不過是對這場運動的自我理解。

此一理論是盧卡奇用來批判馬克思主義陣營中不同流派，與非馬克思主義之社會主義的理論基礎。正如吾人所看到的，盧卡奇的這一理論不僅用來拒斥第二國際中正統馬克思主義與新康德主義之馬克思主義的理論，同時也批判了馬克思的前人及同時代的理論觀點，例如拉薩爾、赫斯等。

五、對自然辯證法與反映論的批判

隨著盧卡奇主張，辯證法是歷史主體與客體彼此互動而朝向統一的過程，盧卡奇進一步認為，恩格斯的自然辯法觀點是不可行的。事實上，在這自然辯證法的觀點上，盧卡奇指控恩格斯誤解了馬克思辯證法的精神。盧卡奇認為，如果接受辯證法只是指涉由人所觀察之既成自然法則的體系這類的觀點，那麼吾人仍處在命定論的階段，並誤以為知識只不過是一種純粹的反思。如此一來，辯證法的法則就只不過是自然不可轉變的特質：吾人可以發現自然的辯證規律並應用這種規律。但是這種外在性的自然知識，以為人類之技術對自然的剝削，與馬克思與黑格爾所理解的辯證法是不相關的。恩格斯的辯證法喪失了革命的特質，而理論與實踐的統一就只能存在資產階級的冥想之中，以物化的意義對世界進行技術的宰制，而非存在於主體通過革命行動集體地占有這世界。另一方面，歷史唯物論告訴吾人，世界是人類活動過程中的產物，只不過到目前為止人們與這一世界仍處於疏離的狀態，無法真正地理解人才是世界的創造者。前馬克思主義的哲學因為割裂了知識與實踐，而錯誤地認為世界是經驗資料的總和，而實踐則是另外屬於獨斷性倫理面向及技術性計算等的領域。相反地，在無產階級的階級意識中，當主體的自我認識與對整體性的知識合而為一，即當社會存在被認識到是一種人為的創造物，是屬於有組織之集團意識下的創造物，那麼主客分離的二元主義就不可能存在，經驗主義與烏托邦主義的兩難就可以被解決。但是恩格斯所謂的實踐（實驗、技術），並非指人意識到他是實在的創造者，反而只是增強人對環境的宰制能力，所以科技化的過程本身並無法打破資產階級體系的束縛。人運用他所發現的自然律則，並不代表人就可以擺脫成為歷史客體的命運。除非將主客同一的觀念辯證地關聯到外在自然，否則主客同一的理想便無法實現。

基於相同的理由，盧卡奇認為，知識不能被理解成對既存實在的反思。雖然在批判此一概念時，盧卡奇並未明白地將此一議題與列寧聯繫起來，但顯然地盧卡奇是在攻擊列寧的哲學。從盧卡奇對辯證法的理解來看，將認知視為外在世界在心靈經驗中的反映，就是重複思維與存在二元主義觀點，而假設思維與存在是彼此疏離的。如果認知是指在革命變遷過程中對世界的占有，如果理解世界與改造世界是不可分割的過稱此一觀念是無產階級意識的解放，則認為知識只不過是既存外在世界複印在人類被動意識中的摹本這一觀點就不再有任何意義了。思想過程若無法成為改造思想對象客體之歷史過程的一部分，這就不是一種辯證的思維。

對實在採取思辯的觀點，並無法留給理論與實踐統一的空間，或者無法認識主體的創造性角色，此一觀點被盧卡奇用來與「物化」的概念關聯起來。盧卡奇認為「物化」是資本主義神祕意識的典型特徵。事實上，馬克思本人並未使用物化一詞，這只是盧卡奇本人的用語；但物化的觀念卻貫穿整個馬克思主義，在《資本論》第一卷〈商品拜物教的分析〉中，其實就是對物化意識的分析。通過實際的社會情境的作用，資產階級必定產生錯誤意識：因為經濟危機的本質，以及資產階級占統治地位的社會體系的歷史演化的特徵，在在都與資產階級的利益相矛盾。在此一社會中，被統治者的生產完全只是為了增加交換價值，人際關係呈現出客觀價值的屬性，那麼人本身則是被賦予客體特質，完全變成一種物品。人不再擁有個人的特殊屬性，而成為整個生產和交換體系的一部分；因為在這類社會中，個人的人格特質會成為生產機制完全規格化及理性化的障礙。人成為一種勞動力的單位，被根據市場的法則來買賣。當交換價值無所不能的結果，就是整個法律系統的理性化，輕忽傳統而將人化約成司法的單元。所謂理性化，就是應用技術和勞動組織，增加生產活動的專業化及特殊化；個人在精神上則是越來越殘缺，並且侷限在狹隘的勞動分工的技術範圍中。在專業化的影響下，個人的活動是片段化的。社會的統一則是越來越不可得。資產階級的哲學，強化了物化的專制，同時資產階級的哲學既無能力也不願意提升物化意識至對社會「總體性」的理解。所有資產階級的認識，就僅只是經驗性的實在，而在這種經驗性的認知中，是無法產生「總體性」的概念，另一方面，規範性倫理學或獨斷性的烏托邦主義則是無視於「事實」的存在。資產階級的理性主義認為數學是最完美的知識典型，對於超越可計算、可預測的任何現象都不感興趣。任何可能成為「總體性」的象徵，都被排除在科學知識的領域之外，而被打上不可知的「物自身」（thing in itself）標籤。但是對於事實的非理性與對探索「總體性」的渴望之間的矛盾，導致唯心主義的辯證法通過對客觀性的全面否定，以保持主客體的統一；唯心主義的辯證法賦予主體創造性，但卻無法認識到這創造性是一種革命的實踐，具有道德性與整體性的形式。

換言之，盧卡奇認為，在資產階級的意識中，物化的觀念是無法被克服。只有當資產階級社會中的商品即無產階級了解自身的處境，才能了解社會機制的總體性。當無產階級了解到自身已淪為一種商品，無產階級也會認清並反抗社會生活的所有物化形式。所以當這種主體性被喚醒之後，將會使人性從客體的奴役狀態中獲得解放，因此，無產階級的自我知識並不僅是對世界如實地觀察，而是一種歷史性的解放運動，所以對無產階級意識而言，無產階級的自我知識無疑地就不僅只是實在的反映。

根據這種解放意識的觀點來看，傳統意義中的真理問題，亦即判斷與實在的對映關係，就不再存在了；或者說對社會階級或人類而言，真理是相對性的。對於這一問題，盧卡奇的答案是相當模稜兩可。盧卡奇並不贊同人類學或實用主義的真理觀，因為在他看來實用主義使人成為萬物的權衡標準，而不是辯證地改造人本身；換言之，實用主義並不從主客體的互動來思考主體，而是將主體提升到神的地位。另一方面，馬克思主義並不從個人或類存在來宣稱真理是相對地，而是認為不同真理的意義只能通過社會過程來獲得彰顯。

但是盧卡奇的這種解釋並不明確，就盧卡奇所言，如果真理僅能通過特殊階級的觀點而獲得，我們仍要進一步追問：內在的真理即對既存狀態的描述，是否獨立於對這種狀態的觀察？不管如何，盧卡奇認為這是一種錯誤的問題，因為它預設思辯的和物化的意識是外在於客體。但是令人不解的是，根據盧卡奇的解釋我們又如何能避免獲得以下的結論：在盧卡奇的觀念中，真理不僅出於特殊階級之中，同時除了與實際的革命運動合而為一的階級意識之外，不存在任何真理，換言之，參與革命運動就等於握有真理，這類的觀點當然更甚於說階級意識是占有真理的條件。如果我們接受盧卡奇的前題，我們又如何能避免真理是相對於階級，或者「無產階級」之外不存在真理的結論。如果我們以「未來人性將從錯誤的意識中重獲自由」取代「無產階級」，那麼仍會涉及以類存在為基礎的相對主義，而排除傳統意義的真理觀。

當盧卡奇在認知的過程中論及「主客體的統一」，或者「理論與實踐」的統一，一般而言盧卡奇是以此指涉所有的知識及所有的客體；但是在盧卡奇的心中，似乎將這種指涉侷限在人文與社會科學對象，即人類歷史與人作為一社會存在等對象上。作為黑格爾與狄爾泰（Dilthey）、溫德爾班等人的信徒，無疑地盧卡奇是希望維持人文知識的特殊屬性，並且強調不同自然科學，主體是以不同的方法對人文實在進行認知，而認知活動是屬於被認知之實在的組成部分，所以認知活動會改造被認知之實在的特質。這個認知主體總是一種集體性的主體，而此一集體性的主體不僅只是社會階級的範疇，所以盧卡奇真正的目的，在於區分人與自然的差異而不是將人與自然統一起來。將人類行為與歷史過程的世界看作如石頭、星辰般是既定的、客觀的，那就使人的意識物化了。對無產階級意識而言，不存在一種既定客觀的社會世界，而認為可以像認識其他客體般理解社會世界的本質，並且我們可以為了一些為道德命令非理性規定的目標而將技術手段應用在社會世界。對社會現象抱持技術態度——即將社會現象視為政治工程的對象，其中人只是純粹的主體，只能受到道德法則的規範，這類觀點完全是一種資產階級式的錯覺；雖然當恩格斯欲將辯證法擴及到自然界，並將社會法則描繪成如地質形成之規律般的客觀時，他並沒有擺脫這種資產階級的虛妄。一旦無產階級意識到他在生產過程中，以及在歷史的動態統一過程中扮演自身的角色，歷史的法則便與人的意志同一，自由便與歷史的必然性同一。

基於同樣的理由，盧卡奇並未區分資產階級與馬克思主義社會學，而認為社會學終將不可避免地淪為資產階級意識形態的一部分。因為社會學的工作，就是要「客觀地」研究社會現象。因為社會學必然假設主體與客體的分離，所以盧卡奇認為「馬克思主義社會學」一詞是充滿矛盾的。一九二五年盧卡奇對布哈林的批判，也是基於同樣的觀點。就盧卡奇看來，布哈林的觀點已經淪為機械式的唯物主義，希望以自然科學方法解釋社會過程，並認為自然科學是所有知識的典範，而不認為自然科學是資產階級意識的產物應對它進行批判。就此而言，布哈林已經背離了歷史唯物論的立場，而傾向於「思辨性」的知識論及企圖發現歷史的客觀規律，並認為技術是造成歷史發展的獨立性趨力而不是社會條件中的一個因素。

盧卡奇的批判，明白針對恩格斯而暗批列寧，自然受到正統蘇聯馬克思主義的攻擊。關於早年的著作，盧卡奇並未作出明顯的評判。當然，盧卡奇並未放棄總體件與中介的理論，以及他對物化的批判立場，同時他也持續主張對自然科學與人文科學的區隔。顯然盧卡奇認為，關注馬克思理論中黑格爾的根源以及馬克思的辯證法，是他早期著作中主要的理論價值。重新省思他的理論，盧卡奇仍然認為，對社會實在的認知，本身就屬於社會實在的一部分，而無產階級在理解世界的認知活動中，無產階級的意識也同時也革命化這個世界。因此我們仍可認為，馬克思主義已經克服自由與必然、事實與價值、意志與預知的兩難困境。這是盧卡奇的最後立場，而吾人可以將盧卡奇的立場視為具有以下的意義：盧卡奇希望將主客體的同一限定在社會過程的領域中，而不將之延伸至超人文世界之外。若是如此，我們不能認為盧卡奇已經背離早年著作中的原初立場，而是重新闡釋他早年的觀點。正如所見，根據《歷史與階級意識》一書中的觀點，吾人可以將之解讀成在盧卡奇心目中的客觀性是具有普遍性的意涵，非僅限定在歷史過程，但是這些觀點是基於邏輯推演的渴望，而不是嚴格的理論思考。

六、論階級意識與組織

根據以上的論述可以看出，盧卡奇不僅將階級意識視為是改造社會制度的動力，同時在改造的過程中階級意識也解決了哲學、藝術，以及社會科學所有的難題；在盧卡奇的心目中，這種階級意識是出自於真正的無產階級，而不是無產階級意識「有組織的展現」，亦即政黨。換言之，盧卡奇的革命觀近似盧森堡，而不是列寧。不管如何，自從一九一九年以來盧卡奇的作品就支持列寧的政黨理論，以及列寧關於階級意識是政黨理論邏輯基礎的觀點。

無產階級意識不能被理解為具經驗意涵的工人階級，無產階級意識也不是個別意識的總和。在工人的經驗性意識與無產階級的階級意識之間，總是存在著鴻溝。前者無法成為後者，唯有真正的意識才是歷史發展的動力，而無產階級意識的載體就是政黨——一種特殊形式的社會存在，一種自發性工人運動與歷史總體性的必然中介。個別工人的思考，並不如無產階級意識的內容重要。無產階級意識是體現在政黨中，同時唯有通過政黨，這種自發性的運動才能了解運動的意義，因為無產階級意識本身並無能力提升至總體性的概念。因此，理論與實踐、必然與自由的統一，唯有通過黨的革命意志才能被實現。

在《歷史與階級意識》一書中，盧卡奇闡釋列寧的政黨理論不是列寧哲學邏輯推演的結果，而是完全根據馬克思的人道主義的相對主義以及實踐理論的觀點，其中知識論與形上學問題的要旨已經被取消了。後來在論列寧那部著作及晚期的作品中，盧卡奇多次重複相同論點。黨是階級意識具體的展現，是無黨階級正確政治取向的唯一護衛者，以及無產階級真正意志的唯一代表者。盧卡奇論述的重點，在於無產階級的真正利益、他的意志、欲求、創造力，以及理論意識，是獨立於實際之工人階級的欲求、感覺、思想，以及認知。

由此我們也可以看到，盧卡奇對經驗主義的批判具有的政治意涵。只要我們仍處於經驗主義中，我們所有關於無產階級的知識就只能來自對實際工人的觀察，我們也就無法認識歷史的總體性，因為人類意識的經驗性狀態僅只是其意識不成熟的指標。因此可以看出，盧卡奇關於理論與實踐統一的理論，比起列寧自己的哲學，在邏輯上更適合列寧的政黨理論。在反映論的基礎上，我們很難堅稱體現無產階級真正意識的黨，能夠無視可能違反其教義的經驗性證據，而又宣稱黨的正確性。當無黨階級在認知意義上的特殊地位來自無產階級的社會角色，以及無產階級階級意識的發生是其意識正確性、真理性、去神祕化的保證，那麼可以進一步假設無產階級的意識是體現在黨之中，則我們便可以獲致這樣的結論：黨總是正確的。當然，盧卡奇並非未費盡唇舌去建構這類的觀點，包括列寧甚至史達林都不曾如此作，但是這一觀點卻是共產黨訓育黨員時的意識形態基礎，並在實際上為所有共產黨的知識分子接受。

在史達林時代結束後，無產階級這種在知識論上的特許地位，已經被化約成史達林同志的觀點總是正確這種現實的目的。但是在盧卡奇之前，包括列寧在內，沒有任何人能像盧卡奇般為這種黨的信仰建構適切的理論根基。所以當盧卡奇跟隨蘇聯的新領導人指出史達林所犯的錯誤時，仍然堅稱那時候他對這些錯誤作法的辯護是正確的。這是典型的、古典的共產黨意識形態的立場，而正是盧卡奇的哲學支撐這樣的意識形態。在形式上黨可能犯錯，但基於辯證法的觀念就非如此。反對黨的政治和意識形態，就犯了政治上及認知上的錯誤，因為黨是歷史意識的化身，其中歷史運動與對歷史運動的認知合而為一。

盧卡奇並未懷疑，無產階級專政就是也應該是通過黨的專政來實現。因此在那本論列寧的著作中，盧卡奇指責那些極左主義者，將蘇維埃看作是階級組織的永恆形式，並試圖在黨和工會中建立這種蘇維埃組織。盧卡奇認為，在革命階段，蘇維埃是與資產階級政府進行鬥爭自然形成的機體。但是革命後，試圖賦予蘇維埃國家權力的人就是無法認清革命與非革命情境的差異性，換言之，這些人的看法都是非辯證性的。在某種程度上，這種關於蘇維埃角色的觀點，是與盧卡奇主要著作中的看法不同；在這些主要著作中，盧卡奇認為蘇維埃的功能在於取消資產階級行政、立法、司法權力分化的設計，是無產階級立即利益與最終利益之間的中介機制。這類的觀點，可能認為盧卡奇是根據列寧的觀點，將蘇維埃的功能歸諸於黨。但是不管如何，在論列寧的著作中，盧卡奇糾正極左派的錯誤，並且指出在革命勝利後，蘇維埃是可以被解散。

七、對非理性主義的批判

盧卡奇主要著作的貢獻，在於為列寧主義提供一種比列寧本人所能提供更適切的哲學基礎。就此意義而言，盧卡奇稱得上是一位不一致的列寧主義者。

在三〇年代至四〇年代之間，盧卡奇最重要的著作是《理性的毀滅》，而這部著作則被阿多諾

（T. Adorno）稱為「盧卡奇理性的毀滅」。這是一部關於非理性主義的哲學，主要論及德國的非理性哲學，從謝林經浪漫主義至海德格和存在主義，主要的目的在於揭示納粹主義的意識形態根源。謝林以不可溝通性的直觀取代理性辯證法；叔本華則是宣稱人類與歷史無可救藥的荒謬性，而認為世界被非理性的意志主宰；齊克果則是讚頌非理性的信仰，而將之置於理性之上。以上所論及是屬於非理性哲學的第一階段，而此一階段止於一八四八年。尼采則是第二階段的主要意識形態根源，其中無產階級的階級鬥爭已經成為社會生活的主要特徵：尼采否定歷史、貶抑凡人，而毫無羞恥地讓實用主義為資產階級服務，資產階級則成為尼采口中的「統治的民族」。自從一八九〇年以來至帝國主義時代，哲學的非理性主義達到頂峰，新康德主義中的形式主義與不可知論，被一種新的、全面性的世界觀取代。這種新的世界觀是基於直觀，對理性分析則是麻木不仁。科學本身的客觀效度受到質疑，而被視為是非理性之歷史或直觀力量的產物。這一階段是由狄爾泰的「生活哲學」開啟，這種哲學觀則是直接導引出納粹的意識形態。狄爾泰的生活哲學反對實證主義，但是這種否定並非出自歷史的非理性及文化的主觀性觀點。狄爾泰的生活哲學也批判資本主義，但是這種批判是源自過時的反動浪漫主義。

使《理性的毀滅》一書成為史達林主義的著作，並不是因為盧卡奇企圖從德國哲學中尋找納粹主義的根源。盧卡奇作品中史達林主義的典型，在於盧卡奇主張，自從馬克思主義出現在歷史的舞台之後，所有非馬克思主義的哲學就都是反動的、非理性的。根據這類的認知，整個德國非馬克思主義的哲學文化，就被盧卡奇指控是在為一九三三年希特勒掌權預作準備的智識性工具。顯然地，盧卡奇的非理性主義概念不僅空洞、難以界定，並且非理性概念指涉範圍的廣乏也顯得相當荒謬。在知識論角度上，非理性主義此一概念，是指完美的認知形式是無法在言語中表現出來，而必須通過某種特殊的、不可溝通性的行動。盧卡奇所列舉的這些思想家，都可以列入非理性主義的隊伍，但是不能就由此認為非理性主義導致納粹主義的誕生。不管如何，只要不是正統的馬克思主義，便一概被盧卡奇稱為非理性主義者。如果分析學派的學者認為，世界無法以總體的形式被理解，而將自己限定在對片斷性經驗的分析，同理分析學派就被認定是非理性主義者。換言之，非理性主義者與納粹主義同盟，都是不信仰盧卡奇從黑格爾處承繼而來的辯證理性，這種理性被盧卡奇認為能夠理解歷史和人類社會的總體，這種總體性包括共產主義的未來及當前的時代意義。或者換另一種方式來說，不相信共產主義當前形式，亦即史達林主義的所有哲學家，都是非理性主義者，因而也是納粹主義。整個德國及歐洲文化的歷史，都被盧卡奇看作是為確保希特勒的勝利預作準備。所有十九世紀及二十世紀的非馬克思主義哲學家，都被視為是在致力於理性的毀滅。我們很難再找到比盧卡奇自己盲目信仰的哲學，更配稱得上是反理性主義。

出版於一九四八年，盧卡奇反存在主義的論題是另一種史達林主義哲學的例證，而體現出列寧、史達林、日丹諾夫教義的主要觀點。哲學必須是唯心主義或者唯物主義，不存在第三條道路；主觀唯心主義導致唯我論的出現，這是一種狂人的哲學；另一方面，客觀唯心主義則以想像的觀念或精神掌握世界。不是精神就是物質，任何宣稱超脫精神與物質的對立面者，無疑是自欺欺人。〈存在主義或馬克思主義？〉一文或許是盧卡奇智識墮落的最明顯例證：此文不管是在風格上及內容上，都與史達林統治下的蘇聯哲學的標準作品無任何差別。沒有跡象顯示，盧卡奇曾經否定這一時期的作品，史達林去世後，《理性的毀滅》一書於一九五四年再版，盧卡奇都不曾更改其中的觀點。

參、葛蘭西的馬克思主義

葛蘭西意識到馬克思主義與馬克思哲學中的本質指涉是在於對哲學與政治聯繫的認識與堅持，這種認識方法顯然是辯證的，即一種關係哲學的審察，政治與哲學間的關係即是有機的與能動的。因而，葛蘭西與馬克思的理論不可能簡單化約為唯經濟主義等的唯一論，唯一論會將其等理論背景的豐富性進行機械化的理解，使理論陷於危機。葛蘭西要回應的背景因素乃兼及馬克思主義哲學、義大利政治現實及工人運動問題與對列寧主義的擴深。他的理論正因為包含了這些殊異要素才越顯其時代意義，尤其對國家危機問題更引導人們超越傳統教條的看法，同時為其關心的社會主義發展道路表現出不俗的洞見。

葛蘭西的政治理論則具體指涉到政治社會學，是對唯物論的具體科學性探索，包含了有機知識分子論、主導權概念及國家理論。這些內容顯然超越了唯經濟論、工具論的提法，為馬克思主義哲學、列寧主義重構，凸顯了理論與工人實踐運動的聯繫關係。

一、論知識分子

葛蘭西對此問題的思考有其深層的動機：在政治與哲學間方法論與哲學實踐過程間的往覆探索。由於當時關於知識分子角色、共產黨發展、憲政議會現實、反法西斯主義等的時空背景因素，在方法論上葛蘭西認為應思考何以政治與文化的轉化存在著這麼多的不平衡關係（如義國的南北、城鄉差異極巨）。葛蘭西認為這是知識上的問題，因此他把這些問題提升到上層結構來思考，超越了上下層結構機械性統一的教條觀點，從而重構擴深了馬克思主義哲學。葛蘭西通過對諸先哲的批判與承續來論述他的實踐觀點。他不同於唯心論的人本主義，也不同於盧卡奇把哲學作為歷史意識、革命過程一種整體性的觀點，也不同於馬庫色把哲學作為具有重新界定革命整體性功能的觀點。凡此先哲在葛蘭西看來，固然都思考到知識分子與現實（reality）的聯繫問題，但卻往往是基於某種意識形態因素，背離了他們自身的角色位置、社會關係意識，即馬克思所曾主張的虛偽意識，因而自陷於主客觀的化約關係而非有機的知識分子，葛蘭西重視知識階層（Intelligentsia），他認為這個階層為群眾提供拙學與思想觀念，為統治階級建構信仰體系及運作霸權。葛蘭西的知識分子觀點乃是能動的（activist）實踐概念，是立基於知識分子的社會雙向因素與階級位置及其功能來思考的，葛蘭西所強調者是以知識分子的社會功能為思考判準的。知識分子在理論與實踐辯證統一過程中有著中介作用，這個過程乃是智識與意識形態的轉化及知識分子轉化為階級權力的功能作用，其範疇則是國家與社會這個實踐場域。

傳統的知識分子在國家與社會的主導權作用中只停留在形式上的。作為浪漫主義、人本主義或禁欲主義的知識分子，他們各自的作用均難具體反映國家與社會之間的主導權危機，這危機乃是對政治強制力與文化同意性的再思考，思考知識分子在霸權機器（hegemony apparatuses）中的地位與功能，思考如何抗爭出新的文化作為另一種新的生活方式的鬥爭。在對國家危機的思考上亦同，葛蘭西指出國家經濟危機何以並未直接導致政治上的危機，乃是忽略對國家與社會間矛盾的充分考察且昧於對革命策略的採用。知識分子在國家的重建中不再只扮演統治者的工具角色，而將面對擴大的社會，以不同的組織方式（如「黨」）及策略來發揮應有的功能與作用。

二、論國家

葛蘭西的思想多充滿辯證的兩重概念，如霸權概念即可作為解釋國家結構或者作為解釋革命過程中的階級形成問題。這個概念除了指涉工人運動需要長程建構的特性外，也涉及上下層結構概念關係的問題，即關於哲學與政治行動科學關係的問題，葛蘭西受到義大利唯心論者克羅采政治哲學的影響，意識到政治菁英與各政治形式的關係問題，他通過對自由主義、左派議會民主諸種政治形式來反省國家形式的新進程。葛蘭西可說是對唯心論、菁英論有所批判同時又有所承續。葛蘭西乃具體指出巴瑞圖（Vilfredo Pareto）、莫斯卡（Gaetano Mosca）的諸項盲點：把社會平衡、經濟因素化約到政治為第一性的精英統治理論，窄化了當代國家社會危機的問題。這些大師先哲對革命的觀點都如黑格爾般多停留在片面與抽象。葛蘭西即舉述消極革命（passive revolution）來論證。設若未經上層結構之革命與未經長程的歷程建立新的國家，霸權機器只是經歷一種消極的革命。霸權雖可經由機制促使大眾同意（如機械論者的馬克思主義者）或藉合法的使用暴力（如韋伯論者）形成，但都非成功的霸權革命。葛蘭西的觀點以為革命應是經由能綜攝高度矛盾與自主的政治力所建構的合理性過程來完成的。因此，葛蘭西不同於結構功能論的靜態觀點，而是辯證的實踐概念，因此霸權的兩重性指涉是兼及解釋主宰階級如何運行主導權與擴及工人階級及如何重建新的國家以邁向社會主義之途徑。因而，葛蘭西的實踐理論關乎下列三者：經濟面：由相對地經濟弱點看資產階級統治危機問題；政治面：找尋進步的能動作用所在；文化面：即知識分子與社會大眾的聯繫。換言之，葛蘭西的理論所要指出的乃在於主導權機器與國家關係的結構問題。

關於此論題，阿圖舍是將之圍繞在霸權機器和意識形態國家機器（ideological state apparatuses）如何運行的探索上。其重心在於意識形態國家機器對於社會關係再生產之功力能審察。但相較於葛蘭西的關點，阿圖舍顯然忽略了市民社會與國家抗擷的事實，也忽略了國家可能作為社會衝突凝結體之事實及忽略了資本主義社會有化解危機而再生之事實。就依葛蘭西的辯證觀點看來，阿圖舍顯然有較機械功能性的傾向，甚至是一種二分法的論述方法。

葛蘭西的這項概念乃回應了自由主義與列寧主義論者的觀點，前者認為國家乃具有合法暴力的特性，且國家與市民社會之間乃是一種可表現的整體性關係；而後者則把國家化約到以強制力為第一性的考量。對葛蘭西而言，前者是一種意識形態，後者則常被化約為唯經濟論的教條。葛蘭西則把這些更精緻化了，葛蘭西認為一般經濟危機發展到歷史的有機的危機的前提應是它能影響到國家及其主導權機器；易言之推論經濟與政治危機的關係，必然檢視國家與市民社會的關係。葛蘭西的市民社會觀點揭示出兩重的辯證分析概念：物質生活的條件（生產的私有體系）；意識形態與文化的霸權機器。故國家與市民社會構成所謂的歷史性集團（historical bloc）。葛蘭西的觀點所涵括的理論與實踐的辯證意涵是至為明顯的。

葛蘭西曾表明這些問題是由歷史唯論為重心的，進而指涉到對唯經濟論之批判與對列寧主義的進一步發展。葛蘭西的歷史唯物論是承續馬克思的制約（conditions）觀點，認為主體仍具有其能動性，此乃葛蘭西建構有機的知識分子論（organic intellectuals）的理論基礎，「有機的知識分子」是在客觀制約中理解到其階級地位與功能整合的真意識（true consciouseness）以有機的知識分子呈現其主體能動性。葛蘭西並以美國福特主義（Fordism & Taylorism）之生產模式來理解義國現狀，為其早年工廠委員會（factory councils）運動理念找尋觀照點。相較之下福特主義所涉及的生產模式是葛蘭西最關切的主導權概念問題。因為，這含括政治論題與更深層的上下層結構的理論問題。同樣的，當時的法西斯主義也表明了不同的生產模式同樣得面對如上的問題範疇（problematic），葛蘭西之視法西斯主義為消極革命其道理乃在此。質言之，此問題範疇指涉生產關係中的文化本質及主客體位置與實踐的意識形態問題。反映在革命過程上來說，即葛蘭西所關切的「人皆可為哲學家」之整體革命觀，簡言之乃大眾哲學（mass philosophy）需要內外在新的思維、生活方式的新的革命觀內涵，這個實踐過程中介者即為有機的知識分子。葛蘭西的認識態度誠為典型的兩重論證法（polemical），故主導權可說是強制（force）與同意（consent）的統一也繫乎此。因此，葛蘭西的觀點大異於佛洛伊德把理念作為一種體系的看法，也不同於哈伯馬斯由下而上層結構的理性觀點；葛蘭西的觀點的科學合理性基礎，是要以兩重論證的實踐過程作為判斷依據的，即哲學關於真與判斷（true & judgement）的科學觀，在葛蘭西看來即是實踐的問題了，因為一切的科學都是和人的活動結合在一起的，離開這活動，所謂科學的客觀性還有什麼意義；而應以實踐的過程為衡判的。因此，在認識論上，葛蘭西始終不同意把革命實踐僅化約為唯上層或下層結構的觀點，反對唯政治或唯經濟論點。同理，反映在其方法論上，葛蘭西也不同意把階級擴張的基礎化約在被壓迫、剝削的層面，而應是一種整合的（integral）過程，而國家也應是非化約論的整合的國家（integral State），此過程是歷史因素與社會環境的歷史性集團實踐過程，才是真的現實所在，它是在特定的歷史情境中，表現那種情境現實的發展趨向的。

葛蘭西對於整全國家的國家擴張概念可由四種形式表明：（一）由上層結構以兩重的方法論看國家，乃是有較嚴格與廣泛的觀點，同意與強制等的對等平衡。故國家是指一個政府（具有壓迫與經濟功能的階級專政），此係較嚴格的觀點；而相對地廣泛觀點則是指整全的國家，此繫乎上層結構豐富而相互關聯的發展。因此，兩重的方法論點不同於唯意志論、經濟論及自由主義、法西斯主義的國家論點；（二）葛蘭西是站在階級衝突的觀點，故不同於自由主義式的抽象意識形態觀點；葛蘭西並曾具體指出國家的危機除了經濟危機（如列寧所云者）外，更存在了有機危機（即主導權危機），此危機的現實在於各種力量抗擷關係之呈現。因此，不同於唯經濟危機論、自由主義的代表制危機論；（三）主導權危機引導人們注意到國家危機除了國家機器上的危機之外，還有社會面向的危機，因為前者繫乎後者，後者關乎前者在於社會力為其利益及階級地位而對國家的支持與否。故整全的國家是包含專政與主導權兩重的功能與危機的相互關係；（四）在主導權機器與國家主導權上是有區隔又相互聯繫的，前者可存在於私有的組織運作中，常作為後者的胄甲，消解革命運動化解國家主導權危機。因此革命若未徹底改變前者，只是政權組織上等的形式變遷時，對葛蘭西而言乃是消極的革命。完整的革命應是前後二者的相互中介，其實踐的統一過程是多重的，也是上下層結構的有機相互作用：即可以經由官僚科層、警政、議會、有機的知識分子等的長期革命實踐重構整全關係。此即葛蘭西的政治社會學洞見，也成為普遍的社會學觀點，揭示了國家的社會形塑問題。它將傳統的教條國家觀細緻化，指出國家並非僅作為物質的統一體，而是具體指涉國家的大眾歷史性文化與意識要素基礎，故葛蘭西的實踐哲學觀點是兩重的辯證觀，一切意義都從實踐中得來，並同實踐有關。

三、論工廠委員會

在此可看見原初的葛蘭西智識發展，是充滿了克羅采哲學與法國文化的特質的，葛蘭西的工委會革命策略強調的是通過類似工人民主的大眾自發性（mass initiative）來重構列寧的黨的革命策略。識者雖然批評列寧式革命是違背馬克思的《資本論》理論，但葛蘭西則認為列寧是用《資本論》方法革命（with「Capital」）。故葛蘭西心中的列寧是被肯定的。

工委會策略的型態難免予人產生自由主義的印象，因為葛蘭西處理著義國的南北問題（即政治經濟間的城鄉之間差異與對立），故青年時期的葛蘭西仍洋溢著道德國家觀（類似青年馬克思的！）。但這只是就其策略型態的表象觀察。實然葛蘭西是在自由主義與法西斯主義中反省何以義國革命條件之不足，他是用階級來分析論述的，此乃全異乎自由主義以個人或意識形態為出發點的立論。自由主義在葛蘭西看來是偏重經濟因素領域的，對所謂大眾自發性的政治因素領域是有意無意的忽視的。葛蘭西由列寧革命中深體馬克思主義是作為一種革命哲學，同時也是政治的實踐，故葛蘭西並非只把列寧主義接收到義國革命，而是一種超越，要在義國發揚列寧主義的啟發作用，青年葛蘭西無疑的有二特質：認為國家不是僅作為階級統治工具的，而是扮演更重要的角色，即國家與社會的統一建構，尤其對當時分裂的義國而言勢先要有強勢國家（strong state）前提才能有整全國家之可能；資本主義生產方式的結果是以意識形態觀點分離政經之間的有機聯繫。故而，葛蘭西反對自由經濟論者（liberal-economist），也反對辛迪加（Syndicalism）的革命論，因為二者都違背前述之特質。葛蘭西這種兩重的辯證觀貫穿到他在獄中的晚年思想，獄中的他，所指出的整全的國家論，他即表明是和他早年道德國家論相連結的，故作者以為葛蘭西國家論有著一貫性。

四、帝國主義與霸權

馬克思主義國家理論觀點與自由主義國家觀存在著互斥，前者對國家的揚棄，後者則作為資產階級的國家，葛蘭西則先需要一個強勢國家，統一的義大利。葛蘭西大體上同意列寧有關帝國主義論及國家與革命論的論點，而葛蘭西的旨趣則在深化、細緻化列寧的觀點，故對危機的看法，葛蘭西仍堅持以上下層結構的辯證關係去理解，葛蘭西的貢獻乃在此立論上擴深了馬克思主義，將國家危機由經濟面向指涉到上層結構的危機。

葛蘭西先要克服第二國際運動中將經濟政治二元對立的危機；其次要回應戰後先進國國家擴張的現實，雖該資產階段國家失去合理性功能卻仍能運作，這乃揭示出現代國家危機已轉化到上層結構上。故社會主義革命面臨的危機就是因為在未能把握爭奪主導權的這種危機，革命者未察對上層結構革命之重要性。這些即是葛蘭西有機的危機概念，他不是背反列寧主義而是審察前述現實後對列寧主義革命策略的重構。葛蘭西認為義國革命並未建立在主導權的革命上，對資產階級的統治法權根本未予改造，故類似這種都是不完整的國家與主導權，葛蘭西乃要此法權結構改變之。其次，他要改變國家的基礎，當時義國法西斯只是一種階級運作的恐怖平衡狀態，這很大部分因為當時的知識分子仍是非有機的知識分子，欠缺對歷史一定的解釋能力；另則因為資產階級的國家擴張職能使其經濟、政治危機被轉化了，並形成了抗拒革命的階級，社會則作為資產階級國家的「冑甲」。故葛蘭西認為其革命將是有機的知識分子與工人階級的結合，以成為主導的革命階級。

葛蘭西的政治思想中一個中心概念是革命政黨（又稱「現代君王」）要建立起「文化霸權」。有了文化霸權，這個代表無產階級的政黨才有能力說服社會其他階級接受這個政黨自身道德、政治與文化價值。如果某一統治階級要想「成功治理」，也必須成功建構「霸權」不可。葛蘭西的這個霸權概念是呈現在實踐的狀態中來論述的，故它並非僅僅作為一個術語為已足，它是在國家建構與各種力量不同時刻轉化中重合的過程。這個實踐的國家觀（practical state）主要來自列寧的啟迪，它是階級、國家、大眾的關係作用。此過程的主導權建基在同意與權力上，故葛蘭西在往後也意識到農民聯盟的革命策略，此已擴深前述以知識分子、工人為主導的看法，以及由工委會策略拓深到對先鋒革命黨的看法。

葛蘭西的觀點並非自限於客觀現況，它包含對各種主義具體的理論與實踐之回應，它更通過帝國主義來思考社會主義真正進程，理解葛蘭西與列寧的重要性不在其等對馬克思主義理論的還原或遵從有何差同，而在二者同是在實踐上的開創能動呈現。二者對運動中的自發論之強調有所不同，葛蘭西傾向於通過自我教化的工委會自發過程，與列寧強調外在條件自發之作用不同，也與自由主義強調個體自發性之高揚不同。但葛蘭西與列寧都承續了馬克思以來的哲學作為一種政治學的觀點，即社會主義實踐合理化過程。葛蘭西對政黨的觀點不如列寧強烈，主要是葛蘭西認為大眾才是政黨革命政策之基礎，甚且大眾是社會主義過渡的重要環節；同時葛蘭西也意識到政黨早已存在若干的問題（如派系、官僚、修正論者……）。換言之，葛蘭西並非忽略政黨，而是革命實踐中的優先性（priority）有所選擇。他與其他人之不同在於經過理論與實踐的自我批判而創設出新的意涵上的政黨霸權觀，尤其葛蘭西賦予疕哲學上新的位置、功能。葛蘭西的革命雖未成功，但他仍具體反省到工運之敗，在於義國未能存在一種有機的有教育（化）的工人運動環境。但他卻凸顯了大眾自治能力，開創能動能力等的重要革命經驗。而其實踐哲學更具體表明了革命乃將結合政治、文化的革命，新的政治實踐也必然使政治與經濟集結在一起；如此，才能發展出自發性與主導權辯證關係。這是新的理性場域，旨在建構真正的階級與大眾政黨。

五、論無產階級專政與統一戰線

葛蘭西霸權概念的最大特色乃在於要在實際的國家中才得以具體地理解，而列寧則比較傾向抽繹出若干理論概念以利把握運用。列寧對本論題的看法可概括為：作為一種階級領導；以聯盟政策運作者；在鬥爭中贏得主導權。列寧也進一步析論出無產階級主導權與其專政之國家型態之不同處。前者乃在確保意識形態與政治上的領導優勢；後者在於權力運作上必須求諸先鋒黨。而葛蘭西則認為前者將國家化約於擴張性與壓迫性；後者則有過於官僚化、軍事化的危機。從而使主導權限於機械化而欠缺有機性。

在專政與霸權之間的決定性因素，對葛蘭西而言顯然是在於如何建構一個工人國家（Workers

State）——它的功能、組織及專政合理化的條件、形式如何。葛蘭西認為階級霸權與國家權力分屬兩個場域不應混淆，從而葛蘭西指向新的智識場域，揭示出霸權機器的重要面向，即回應唯經濟論馬克思主義者忽略上層結構的問題及傾向由下而上的機械化革命觀問題。葛蘭西開創出新的途徑即在於提醒人們反省前述問題，葛蘭西的論述是建立在唯物論的文化論述上；因為文化霸權的概念吸引了他政治上的注意力，只要充分掌握它，就如同闡明了歷史唯物論。方法論則是知識分子與國家之關係論。

本論題旨在分析革命之可能性問題，葛蘭西的著名論點即運動戰（War of Movement）、陣地戰（War of Position），這些論點包含葛蘭西對法蘭西之考察感受，即政治體系固然處於不穩定的平衡，但革命必然取決於社會力中的多數，並保有一定組織彈性。運動戰與陣地戰分別用在東方國家、西方先進國家，但兩種戰法並非只是地理上差異的戰法而已。運動戰表明東方國家的市民社會仍處於原初膠著，國家即代表一切，故革命策略能以運動戰一舉奪下國家政權；而陣地戰表明西方先進國家與市民社會固有妥適關係的現實，革命必然要逐一奪取國家在市民社會中的每個關係陣地，才可能達成。

論者常又質疑葛蘭西與列寧存在著什麼曖昧關係，然就上述兩種戰術而言，葛蘭西在陣地戰中是把列寧的革命場域擴深到市民社會，乃是一大貢獻，尚且葛蘭西也在晚期表達了工農聯合政府的觀點即為對列寧思想的承續重構。

六、對唯經濟論的批判

葛蘭西這個批判，指出該論忽略了上層結構的特定角色又高估了大眾的革命預備狀態。此批判指涉了西方國家革命之道路問題及日後國家建構的長程進程，前者是陣地戰，後者則是對先進國家、社會的進一步分析。這是對馬克思主義哲學、歷史科學的重新賦予新義，並回應了國際派、改良派等不當論點。

對唯經濟論的批判除了對生產力作為革命優先性有所批判之外，更關乎對政治之理解以及在階級鬥爭中國家與上層結構對政治所占有的位階情況理解，也就是主導權的分析概念。葛蘭西也曾由盧森堡處得到若干啟迪：在激烈的社會矛盾中的自發性及革命效能；經由工人革命的主體性把握由經濟危機所引發的政治危機；經濟與政治的把握對國家與國家機器（State apparatus）的把握（葛蘭西把後者擴深為主導權機器）。就概念建構上，已表明葛蘭西的主導權概念實即國家理論的概念，整全的國家應是專政與主導權的統一，這個擴深，說明葛蘭西面對的挑戰超越當初的列寧，葛蘭西要在先進資本主義國家中找出新的革命途徑，首先面對的敵人除了國家機器外，就是前者的「胄甲」市民社會，葛蘭西的革命場域顯然在市民社會中並和國家機共同爭奪文化與意識形態主導權，不同於列寧當初的運動戰，直接奪取國家機器即可。

關於上層結構的哲學與政治，布哈林也曾批判上層結構與國家權力必然統一的狹隘觀點，他認為在現實中存在著國家權威所不能限制的市民社會組織，國家與社會間是一複雜的事物內含諸多要素，且彼此相互關聯著。但布哈林的論點固然予葛蘭西許多啟迪，卻流於化約論。因布哈林把國家組織化約為物質面向，歷史唯物論是作為反映與再生產的概念運用。葛蘭西則將之克服並指向：物質的存在不在其型態，而憑藉其階級鬥爭發展出定特定物質結構的上層結構；結構之間有其序列邏輯關係，即回應布哈林混淆物質的下層結構與生產工具不同的說法，所謂經濟因素作為最重要的決定因素，並非唯經濟決定論的，而是有一優先性，就是在階級形塑及階級鬥爭的主導爭取過程中，有不同之優先性，如主導權鬥爭過程在爭取同意，是以政治為優先考量並聯繫到國家政治社會場域，即在階級鬥爭中由物質利益為優先再昇華為政治鬥爭優先再昇華到國家消亡論，進而提升到主導權機器及整全國觀論等的優先序列性。故葛蘭西並非如布哈林把理論視為某種形式再論述，而是把理論視為實踐的過程作用，亦即人在階級鬥爭中理解到及成為有意識的行動，產生新的認識的能動知識觀點。

葛蘭西的實踐過程觀點顯然不同於「不斷革命論」，該論忽略革命複雜過程可能的過渡轉化問題。葛蘭西的觀點指涉：區隔階級領導與階級統治之不同；國家並非只限於經濟或行政職能而已；國家與霸權建構有其中介過程，並非唯經濟為領導力量的，而是含括如何維繫霸權，組織大眾的同意，故國家不是僅具有宰制特性的。葛蘭西的理論回應馬克思主義先哲的觀點，回應右翼論、官僚科層論，並分析先進資本主義國家結構以找尋其社會主義革命之道路。問題範疇的基礎乃在於考量此中介過程上，如此才可能推論出上下層結構有機統一的可能，故唯經濟論有導致辛迪加主義的危險，而永久革命論是作為一運動戰，都不契合有機統一論，而階級結構也將非整全的階級。西方先進國家邁向社會主義之途要的即是有機統一的陣地戰，這是特定歷史及政治條件下的運動，革命在國家與社會間發動，故不同於永久革命論的運動戰，也不同於唯經濟論的辛迪加主義。此即葛蘭西所宣稱的歷史性集團觀點，指涉到國家、民族問題及社會主義進程，並較馬克思主義者更進一步認識到上層結構的重要性及觀念在歷史社會複雜變革中的作用，清楚地認識到了不可能在經濟條件和精神發展中建立精確的相互作用關係。

歷史性集團乃進而論述國家擴張的面向，具體回應歷史唯物論上下結構的辯證關係，不同於工具論者把國家視為權力的征服或爭奪新的生產方式，也不同於布哈林的機械觀，把組織大眾關係化約為官僚科層統治及階級聯盟而已。葛蘭西的觀點不僅含括革命主導與運動自發性間的政治、文化辯證關係，更兼容整體的社會結構變遷面向。社會若作為爭奪霸權場域，則知識分子將扮演此過程的基本角色功能。歷史性集團概念顯然不同於克羅奇以來的唯心觀點，也不同於唯經濟論者、庸俗論者，而是指涉整全的國家觀，深化上層結構的具體價值到實踐哲學中，從而重建了馬克思主義哲學及其作用，擴深了馬克思對革命性變革的考察，即可用自然科學精確指明的經濟條件生產變革與另一種借意識形態形式意識這個衝突及克服它的文化哲學要素，（見馬克思《政治經濟學批判．導言》）兩者的區別與統一。

列寧對於國家過渡轉化並無深入之分析，而列寧的階段發展觀卻被葛蘭西所承續，考量國家轉化的歷史基礎及其主導權機器的重構，以此作為社會主義革命的過程，即呈現整合的國家是政治社會與市民社會的統一。整全的國家在馬克思主義者的哲學中即關於國家擴張與消亡的論辯。在此葛蘭西是持現實主義觀點的，他宣稱要理解到特殊的歷史條件問題，認知矛盾因素處於轉化階段中。故歷史性集團涵容文化、政治、經濟面向，其呈現的關係網絡包含知識分子、大眾、治與被治者……之外，更深層的價值是在於大眾的自治與民主。故在此集團下的國家是整全的，即包含道德、教化、政治的要素，社會主義國家的藍圖亦即本此原則概念。當然，論者立即論辯到社會主義的整全國家與法西斯主義國家消亡論關係要如何理清，先由比較觀點看此論辯的深刻性，由於法西斯主義在葛蘭西看來是作為一人統治的國家，拜物教又旨在強調整體社會的非有機關係，葛蘭西則把列寧的國家消亡論置於國家轉化與社會主義政治的凝結點來論述。葛蘭西認為消亡將也是有機的，是基於現實的階級基礎的，從而國家消亡乃與政治經濟、政治文化的分殊（取代）逐漸重合，進而由社會吸收了國家達成整全的國家。這個國家是經由教化社眾能知運作其自身的權力；是同意與武力統一的兩重性國家；國家的目標即在其自身的終結，屆時即由市民社會再吸收政治社會完成統一的。故葛蘭西的觀點不同於把國家、社會二分的或把國家只化約為武力的機械性觀點。社會主義的未來進程將是生產工具社會化與政治生活直接民主社會化的有機連結，不是機械性的同一。葛蘭西對國家著重在階級的歷史社會考察，故他強調義國現實先要加強國家，國家消亡論將在爭奪文化主導權的長程進程中呈現，並深刻反省國家機器統治、領導的職能，何以消解市民社會與工人階級的革命主體能動性。

七、對馬克思主義哲學的重建

葛蘭西的革命實踐歷程是哲學唯物論的：在資本主義國家中論戰哲學主導權與政治知識論辯。哲學與政治的辯證關係即葛蘭西所一貫堅持的實踐態度，而且葛蘭西認為這是由黑格爾以來到馬克思的真正實踐哲學典型，既然作為一種實踐，則其存有學的立場即不同於固有的唯心或唯物論，彼此衡判的基礎典範也不相同，必然要予以釐清。而不同於唯心的修正主義也不同於機械唯物論的「實踐哲學」，乃是作為能動的哲學。對葛蘭西當下的情境而言，就是如何呈現馬克思主義在爭取社會主導權上的能力並證成其活力，葛蘭西在搜尋自主的馬克思哲學，在哲學上它意指哲學政治的關係，在實踐上指科學與政治的關係。

葛蘭西認為當代的論理與歷史社會現實都有所斷裂，各論理都欠缺以哲學作為中介以調整其斷裂危機之功能。換言之，葛蘭西以主導權的實踐作為哲學前提，具體真實的中介行動即有機知識分子論，將在爭取和說服大眾與工人階級思想中，證明其行動的合理性與必要性。他分析義國不但沒有大眾意識形態、文化傳統遑論革命動力，即係欠缺這個中介機制。義國需要普遍的文化行動與特殊的哲學行動，作為大眾政治自主性的解放行動要素。故葛蘭西反對形上、先驗的史觀，因它背離斷裂了歷史社會現實，葛蘭西的史觀乃是承續馬克思的哲學與政治重合的兩重性概念，這才是科學的規律。科學規律不在於論者建立了什麼觀念體系或形塑了什麼研究對象客體。科學的判準對葛蘭西與馬克思而言是在這兩重性概念的實踐過程中，（如同葛蘭西盛讚馬克思《資本論》的貢獻，不在揭示資本的發展規律，而是彰顯出兩重概念的科學典型）也就是一種歷史與哲學、意識與現實的證成。葛蘭西的另一貢獻也不應被忽視，即他以國家擴張概念對資本主義國家所進行的分析，乃是哲學與政治關係的進一步發展，為馬克思主義理論及政治學開擴出新的領域。

論者常對葛蘭西質疑，以為葛蘭西欠缺客觀具體的科學衡判標準乃在所難免，此主要在於論者與葛蘭西的知識論辯前題、問題範疇不同所致，此前題釐清後再來探究所謂的科學合理性基礎要素，才不致出現扭曲及誤用葛蘭西思想。質言之，馬克思主義哲學並不存在唯心、唯物論各以主體、客體為其科學研究之對象如此的抽象、機械性科學概念，馬克思主義的科學合理性是在實踐過程裡的，馬克思主義具有同化吸收其他思想體系價值進而發展的獨創能動力；實踐是由物質生產所決定的，但在辯證的發展過程中，物質法則又是由實踐所中介並表現在實踐中的。顯見葛蘭西的有機能動實踐哲學與抽象、反映、機械觀的理論存在著區別與聯繫，也就是這種知識論辯問題範疇的統一。

八、論哲學革命

葛蘭西與馬克思都運用著兩重辯證概念，同樣面對唯心、唯物論的兩重修正與兩重結合的知識論辯，以開啟新哲學類型：哲學的實際繫於對政治的充分理解，它不僅在於觀念的普遍性，更在於社會現實的普遍化。葛蘭西認為克服向來的哲學二元對立危機，求諸有機的知識分子是可經之途：即以理論與實踐的統一作為「政治學的知識論辯」。

知識的論辯是一種自覺統一的過程是一歷史生成（historical becoming），這種認識論的立論即不同於經驗論與唯經濟論、機械唯物論的，因為其等均無法把觀念轉化到真實，也無法理解理論作為一種具體實踐過程的概念。故葛蘭西由此展開批判，才有可能建構其整全的主導權。這個批判將由上層結構為理論起點，並與政治學及知識論辯重合起來（即兩種戰線的辯證關係）。政治學的知識論辯對葛蘭西而言，是轉化意識形態的新途徑，是對哲學的批判及其理論化的轉化，進而達到文化與哲學的新關係（即主導權機器在政治上的往返復歸）。新的意識形態將是知識論辯的，它承續列寧主義的主導權效能概念及通過與馬基維利政治學（強制與同意）的觀照以此作為調整的轉折，故對葛蘭西而言這是理論與實踐的兩重交會，他為先哲論理上的二元對立困境找尋新的連結點。基本上即以有機論為立論的，回應前述反映、機械觀的無機性，其兩重任務是：對現存常識的批判、建構新的世界觀，即歷史運動的辯證規律不只在於真實與直接的行動，更是指涉未來與革命運動中介作用的，這是長程的創造性觀點；反對史達林主義以來的把哲學僅化約為政治的意識形態，史達林主義國家只是片面不完整的，認為重構主導權機器才是整全的國家。故葛蘭西的哲學新觀點認為：在哲學家（即葛蘭西眼中的有機知識分子）與大眾之間，若要人人皆為哲學家，則要透過知識論辯的政治學來把握的。

肆、科西的馬克思主義

在解讀馬克思的知識邏輯上，做為西方馬克思主義三大先驅之一的科西（K. Korsch）與盧卡奇、葛蘭西同等重要。因此研究西方馬克思主義，如果不談或忽略科西的思想理論，也無從全面地或可能失焦式地談論西馬。

與其他的西方馬克思主義者相較，科西的著作在英語世界的流傳相對不廣。雖然科西全集未見英文版，但他的代表性著作《馬克思主義與哲學》（*Marxism and Philosophy*）有英文版。至於研究科西的中文著作，我認為寫得最好的是我的老友陳墇津，他在政大國關中心做有關西方馬克思主義的研究，並出版了《科西與西方馬克思主義》（一九八六）。

科西走上馬克思主義之途有其階段，也有他主要關懷的重點。他是把馬克思主義當成哲學來把握，並在這樣的把握下，將馬克思主義作為革命實踐中的策略與手段重新給以知識定位。

一、由費邊社會主義到馬克思主義

科西在耶拿大學取得法學博士後便去英倫工作。在倫敦他參加費邊社（Fabian Society），皈依費邊社會主義。費邊社會主義即民主社會主義，但主要吸引科西的是費邊人的「意志取向」與「行動精神」，也就是費邊主義中的「革命實踐」吸引了科西，這可從他後來所著《馬克思主義與哲學》一書得證。

費邊社會主義並不能滿足青年科西的思想理論需求，加上俄國十月革命的爆發與成功，科西放棄費邊社會主義，開始轉向馬克思主義，知識證據是一九二〇年代科西寫了〈社會主義與社會改革〉、〈實踐的社會主義〉、〈社會化的基礎〉，這些文章可看出科西如何將過去的「意志論」和「行動主義」轉化為「實踐哲學」。

初期轉入馬克思主義的科西，因一九一八年德國工人會議運動的挫敗，讓他由馬克思主義又轉向列寧主義，因為列寧創建布爾雪維克黨，以黨的組織和布爾雪維克主義的宣傳吸引並引導俄國工人，此使十月革命成功，並讓科西認為列寧是第一個偉大的無產階級革命實踐者。由此，科西認為列寧主義（Leninism）可使德國工人階級明瞭「社會革命」的可能性。

列寧主義使柯西由「革命」角度來詮釋馬克思。他一九二〇年代初期發表的〈馬克思主義之本質〉、〈唯物主義之歷史觀〉、〈科學社會主義十五條論綱〉、〈馬克思的辯證法〉都有列寧主義「革命意志」濃厚色彩。這個時期的科西認為馬克思主義是一種有關階級鬥爭的學說，也是一種有關達成共產主義終極目標與策略手段的科學性理論，而且在理論特徵上馬克思主義是「形式」與「內容」的辯證統一體。

二、論揚棄哲學

科西最主要的著作是一九二三年完成的《馬克思主義與哲學》，此書應與盧卡奇的《歷史與階級意識》同列為西方馬克思主義的經典著作。

一九二二年夏天科西在德國南部黑森林的「夏日學院」第一個馬克思主義工作週提出〈馬克思主義與哲學〉初稿請參加工作週的激進理論家們批評與討論。這些理論家們包括 **F. Pollock, K. Wittfogel, R. Sorge, K. Zetkin** 以及盧卡奇等。科西與盧卡奇早在一九二一年便認識並通信，這次在夏日學院晤面有了進一步的知識理論接觸。在《馬克思主義與哲學》的「後記」中科西如此說：「在本書仍在撰寫之時，盧卡奇的著作《歷史與階級意識》已經出版，筆者欣慰地指出，盧氏以其廣博的哲學知識在許多觀點上觸及了本人著作中所提到的問題，盧氏的分析基本上是與我一致的。」

《馬克思主義與哲學》強調哲學在馬克思主義是理論中的角色地位，指出馬克思主義理論一如黑格爾哲學那樣，具有無比重要的現實意義。黑格爾曾說，「每一種哲學只能是在同一時代中的思維邏輯上來加以理解與把握」。因此，黑格爾哲學對黑格爾時代的現實意義與時代反思一事可以用來詮釋馬克思主義對於現時代所給以的哲學意義。換句話說，對科西而言，無產階級革命時代有他自己的時代哲學，此即馬克思主義。是故，《馬克思主義與哲學》主要是在探討哲學在馬克思主義中的角色位態，以及馬克思主義被視為哲學所內蘊的實踐意義。

《馬克思主義與哲學》的根本旨趣在於從理論與實踐的合拍中以探討馬克思所謂的「揚棄哲學」（the abolition (Aufhebung) of philosophy）一事。在對「揚棄哲學」的理解基礎上，科西進一步批判了庸俗的馬克思主義者，特別是對第二國際正統的馬克思主義者直視馬克思主義是「科學」一事的批判。科西認為這些「庸俗的馬克思主義者」忽視了馬克思主義原來所具有的「實踐哲學」的意義內涵。

科西由三個層面論述「揚棄哲學」：其一是馬克思所謂「揚棄哲學」何所指？二是「揚棄哲學」的具體內容。三是如何才算「揚棄哲學」？

馬克思所謂的「揚棄哲學」是指馬恩一八四五年把他們的新唯物論／科學的社會主義不再視為哲學。柯西所指的「揚棄哲學」是指從康德到黑格爾的德國古典哲學觀念論固然要加以揚棄，連一八四五年以後所有的馬克思主義理論，包括「科學的社會主義」、「辯證唯物主義」、「歷史唯物主義」等等「新哲學」也應在揚棄之列。其實這是科西對馬克思的《費爾巴哈論綱》中所謂「哲學的任務不是在解釋世界，相反，而是在改造世界」一語的深層理解，一旦哲學改造了世界，它的任務便告終結，此時哲學也就被「揚棄」了。在科西眼裡，一切哲學都要揚棄，馬克思主義既然是「科學的」哲學，在資產階級哲學被揚棄之後，接著當然也要加以自我揚棄。其實這是科西將理論與實踐辯證統一起來的內在視見，我的詮釋是，理論／哲學一旦經實踐而外化成為「現實」，便不再是理論或「哲學」了。

科西明白馬克思在〈黑格爾法哲學批判導言〉所說的「不在現實中實現哲學，就不能消滅哲學」的哲學意涵，此即哲學的揚棄並非只是哲學在純理論知識領域之中的揚棄，而是在現實中將哲學的價值目標與具體內涵在現實社會與時代空間中加以實踐，此時「哲學」就辯證地被揚棄了。一句話，「理論」／「哲學」一旦化為「現實」（Reality）就不再是「理論」或「哲學」了。可見科西在對馬克思主義理解的基礎上確切地把握住了馬克思「揚棄哲學」的真正深層意涵。

其次，揚棄哲學的具體內涵，科西認為，並不是指被揚棄的只是「哲學」，因為哲學／理論知識並不是社會運動的單一「反映」，而是它的一個部分／方面，乃至一種表現，亦即馬克思所說的「現存的哲學本身就屬於此一世界，而且是此一世界的補充，雖然只是觀念的補充」。因此科西強調：要從社會整體性來看待哲學，哲學既是知識生活，也是社會生活，它表現在整個歷史過程和社會發展維度中，包括政治、法律、社會、經濟、文化等不同層面。換句話說整個「上層建築」所展現的生產關係或社會關係都是「哲學」的顯現，只在現實的實踐中簡單地揚棄作為生產關係整體所反映出來的社會意識／哲學／理論知識，不算是真正揚棄哲學，而是既要揚棄社會意識，也要揚棄作為上層建築的一切「現實」，這樣才算完全的「揚棄哲學」。可見這裡科西強調的是，既不可忽視哲學，也不可忽視哲學以外的這個「社會整體」的其他部分與哲學的相關聯繫，必須視社會為一整體性的「社會實在」，用這樣的辯證唯物觀點來揚棄哲學，才能知曉庸俗的／正統的馬克思主義如何扭曲作為「哲學」的馬克思主義的本質與面貌。

其三，如從辯證觀點，「揚棄哲學」其實就是「哲學實踐」，這樣在哲學意義上，「揚棄」就不等於簡單的「批判」，而是在實踐意義上的「革命」。馬克思說過的「批判的武器不能代替武器的批判」正是「實踐哲學」到「揚棄哲學」的辯證轉化。這樣，自然就進入科西所說的第三個問題：如何揚棄哲學一事。

科西對這個問題的解答引用了馬克思、恩格斯一八四四年《神聖家族》中的論點：「一切真實的現象在整個資本主義社會裡有著牢不可破地相互聯繫關係，其意識諸形式只有在生產的現實關係本身的『實現變革』中才能解除。」馬克思還說過，「不在現實中實現哲學，就不能消滅哲學」。所謂「實現變革」、「現實中實現」，自然是指非「批判」所能為力，相反，「革命」才是「實現變革」，才是「現實中實現」。

上述科西對「揚棄哲學」的論述，我認為他已經把握到馬克思主義作為革命理論與實踐哲學的精義，凱納（D. Kellner）稱科西的馬克思主義是「革命的歷史主義」（Revolutionary Historicism）頗有道理。

三、關於馬克思主義的危機與新定義

一九三〇年代科西由革命實踐退入書齋，他在柏林成立「馬克思學苑」，將馬克思主義推入工人教育。科西主持並講授「批判的馬克思主義」，而且把講課心得寫成「七條論綱」，並發表成為〈馬克思主義的危機〉一文。其實早在一九二八年科西就不斷的提出作為「政治意識形態」與馬克思主義危機問題。對於「馬克思主義的危機」科西主要意指馬克思主義是「理論」與「實際」相結合／辯證統一的科學，如果一旦理論脫離了實際，無法把握住現實的無產階級革命運動時，也就是危機出現的時候。關於科西不認為馬克思主義是單純的政治意識形態，相反地，它是無產階級革命的「理論武器」，我認為科西把握住了馬克思主義的本質。

晚年的科西給馬克思主義以新的定義及概念內容，這就是他所寫的《卡爾．馬克思》（*Karl Marx*），此書也是科西對馬克思思想的最後解釋。當然也是柯西晚年最為重要的著作。這本書共分社會、政治經濟學和歷史三大部分。社會篇來自於對〈為甚麼我是一個馬克思主義者〉一文的擴大，並且他把這篇論文對馬克思主義的理解「要點」在書中化為「新定義」（柯拉可夫斯基語）。政治經濟學篇說明馬克思如何從研究資產階級政治經濟學到批判政治經濟學的知識發展過程。歷史篇討論馬克思的唯物史觀。

科西對馬克思主義的新定義如下：

（一）所有馬克思主義的主張都是「特殊的」，而非「普遍的」，也就是一切馬克思主義理論的主張、規律與原則都有「歷史及具體的特性」，亦即馬克思主義的陳述之所以有效是指在一定歷史階段對特殊現象做特殊描述的「有效性」。

（二）馬克思主義是批判的，不是實證的。馬克思的理論既不是由唯物主義哲學所建構，也不是由實證的科學所打造，而是對現存社會的一種理論與實際的批判，亦即它本身就是一種「實踐」（Praxis）。

（三）馬克思主義的主題是沒落時期中的資本主義社會，而非平穩時期中的現存資本主義社會。此即在科西眼裡，馬克思主義所關心的是資本主義社會的「危機常在性」。

（四）馬克思主義的目的不是冥想或解釋現存世界，而是對現存世界的積極變革或改變。這是馬克思主義的特質，科西認為「一切理論知識須服從於革命目的」。可見科西給馬克思主義以新定義旨在強調馬克思主義存在的目的即在「變革」現存的「資本主義社會」。

為此，科西把前述對馬克思主義理解的「要點」進一步概念化為四項「原則」：

（一）歷史特殊化原則（Principle of Historical Specification）。

（二）具體應用原則（Principle of Concrete Application）。

（三）革命變革原則（Principle of Revolutionary Change）。

（四）革命實踐原則（Principle of Revolutionary Practice）。

雖然科西指出馬克思主義的危機在於理論與革命實際之脱節，從而強調了馬克思主義的本質在於「實踐」，但不論是《馬克思主義與哲學》，或是《卡爾·馬克思》，都顯示了柯西是從「歷史主義」觀點將馬克思主義視為「實踐的哲學」。

科西喜歡談哲學，常常使用「哲學是時代的表徵」一語。科西的馬克思主義何嘗不是他那個時代的表徵？科西的時代是馬克思主義理論與無產階級革命實際相分離的時代，「西方馬克思主義」是在這種困境危機下而出現。作為退入書齋中的西方馬克思主義思潮，科西是將「理論」與「實際」扣得最緊的一位馬克思主義者。

伍、馬克思主義與法蘭克福學派

法蘭克福學派及其「批判理論」深受馬克思主義影響，本章只提出該學派第一代、第二代主要要角的思想理論。

一、霍克海默

作為反對「傳統理論」的批判法則是霍克海默（M. Horkheimer）在一九三七年的論文中所建構的，其中主要的觀點如下：

直到現在，有關社會現象的研究是建立在以下兩點基本預設：社會現象的研究應該立在歸納法的一般原則之上，以及社會現象的研究是以建構普遍概念和法則為目標。同時，社會現象的研究，必須盡可能地達到量化的分析，並且如現象學者所相信的，吾人能夠發現一種獨立於經驗結果的基本法則。在上述兩個基本預設中，被觀察的對象狀態是與有關此一對象狀態的知識是彼此分離的，就如同自然科學的研究主題一樣，是由外界所供給的。傳統理論同樣相信，知識的發展是受制於知識本身的內在法則；如果質疑某一理論而接受它者，這是因為受到質疑的理論涉及邏輯推演的難題，或者出現與理論不相容的經驗性資料。資產階級哲學關於科學知識是獨立於先驗法則的不當信念，矇蔽了人們對於知識生產的社會根源以及知識具有的社會功能的真切認知。同樣地，資產階級哲學也呈現出以下的圖景，即知識作為一種活動其中包括對這個世界進行如實地描寫，但不是超越這個世界或批判這個世界；因為要超越及批判這個世界就需要批判性的判準，而這是科學所無法提供的。科學世界是一種由既存事實所組成的世界，其中觀察者應當將雜亂無章的事實轉化成明晰的秩序，就如同這些觀察者的觀點是獨立於事實情境發生的社會架構之外。

對於批判理論而言，並不存在上述所謂的事實。觀念的發生無法獨立於其所處之社會根源，不管是觀念或是觀察的對象，都是社會及歷史的產物。個別觀察者既是被動也是被觀察的對象，但是在整個觀察過程中社會作為一總體性則是動態性的構成要素，儘管人們並未意識到此點。事實的確證，部分取決於運用概念性工具的觀察者的集體實踐。所以吾人所理解的客體，在某種程度上是概念性工具及集體實踐的產物，而不了解這種認知過程的根源的哲學家，對此卻是茫然若失，誤以為認知活動是一種先於個人的超驗意識。

批判理論視自身為一種社會行為模式，批判理論也了解其理論的社會根源及社會功能，但是此一認識並不意謂批判理論就不是真實意義上的理論。批判理論的特殊功能在於它拒絕接受傳統理論所以為的，既存社會的法則是自然而然不可避免的，這些法則包括勞動的分工、對知識活動領域的圈限、個人與社會的分野等等既有的觀點。批判理論試圖從總體性面向來理解吾人所處的社會，同時基於此一目標批判理論必須在社會之外找尋立足之地，儘管批判理論認為它本身就是社會的產物。批判理論藉由分析社會的範疇來批判社會。既存社會就像是獨立於其所屬成員意志之外的自然性創造物，了解此就等於了解人與社會的異化狀態。所以霍克海默論道，「今日，批判思維之所以受到鼓舞，這是因為批判理論是真正努力地想要解消個人之目的性、自發性和理性與這些個人特質所需之社會勞動情境的對立，以超越這兩者之間的內在張力。此一觀點暗示，人與其本身是處在衝突的狀態，直到人與社會之同一性的復歸為止。」

批判理論承認，不存在絕對的認知主體，同時在對社會進行思考的過程中主體與客體並未完全契合，雖然對社會進行思考的過程事實上就是社會的自我知識（self-knowledge）。主體與客體的同一是存在於未來；因為主體與客體的同一不能僅是智識發展的結果，唯有通過去除擬自然的（quasi-natural）、外在性（external）的社會生活，使社會過程再度以人性主宰它的命運。這類社會過程涉及理論特質、思想功能，以及思維與其對象之間關係的重新改造。

其實，霍克海默的觀點與盧卡奇類似。有關社會的思想本身就是社會事實，理論不可避免地要成為其所觀察之社會事實過程中的組成部分。但是兩人基本差異，在於盧卡奇相信歷史主體與歷史客體的完全統一，社會實踐與理論的統一就是歷史主客體統一的展現，這種統一是通過無產階級的階級意識而獲得；觀察者對無產階級意識的自我認同，就是觀察者理論正確性的保證。霍克海默明白地拒斥這類觀點，他宣稱在認知過程中，無產階級的處境並無法成為理論正確性的保證。雖然批判理論追求無產階級的解放，但是批判理論同樣希望保持其理論的獨立性，而不願被動地接受無產階級的觀點；否則批判理論會淪為一種社會心理分析，僅只是無產階級在某一既定時刻之思想和感覺的記錄。正是批判理論所標榜的「批判」意義，理論必須與社會意識的任何既定形式保持應有的自主性。理論理解本身是一種社會實踐的一個面向，這使理論致力於創建美好的社會；雖然理論具有戰鬥性格，但是理論不應只是既存社會鬥爭的活動。理論對於社會體系總體性所抱持的批判態度，並非是附加在理論發現之上的價值判斷，而是隱藏在得自馬克思理論的概念性架構：例如階級、剝削、剩餘價值、利潤、貧窮，以及危機等成為此一概念架構的組成因素，此一批判性的概念架構的目的不在於如實地再生產社會，而是從一正確的方向來改造社會。在其自身的概念架構中，理論其實包含著行動性和解構性的特質，所以理論必須解釋與無產階級真實意識相對立的可能事實。跟隨著馬克思的步伐，批判理論以抽象的範疇來分析社會，但是在任何階段批判理論並不忘記本身作為理論的資格，所以批判理論必須對其理論所描述的這個世界進行批判。這樣的批判態度既是知性的活動，同時也是一種社會行動，而這就是馬克思主義的批判意涵。批判理論的分析主體是單一的、特殊的歷史階段：當今的資本主義世界，它阻礙了人類的發展，並可能成為社會倒退為野蠻時代的最大威脅。批判理論所追求的是所有人皆能決定自己命運的另一社會，而這樣的社會不必再受制於外在的必然性，如此一來批判理論就增強這類社會到來的可能性，批判理論也了解這一事實。在未來的社會，必然性與自由之間不再是割裂。

理論致力於人的解放和幸福，並企求構建適於人的力量和人的需求的世界，所以理論宣稱人類擁有不同於既存世界之解放潛能。

依筆者所見，批判理論的基本原則是盧卡奇的馬克思主義，但是解消了盧卡奇理論中無產階級扮演的理論角色。這一差異使批判理論更具彈性且較少獨斷，但也造成批判理論的曖昧不明及缺乏一貫性。通過將理論與無產階級意識的同一過程，以及將此一同一性體現在共產黨的智慧之上，盧卡奇得以清楚地界定他關於真理的判準，亦即，對社會進行觀察時，真理並非得自科學法則的應用，而是從其發生的根源來界定，所以共產黨的智慧是正確無誤、不容置疑的。盧卡奇這種知識論至少具有一貫性、清晰性的優點。但是對於批判理論而言，我們並不明瞭真理的判準如何與理論之智識的自主性結合起來；因為批判理論既反對實證主義的判準，又不願將此一判準與無產階級等同，所以真理的判準從何而來就不得而知。一方面，霍克海默重複著費爾巴哈的觀點，宣稱是人在思維而不是自我或理性。藉此霍克海默強調科學的法則，以及科學所使用的概念是歷史的產物，是現實需要的結果，所以知識的內涵是無法與其社會根源割裂，換言之，並不存在所謂先驗的主體。準此而言，理論的好，或正確性，判準就在於理論是否能夠代表社會的進步，或者理論的智識價值取決於理論所扮演的社會功能。但是另一方面，理論又是相對於社會實在具有自主性，所以理論內涵又必須與運動維持疏離的關係。就人類而言，理論不能是實用主義導向的，更遑論任何社會階級取向。所以我們並不了解，對批判理論而言何者為真：因為理論是應如實地描述社會實在，或者應服從於人類解放的旨趣？霍克海默所可能提出的解答如下：辯證法的開放性並不會喪失真理的烙印。辯證法本身思想的侷限性及單面性的發現，本是知識過程中重要的一個面向。黑格爾與唯物主義的繼承人都強調，這種批判的、相對性的途徑正是知識的組成部分。但是辯證法自身的確定性和肯定性的信念，卻無法讓我們以為概念和客體的同一已經達致，思想的進程從此可以停止。如果得自於觀察和推論、方法研究和歷史事件、日常工作和政治鬥爭等等的結果可以勇敢地面對吾人運用之認知工具，那麼這些結果則為真。但是霍克海默的答案依舊曖昧不清。如果這意謂不論其所在之社會環境為何，批判理論終究必須以經驗證明法則為依歸，即以經驗證明法則為真假判準；如此一來，就知識論而言，批判理論就與其所批判的傳統理論沒有任何差異。如果批判理論的意涵不侷限於此，那麼理論的真實性除了必須經得起經驗的檢證，還應具備社會的進步性，然而霍克海默並未告訴吾人如果這兩者發生衝突時應採行何種步驟。霍克海默只是一再重複真理不是超歷史的，以及知識存在的社會條件，或者他所謂的概念與其客體之間社會中介的必然性；霍克海默只是告訴吾人理論不是靜態的，不應將主體或客體絕對化等等。以上的論述清楚地顯示，當批判理論反對經驗性的證明判準時，批判理論拒絕接受盧卡奇關於黨的獨斷性的觀點，又要維護理論應有的自主性地位。換言之，批判理論本身就存在理論的盲點。

二、阿多諾

阿多諾對社會批判理論最主要的貢獻在他所著《否定辯證法》一書中，其主要論點如下：

對形上學與知識論而言，哲學總是企圖尋找絕對的起點，結果，除了哲學家本人的意圖心之外，哲學總是企求哲學的「同一性」：亦即萬物可以被化約成一種原初的存在；對同一性的追求正是德國觀念主義和實證主義、存在主義者、超驗的現象學者的共同傾向。在思考傳統哲學對立二元概念，如客體與主體、普遍性與特殊性、經驗資料與觀念、一貫性與間斷性、理論與實踐等，哲學家總是賦予某一個概念原初性的地位以解釋其他概念，並且通過萬物皆可被描述的觀點構建統一性的語言：確定宇宙的每一個面向，其他概念皆由此一普遍性向衍生而來。但是阿多諾認為，哲學的這種企圖是不可能的。並不存在絕對的首要性：哲學所理解的二元對立概念都是彼此相互依存。所以阿多諾認為，哲學若是繼續傳統的作法追求原初性，就走錯了方向。更嚴重的是，在人類文明過程中哲學的此種企圖無疑強化了極權主義和盲從主義的傾向。事實上，哲學所尋求的秩序和不變性實際上是不可能的。對於哲學而言，唯一的可能是不斷地否定，解構地抵制任何賦予世界以同一性從而把世界圈限在一個原則之上的企圖。

阿多諾的思想不是否定的辯證法，而是對形上學和知識論的否定。他的意圖是反極權主義的，他反對所有可能滋長特殊宰制形式以及使人類受制於物化形式的觀念。阿多諾宣稱，這類的意圖具有一種弔詭的主體主義形式，特別是存在主義的哲學，對於作為不可化約的絕對主體與強化人類被奴隸狀態的社會關係之間的相似性顯得茫然無知。

阿多諾攻擊馬克思主義、盧卡奇主義的實踐首要性觀點，因為在他們的實踐理論中理論被解消而喪失理論的自主性。至此阿多諾反對「同一哲學」的觀點轉向批判馬克思主義以及所有主張實踐首要性的反智主義，而護衛哲學存在的權利。所以阿多諾在其著作中開宗明義論道，因為那種藉以實現哲學的要素未被人們把握，使一度似乎過時的哲學得以生存下來。在這一點上阿多諾明白地與馬克思主義分道揚鑣：阿多諾論稱，曾幾何時馬克思希望通過無產階級、希望通過哲學的揚棄而將哲學與生活統一來實現人的解放，但是這一時機已經過去了。理論必須堅持它的自主性，但是這當然不意謂理論反過來必須尋找原初性，萬物是相互依存，同樣地，萬物自有其自身本質的權衡。所以實踐無法取代理論的責任，實踐若是宣稱將取代理論，那實踐就是思想的敵人。

就阿多諾而言，既然不存在絕對的原初性，所有把握總體性的企圖就都是無益的，並且是造成理論神祕化的重要原因。把握總體性的企圖，其實是建立在終極同一的信念之上，即使哲學主張總體性是矛盾的，它仍然繼續著同一性的偏見。就此而言，辯證法不僅只是挖掘矛盾，同時拒絕接受辯證法作為解釋萬物的觀點。嚴格說來，這種辯證法既不是一種方法，也不是對世界的描述，而是重複著反對所有既存之描述方法，以及所有自認為具普遍性方法的行動。

同樣地，也不存在知識論的絕對原初性，不存在單一的、不可挑戰的智慧根源；如果存在的話，認知活動的「純粹直接性」只能通過語言獲得彰顯，而語言不可避免地賦予純粹直接性一種抽象化、理性化的形式。阿多諾認為，胡塞爾（E. Husserl）的超驗自我概念的建構同樣是錯誤的，因為任何直觀活動都無法擺脫知識的社會根源。所有的概念最終都是基於非概念性的、人類所欲控制的自然；概念無法展現客體的總體性內涵，或者將概念與客體的總體性等同。黑格爾的純粹存在（pure being）最後則是虛無。

就阿多諾所言，否定辯證法可謂是反體系的，就此點而言，阿多諾的觀點與尼采一致。阿多諾進一步言道，思想本身就是否定的，正如同本質就是它呈現在吾人眼前之形式的否定過程。這就把否定的概念化約成一種不證自明之理，因此吾人並不了解，是否存在不是否定的哲學，或者何人是阿多諾所反對的？阿多諾的用意不在於論述不證自明之理，而是要指出傳統哲學問題並沒有確切的答案，從於將自己的分析侷限在對今日哲學的駁斥，因為當哲學走向實證性，不可避免地使人安於現狀，使社會退化成一種人宰制人的社會。資產階級意識雖然與封建的思想模式進行解放的鬥爭，但是資產階級意識並無法推翻所有相類似的思想體系，因為資產階級意識無法彰顯完全的自由。對阿多諾概念的觀察，吾人了解到阿多諾是站在全面自由的立場來反對體系。

連續對同一性與實證性的批判，阿多諾承繼法蘭克福學派得自馬克思的傳統：受到交換價值宰制的社會，將個人及事物化約成同一層次、轉化成一種同質性的匿名狀態（homogeneous anonymity），而阿多諾要對這樣的社會進行批判。哲學表達並確認了社會現象的不同面貌，或者生活中不同側面之間的相互依存；一方面，它同質化了社會，另一方面，它又將人與物原子化。阿多諾觀察到，在此一過程中邏輯同樣扮演重要的角色。就此而言，阿多諾支持現今馬克思主義的哲學傳統，而無視於邏輯近來的發展而對其謾罵。

阿多諾同樣認為，科學是非人化文明發展的共謀者，因為科學將理性等同於手段的計算，將所有事物予以兩量化，而排除質的差異。

上述阿多諾的批判觀點，並不表示阿多諾是捍衛相對主義理論，因為就阿多諾看來，相對主義也是資產階級意識的組成部分。相對主義是反智的、抽象的、錯誤的，因為相對主義本身就是源於資本主義社會的環境：社會相對性的觀點就是遵循生產工具私有化之社會生產法則。

在系統的意義上，哲學是不可能存在的，因為萬物是變動不居的。一方面，概念具有某種程度的自主性，而不是事物的摹本，另一方面，與其他事物相較，概念也不具首要性；而同意概念具首要性即意謂接受資產階級與資本主義的宰制。

企圖重建本體論的反實證主義也必須受到質疑。因為這類的本體論只是安於現狀的藉口，是一種秩序建構的工具。因為資產階級意識已經由功能性的概念取代了本質性的概念，而將社會視為是功能結叢的組合體，在此一社會中任何事物皆與他者是相對的，無一物有其自身的持續性。所以就阿多諾看來，本體論是無法被重建的。

就上述的推論，吾人會質疑阿多諾論證的目的。如果本體論的存在與否都是錯誤的，都只是對社會交換價值的護衛，吾人又將如何自處？或者我們應該不去思考這些問題，只是在哲學的爭論中維持自己的中立立場？阿多諾並未主張以上兩種觀點：因為這代表另一種的臣服，是對理性的棄絕。正因為科學將信心建立在自身的科學法則之上，而不是通過任何其他有別於科學法則的方法進行自我的認知，所以科學注定要成為維繫既存世界的藉口。

阿多諾認為，海德格的本體論不僅無法解決此一問題，反而加重了問題的嚴重性。因為去除經驗主義以及胡塞爾「自我」概念的哲學，海德格試圖把握存在（being），但是通過這一化約過程，存在轉化成純粹的虛無；所以海德格的哲學同樣孤立現象，而無法認識現象本身就是現象獲得展現之過程的面向。就此而言，現象就被海德格的哲學物化了。就如同胡塞爾，海德格相信有可能不經過中介，而從個體過渡到普遍性，或者是在不受反思行動干擾的形式下把握存在。就阿多諾看來，海德格的設想是不可能實現的：因為存在是以主體為中介。海德格的存在是被建構，而不是給定的：通過想，我們無法假設主體與客體的分裂將會直接地消失，因為主客體的分離是內在於每一思維中，它是思維本身的內在部分。唯有通過對生活中不同對立面向的張力的觀察，才能獲得自由，但是海德格卻將生活中不同的對立面看成是絕對的實在，而任由它們自生自滅。一方面，海德格同意社會生活必然是物化的，也就是說海德格安於現狀，但是另一方面，他又認為人的自由早已存在，換言之，海德格默許既存的奴隸狀態。海德格企圖挽救形上學，但是他卻錯誤地假設他所解救的便是「當下」即是的「現在」。海德格的哲學是為壓迫社會服務的，這種哲學要求吾人放棄概念而與「存在」直接對話，但是它所許諾的「存在」卻不具備任何內容，正因為海德格哲學是要在無概念中介的情形下把握「存在」，所以他只不過是將「是」（is）這個聯繫詞予以獨立化。

如同以上的論述，阿多諾對海德格本體論的攻擊，主要是基於黑格爾哲學的觀點，即主體是無法完全地從形上學論題中去除，如果吾人忘記黑格爾的這一觀點而企圖將主客體的位置互易，吾人就無法把握兩者。主客體是反思過程中不可分割的部分，主、客體各自都不具有知識論上的首要地位，主、客體都是各自以對方為中介。同樣地，不存在通過絕對個體的認知來把握主客體的方法，而這一絕對個體即海德格所謂的存有。

根據阿多諾，同一哲學之所以危險理由在於，首先，每一事物的分離都是一種經驗性的分離；第二、個別客體可以通過普遍性概念被抽象分析而被確認（柏格森的概念，但阿多諾並未提及）。另一方面，辯證法的工作，首先就是要事物的真實性，而不是它屬於何種範疇。其次，根據它自身的概念來解釋它（布洛赫的觀點，但阿多諾亦未提及）。人知道要如何定義自己，但是社會是根據其賦予人的功能來界定人，而在這兩種定義之間，存在一種客體的矛盾。所以辯證法的目的在於反對概念對物造成的僵化，辯證法就是要指出事物並不等同於自身。否定辯證法希望拋棄否定的否定就是肯定的復歸的觀點，去尋求否定的意義。否定辯證法承認個體性，但是以普遍性為中介，而此一普遍性只是個體性的一個面向。實踐是存在於理論中，而理論中亦有實踐意涵，同樣地，現象寓於本質中，而本質中透露出現象。否定辯證法要把握差異性，但不是把差異性絕對化，否定辯證法不應該去尋找絕對的起點。不存在一種以虛無為前提的預設，例如胡塞爾的先驗主體概念。而之所以會產生這類的錯覺，是因為社會先於個人的事實。就辯證法的思維而言，強調精神或物質的首要性是沒有意義的。

就阿多諾的觀點，以上辯證法的概念其實都有其特定的社會和政治目的。甚至實踐行動的判準也可以得自上述的觀點。因此吾人就得到一明確的實踐法則，第一，必須要有進步的理論；第二，意志必須受到具體之理性界定的導引。實踐的目標、即啟蒙，在於解消由交換價值所造成的物化現象，因為正如同馬克思的分析，在資產階級社會中個人的自主性只是一種表象，是生活的偶然性與人對市場力量的依賴的表現。吾人難以從阿多諾的著作中歸納出非物化的自由的正確涵義。在任何時候，對這種全面自由的描述，吾人不應使用自我異化的概念，因為這樣的概念指出，超脫異化的自由狀態，亦即人與自身的統一，早已出現在先前的歷史過程中，所以回歸起點便可獲得自由，就界定而言前述是一種反動的觀點。同樣地，吾人亦無法獲得未來歷史是自由的保證物及物化現象的終結，因為不存在一種單一的普遍的歷史過程：歷史是持續性與間斷性的統一。

三、哈伯馬斯

哈伯馬斯（J. Habermas）乃是當代最具影響力的社會思想家，也是法蘭克福學派當代祭酒。哈氏在學術理論上的成就遠超過社會學範圍，可以說已影響整個人文社會科學。他是個浸滲馬克思主義而又超克馬克思主義的人，整個著作表現一種充分運用馬克思主義以對當代資本主義社會進行深入的批判。同時，哈氏也不是固守馬克思主義的人，他對馬克思主義所作的批判和重建，可以看作是對馬克思主義的一種後現代超越。

馬克思主義的知識基礎

作為法蘭克福學派第二代的知識祭酒的哈伯馬斯在青年時代對馬克思主義是反感的，後來在哥丁根大學和波昂大學修習哲學、歷史學、文學以後，才開始注意到馬克思主義，並在馬克思的知識傳統中找到了馬克思主義的知識基礎，並據此對知識論提出重建。在《知識與人類趣向》一書中哈氏把人類知識與科學分開，知識不等於科學，科學只是人類知識中眾多的可能形式之一，我們可以如此表示哈氏對知識（Knowledge）與科學（science）的區分：K（知識）≠ S（科學）；$S = K_p = \frac{1}{n}$

從科學分類上，哈氏把科學主要區分為自然科學、人文科學與社會科學，在知識論中則分屬三種不同知識：

（一）自然科學是根據人們對物質的需求與勞動經驗而產生的具有「知識控制」趣向的一種知識，它構成所謂經驗分析（empirical analytic）的科學對象領域。

（二）人文科學是根據人類個體之間以及內在於各個社會領域之間的因相互溝通理解而產生的具有「自我實踐趣向」的一種知識，它構成所謂歷史解釋（historical hermeneutic）的知識對象領域。

（三）社會科學是根據人類由於權力的操作所造成的被扭曲的行動與語言而產生的具有「解放趣向」的一種知識，它構成所謂的自我反思（self-reflective）或批判的（critical）知識領域，此種知識非浮面的技術與實踐的認識，而是植根於人類學的認知。

前述第三種知識，依哈伯馬斯的研究，其知識根源來自黑格爾與馬克思，這種知識特徵在於解放（emancipation）與反思（reflection），此即人類理性對自身真理與範疇的反省，亦即康德所說的批判（critique），也可以被視為是人類的一種自我形構（a self-formation），而其過程是辯證式的，亦即一面破除障礙，一面形構發展。所謂馬克思主義，哈伯馬斯將其定位為解放性、反思性、批判性的知識，而非科學知識。

由批判的反思所構成的「解放的知識」之所以能將馬克思主義定位其中，哈伯馬斯的論述理由如下：

> 人類對自主與責任的趣向並不是幻想，因為它是可以先驗的理解。人類高於自然之上者，在於人類擁有的語言（language）。經由語言構造，自主與責任始立定於吾人之心中。」「理性包括意志與意

識，理性同樣意味著表達理性的意志。在自我反省思中，為知識而知識，與自主與責任的趣向本來就合而為一，解放的認知趣向其目的尋求反思。在自我反思的力量下，知識與趣向便成為一體。」「只有在一個能實現其成員的自主與責任的解放的社會，人類的語言溝通才能進入非威權的和普遍地實際對話，如此吾人才能保障真我（ego identity），由此吾人真正之共識才能達成。

由於馬克思主義預設了人類對自己自主性與責任心，他對於人類普遍真理，自由與正義具有高度共同趣向與關心，它批判的是人類在資本主義社會中人的異化，他強調的是人類應在現存的政治社會秩序意識形態桎梏中解放出來，它追求的是人類正義與自由的再現，基於此，哈伯馬斯將馬克思主義定性為解放性、批判性知識。即使把馬克思主義當成「理論」，哈伯馬斯也不認為它是「意識形態」。「理論」與「意識形態」皆被「趣向」（interests）所導引。理論本身除了保障一定的客觀性外，尚具有「解放的趣向」（the emancipatory interest）。

對歷史唯物論的理論反思

哈伯馬斯是在對社會理論的重建中以對馬克思主義作理論反思的。透過重建韋伯，哈伯馬斯把理性、行動、理性化（rationalization）與馬克思的歷史唯物論結合起來。原來歷史唯物論的正統解釋建立在經濟決定論的基礎上。哈伯馬斯雖然認為工資勞動與資本生產之間的市場關係仍是資本主義社會中剝削與權力的主要根源，但他已放棄正統的與科學主義或實證主義的馬克思主義的歷史解釋。

哈伯馬斯在研究當代資本主義社會時已預見一個生產、勞動和社會組織功能結構上都能趨向理性化與人類需求相配合的世界。為此，哈伯馬斯對馬克思歷史唯物論的反思與重建提出兩個重點：

提出社會再生產之相互主體性與目的論的結構觀，以更正馬克思晚期著作中的「經濟化約主義」（economic reductionism）。哈伯馬斯不認為人類的歷史是一種單純的經濟決定論過程，也不是單線論的歷史階段論。哈伯馬斯認為正統馬克思主義者把本來應該看作一個「特殊的歷史過渡現象」的資本主義誤解為「本體論上的永恆存在」。

對於古典馬克思主義所說的「生產力」是社會變遷的獨立變項一事給以重新解釋。哈伯馬斯視「勞動」（labour）是一個知識論的範疇，「生產力」（force of production）可被指涉為「工具性知識」，此處哈伯馬斯已把「勞動」與「生產力」由經濟範疇移歸進入知識論範疇，並且把它們當成「人類知識的一種內在成長」，亦即「勞動」與「生產力」根植於人類文化歷史活動中，它們同時與人類歷史社會變遷符號互動形式相互影響。哈伯馬斯已明顯地在馬克思主義的遺產中加入文化理論因素，以減輕其人為式的被化約為純粹經濟生活動物和物質概念因素。此一重建去除了正統馬克思主義對馬克思歷史理論的庸俗解釋，同時也把人類歷史演進與社會變遷看作是人類在理性基礎上的一種解放性的文化創造的可能性結果。

關於哈伯馬斯對歷史唯物理論的重建問題，有一九七五年哈氏發表的〈對歷史唯物主義的重建〉一文。哈氏在文中指稱馬克思在世時只說過「唯物史觀」，尚無「歷史唯物論」一詞。而且馬克思使用「歷史唯物論」一詞時，哈氏認為馬克思旨在解說技術和歷史情境或發展，並指稱恩格斯視「唯物史觀」是一種「方法」。問題更重要的是，哈伯馬斯強調要妥當區分「唯物史觀」與「歷史唯物論」。哈氏認為，「唯物史觀」是一種啟發，它幫助吾人去建構具有系統內容的歷史表述；「歷史唯物論」則不是一種啟發，而是一種理論，一種有關社會演化的理論，它被第二國際正統派的馬克思主義理論家們所完成，它是一種客觀理論，在一定條件下它與馬克思主義的「革命理論」連在一起，構成馬克思主義的理論核心，而馬克思有關資本主義發展的理論，哈氏認為可以被納入歷史唯物論中作為一個「次理論」對待。

哈伯馬斯在對歷史唯物論的重建上其切入點是對「社會勞動」與「人類歷史」概念作一檢視。馬克思的「人學」中視人為能勞動的社會存在物，此勞動必然聯繫了生產，人因勞動而生產生活資料，並以此而延續生命。哈氏視社會勞動是一種「人類生活再生產形式」，它是一種理性活動，而且是依照「溝通行動規則」而進行生產活動。

在分析「生產」上，哈氏視之為一種「工具性行動」，它按照「工具性行動規則」以進行對物質資料的目的性轉換工作。由於社會勞動與生產都要社會性與有組織性，它們必然在不同的個人間進行社會協作，此必須建立在「溝通的理性」基礎上才能實現，因此哈氏認為，「社會勞動」應被理解為「人類生活的模式」，這種「生活模式」是一種有組織與有文化的發展機能協作，而不是單純的物質生產。

關於「社會勞動」的文化機能概念，哈伯馬斯引用人學理論作為進一步的詮釋。社會勞動在人類生活演進過程中是以不斷地再生產活動而持續下去的，而且也是對生產工具的製作與社會勞動組織的有機結合而存在的。這種不同於一般動物的社會生活勞動，哈氏認為，其主要特徵不只是理性的，而且是靠「語言」以進行人際間的勞動分工、協作與溝通交往。因此，哈氏強調，社會勞動的「溝通因子」不可忽視，而建立在此社會勞動之上的「社會系統」或生產方式，哈氏建議應將其當作「溝通系統」看待。

在「唯物史觀」中，馬克思是把「社會勞動」概念與「人類歷史」概念聯繫在一起的，因為人類歷史的演化是透過社會化的個體生產活動而進行的。依馬克思意見，人類不僅透過社會勞動以維繫其生活，同時人類也藉由社會勞動而產生物質生活關係，並在物質生活關係基礎上建立人類社會，因此在觀察人類社會變遷時，馬克思認為應強調並分析其社會勞動方式。此社會勞動方式在宏觀意義上指「生產方式」而言，因此，哈伯馬斯認為，對人類歷史發展與社會變遷的重建性分析，必須把重點放在「生產方式」的再解析上。

關於「生產力」與「生產關係」問題

馬克思的「生產方式」理型由「上層建築」、「下層建築」、「生產力」與「生產關係」所構成。

哈伯馬斯將「生產力」界定為：指參與生產活動的生產者的勞動力；指可以增進生產能力及製造生產工具的「技術知識」；指能夠加強有效促進勞動力運作，提升勞動力品質，促進勞動者有效協作與合理化勞動分工的「組織管理知識」。總之，哈伯馬斯視「生產力」不是單純的「物質因素」，它還包括「社會文化因素」在內。

哈伯馬斯將「生產關係」界定為：可看作決定勞動力發展的制度與社會機能；可被理解為社會權力與社會滿足的分配方式；可看作一個社會的「利益結構」。

馬克思分析「生產力」與「生產關係」時，指出生產力的發展在一定程度上必然出現相適應的生產關係。至於馬克思的「社會危機說」係指社會物質生產力與現存生產關係發生矛盾而不可克服時所出現的危機機制。社會危機到來如不可克服，最後必然導致社會革命，此時原有社會的經濟基礎先行崩潰，接著是「上層建築」發生動搖，終於導致社會整體之全盤瓦解，在新的否定點上孕育出新社會的胚胎。哈伯馬斯將生產合理化看作就是技術合理化，而生產力的發展就是技術合理化的結果。雖然哈伯馬斯「生產力」化約為生產技術的進步與更新，此成為組織與動員勞動力的先決條件，如此必然出現新的「生產關係」。但哈伯馬斯對於「生產力」與「生產關係」相適應的「工具行動」觀並不表認同，他強調應當把「生產力」與「生產關係」的相適應問題看作是「溝通行動」意義問題。

生產力與生產關係的矛盾會帶來社會危機或社會變革的馬克思主義說辭，哈伯馬斯不表滿意，他認為這並未完全地說明社會變革的根本機制所在。哈伯馬斯研究晚期資本主義社會，發現生產力的發展會給生產關係帶來問題，但不一定必然會否定或推翻原來的生產關係。哈伯馬斯認為生產力的發展對於生產關係的動搖並不是「決定因」，而只是「條件因」。哈伯馬斯引用韋伯在《新教倫理與資本主義精神》的觀點，指稱歐洲資本主義的產生就不是生產力這個「決定因」發展的必然結果，而是「新教倫理精神」這個「偶然因」造成的，哈氏稱歐洲資本主義的啟動因子來自宗教文化這個「觀念趣向」，而非生產力發展的「物質趣向」。

關於「生產方式」的問題

哈伯馬斯反對歷史唯物論中所謂歷史的階段說或歷史五種生產方式說。所謂歷史階段說，哈伯馬斯認為這是十八世紀西歐歷史哲學把人類歷史當作單線式、必然機械式、連續式、發展式的大實體看待的結果。哈氏指出，歷史唯物論不須假設有一個類主體（species-subject）在經歷著演化；相反，歷史演化的差使者勿寧是社會及其被整合進入社會的行動主體。哈氏強調人類社會或歷史演化應由經過理性重建過的更具有包容力的「結構類型」來代替單一的「生產方法」說。這個「結構類型」，哈氏指出，在結構形成過程中是把社會與個體、自我與族群，在社會變遷的作用力上是相同的，亦即歷史發展與社會變遷是社會與個體的相互作用。由於社會因體質的不同，個體因人格的差異，則歷史社會結構類型也不一樣，而其演化的方向也因社會與個體互相作用力的取向不同而有所不同，如此歷史發展就不再是單線、必然與發展，可見哈伯馬斯是反對歷史單線必然發展論的。

歷史唯物論經過五階段發展，最後進入共產主義社會的必然不可能逆轉發展，哈伯馬斯認為染有濃厚的「目的論」（Teleology）色彩，而且太過理性。這種歷史理性將人類歷史帶領進入比以前任何一個歷史社會更完美的階段的說法，這是歷史必然論與歷史目的論，此處已將人的作用剔除在外。

歷史唯物論還從發展觀指出，現代社會比前現代社會，或後現代社會比現代社會更具結構分殊性。哈伯馬斯認為古典馬克思主義的歷史觀偏執於結構功能分析。但哈伯馬斯批評道，前述古典意見只能說明功能的創新會增加社會結構的複雜性，但無法說明何以基於語言的溝通媒介的發展在結構上是可能的。依哈伯馬斯意見，社會變遷與演化的發展邏輯上有一定的生態條件與歷史環境，因此必須以也具有功能主義取向可供檢驗的「特殊演化」論的發生學的（genetic）結構主義研究途徑，把「生產方式」的變遷看作「人類發展社會文化階段」，以補充或修正馬克思主義的歷史「一般演化」論。此即哈伯馬斯以「社會文化型態論」補充馬克思的「歷史生產方式論」。

關於「上層建築」與「下層建築」關係

馬克思視人類社會生產過程中不可避免地進入一定的生產關係，而此生產關係又是一定生產力相應發展的結果。依馬克思在《政治經濟學批判．導言》中的說明，「生產力」加上「生產關係」構成人類社會的「經濟結構」，此為人類社會的真正基礎，可稱作「下層建築」，而在「下層建築」的上面有相應條件下構築所謂「上層建築」，包括法律、政治，乃至意識形態。

長期以來，馬克思的「下層建築」制約「上層建築」說法被正統馬克思主義派解釋為「經濟決定論」，哈伯馬斯認為正統派根本曲解馬克思的意見。依哈伯馬斯的分析，馬克思所謂「下層建築」

的概念旨在解析社會體系整體結構中的基礎「領域」，其對上層建築所發生的制約作用則在社會系統處於相對不穩定狀態時特別明顯，如果社會系統回復穩定如常狀態，則「上層建築」與「下層建築」會互相影響，甚至出現整合現象。為此，哈伯馬斯認為馬克思對於穩定常態系統的分析是有所忽略的。關於馬克思把「基礎」或「下層建築」等同於「經濟結構」一事，當代有許多學者提出批評，哈伯馬斯也認為雖非完全錯誤，但也不是完全妥當，對資本主義社會系統而言，哈氏認為馬克思的說法可以接受，但分析到原始社會時，「下層建築」便不是「經濟結構」，而是「親族結構」。

關於歷史發展與社會演化問題，哈伯馬斯由溝通行動發展成社會演進理論，以彌補馬克思歷史理論的不足。哈伯馬斯在其《溝通與社會演化》一書中為社會演化提出新的理論架構，此理論的思考點在於視「溝通行動」（communicative action）為追求理性潛能之解放，它是一個世界史的過程。此處，哈伯馬斯係在對韋伯的「理性化理論」所作的重建中而發展出一種關於由「傳統社會」向「現代社會」發展過渡的解釋。關於對「理性」的討論，哈伯馬斯著力點有好幾個面向，但重點在於闡釋「理性」（reason）在人類歷史過程中的動力作用，在追尋以「理性化」（rationalization）為特徵的世界史過程的軌跡，並研究此理性化過程如何與權力、經濟及自然之間發生關係，例如有關當代人間「物化」問題，哈伯馬斯透析如下：作為義意失落的「物化」理性＋作為自由失落的「理性化」＝交換價值＋權力對社會、文化與生活世界的漸次滲透。

由「理性」來看人類歷史社會演化，哈伯馬斯視「社會演化」係一理性化發展過程，以提升合理化或正當性層次，成就其合理性基礎為旨的。概括而論，哈伯馬斯將人類歷史社會演化分成三個不同階段：

原始社會（primitive society）：其組織原理基本上是血緣系統。它是個神話類比構造世界，在此一構造中，一切的自然現象與社會現象交雜一起，而且能夠彼此轉換。同時，這也是個理性化過程的初始階段，此一階段同時也彰顯著文化與自然開始分離，並使理性化過程走進一個能使自身逐漸獨立，且在邏輯上能予以重建的發展階段。

傳統社會或前資本主義文明（pre-capitalist civilization）：此一階段中，階級支配成為組織原理，社會財富生產與分配已由家庭組織形式轉變為生產工具或資料的擁有形式，原來具有權力與宰制作用的血緣系統此時由國家所取代，但文化理性鎖桎於自然本體論內，此時社會結構與文化之間也開始出現某種程度的緊張衝突關係，社會這個時候須依持「文化元域」而進行社會整合，「世界觀」可有效地使社會制度達到合法化與理性化。

現化社會（modern society）：又稱資本主義社會，此時發展出新的合理化形式，以作為新的自然法則，它獨立於自然宇宙論與本體論之外並賦予現代社會以新的合理化基礎。

哈伯馬斯的社會演化和發展理論其實是將馬克思的歷史理論轉變成一個能夠接受經驗評估的社會發展理論，普賽（Michael Pusey）稱它是韋伯的理性化理論之重建。其實，對哈伯馬斯而言，馬克思與韋伯基本上是可以互補的，依此，在歷史與理性化發展過程中，「物質利益」與「文化觀念」具有同等的重要性，而哈伯馬斯的人類歷史社會演化論已將「觀念性利益」與「物質性利益」作了辯證統一。

對馬克思主義的批評

哈伯馬斯對馬克思主義的批評可以分為兩個範疇：其一是有關馬克思的政治經濟學批判作為先進資本主義的一種理論是否妥當問題；其二是馬克思的歷史唯物論作為批判理論的一種範疇上或認識論

上的架構是否妥當問題。關於第一個問題，哈伯馬斯指出，當代資本主義社會中的經濟與政治現象已發生新的關係變化，馬克思的有關資本的價值——理論概念已經不再能抓住當代資本主義社會的本質面貌。馬克思的政治經濟學批判無法感知當代資本主義社會的具體的新發展的可能性與趨勢，哈伯馬斯認為應建構一種新的理論架構俾理解當代資本主義。

哈伯馬斯不認為歷史唯物論可作為一種妥當理論架構以分析當代社會。哈氏提出馬克思未能認清「社會化」可作為社會演化的一個因子單元，並與「生產」加以區分。甚至馬克思也未認清「社會化」在還原主義方面可當作陳述歷史唯物論的一個結論。更重要的，哈伯馬斯認為馬克思對歷史過程的誤解係伴隨著一種認識論的錯誤而來。

在分析現代資本主義特徵上，哈伯馬斯首先對先進資本主義與自由資本主義作了比較。在前資本主義階段，哈伯馬斯以「傳統社會」名之，係由有組織的國家機器為文明特徵的階級社會。傳統社會出自原初社會，當一個官僚威權機器由親族系統分殊出來時便形成，此時生產與分配均不再以家庭為組織單位，而是採取政治上的規劃，此即國家決定一個階級結構，提供特權以控取生產工具，此時的生產關係已經採取政治形式，經濟上的聯繫完全由合法性權力所規定。

關於「自由資本主義」或初期自由主義的組織原則，哈伯馬斯認為在於工資勞動與資本之間的「關係」問題。與傳統社會階級及結構不同的是，此時的工資勞動與資本關係是非政治的，它自由遊走國家領域之外，自成一個私己商品個體擁有者的商業領域。它不再以政治權力導控經濟運作，而是透過經濟交換而使社會系統進行整合。「合法性權力」此處扮演次級角色，以對市場商業作補充而存在，亦即它的角色被限在如何維持生產一般狀態，俾使有市場規劃過程的資本擴張成為可能。國家此時成為上層建築，它並不影響資本積累過程的動力，此動力來自經濟規律，國家的行動充其量在盡調節作用，且因構築生產方式，而提供資本主義經濟存在所作用，或被因填充市場機能而提供法律系統以使經濟持續發展所作用。

在現代或先進資本主義社會，經濟不再獨立於政治之外，經濟本身的內在發展伴隨著國家干預。為了應付本地危機，國家有時會積極參與經濟過程。有兩個新的政府活動使有組織的現代資本主義國家與其自由企業作了區分：其一是只要自由企業出現「功能裂隙」（functional gaps）時，國家將取代市場機制，刺激投資，加強政府組織活動，以提高勞動生產力，並提供新剩餘價值的來源。這是凱因斯學派經濟政策調整意見，哈伯馬斯借用以補充馬克思的失誤。其二是，國家進行賠償完全是因屈服於利益團體的索求而在資本積累過程中所出現的政治上勉強行動。由於政府增強許多功能，其對合法性也有新的需求，此時舊意識已不適宜為新功能提供合法性說明，因此要再造新意識形態，為「干預」提供政治妥當性說明。

除了對發達資本主義作分析以補充馬克思主義政治國家角色意義之不足外，哈伯馬斯對馬克思的政治經濟學也提出知識批評。

馬克思以經濟運動規律解釋資本主義社會發展危機問題。哈伯馬斯認為此一企圖只能在整個社會以經濟為制度核心時始能成功，亦即經濟必須是一個獨立體或一個整體，其運動有其自身的內在規律才能解釋社會發展。此時國家必須是上層建築且相對於此經濟結構，而且雖然不是在指導經濟發展，但卻為經濟存在的必要條件。這種政治和經濟的大致關係在自由資本主義社會中是存在的，但卻不存在於晚期資本主義社會。馬克思理論對資本主義社會發展預測在這方面出了問題。哈伯馬斯在《理論與實踐》中如此批評：

「馬克思所預測的資本集中與集中化過程已經迅速地和高度地迫使市場中的弱勢對手以政治形式去訴求他們的要求，並且誘使國家機關去介入商品流通與社會勞動領域。同時，前述領域也不再按照經濟內在規律而運動發展。由於上層建築因素介入下層建築，古典的政治依存的經濟的說法已經破產。」

由於經濟發展不再是獨立自主，而是政府活動功能與政治衝突的一部分，哈伯馬斯認為，社會基本發展趨向與可能性就不能再由一個講求非政治的資本／勞動關係理論來描繪。

哈伯馬斯對上述問題的研究，在其《合法性危機》一書中有更進一步的強調。他在該書指出馬克思的資本發展理論有三個不妥處：

（一）政府高等教育組織與科技的發展進步已為剩餘價值提供新的來源，此已傷損作為不可避免的經濟危機預測器的所謂利潤率下降趨勢規律的效度。

（二）集體磋商過程的制度化表現為一種大致上系統穩定的階級妥協，而此正是由價值理論（the theory of value）觀點所不能感受的。

（三）由於政治經濟學批判作為一種社會理論而運用，它預設了資產階級民主制的上層建築特徵，但卻不能感知此一制度的真正侷限，今天資產階級民主制已將「合法性」問題作為是先進資本主義的新政府功能取向。因此馬克思的政治經濟學批判未能抓住社會危機根源。

關於對馬克思主義的重建，哈伯馬斯也是對馬克思的政治經濟學批判的批判下發展起來的。馬克思的資本主義生產的雙重性格概念以及資本主義價值形式問題在分析上尚有不足處。哈伯馬斯指出，「資本」就是一種社會生產關係，它是作為一種事物的屬性而表現著，也作為客體化勞動在支付實際勞動中擴張自身而出現的一種權力而存在著。原來馬克思對技術發展當作中性現象看待，而馬克思對資本主義惡劣一面多歸因此社會對技術能力誤用濫用所致，對於人類技術能力之發展並無偏見。可是哈伯馬斯也發現，馬克思有意無意間擁護一種「技術決定論」形式，而社會問題的出現與解決亦基於技術發展之過程，而非社會生產關係。如此說來，馬克思基於生產關係而譴責資本主義之罪惡時，顯然並未視技術發展為政治上無罪。哈伯馬斯此處補充指出，資本與勞動間的關係部分上係由特殊技術能力所形構，而此技術能力之發展也是因應價值擴張之結果，因此「科技」不是一種中立物，它構成當代資本主義價值擴張與權力邏輯的一部分。

關於合法性危機

整個馬克思理論旨在說明資本主義社會系統危機不可避免，社會革命必然到來。三大卷的《資本論》就是從知識理論上分析探討社會生產與資本積累之間的基本矛盾問題，並由此建立馬克思的「社會危機理論」與「社會衝突論」。

今日世界已走入晚期資本主義社會或後資本主義社會，按照哈伯馬斯的批評，馬克思的「社會危機論」，或正統的馬克思主義的概念範疇，已經無法正確解釋當代晚期資本主義。雖然哈伯馬斯仍然把工資勞動與資本之間的關係，當作自由主義與晚期資本主義的基本組織系統，但是他也指出晚期資本主義的社會條件已有所改變，其中最明顯的改變是「剝削現象」越來越明顯地經由國家機器而產生，已經不再是資本家對勞動者的直接剝削，而此種新的剝削現象已與馬克思勞動價值理論所說的

「階級立場」無特別關係。哈伯馬斯更進一步指出，晚期資本主義是高科技與高資訊時代，古典的工廠生產模式已經不再是經濟剝削的主要手段，「生產力」的概念已不是純物質概念，科學、技術與資訊都屬生產力，當這種新式的生產力與生產關係發生矛盾的時候，晚期資本主義的危機趨勢也就不再單純是經濟危機而已，哈伯馬斯在《合法性危機》一書中有深入的分析。這一本書，雖然是哈伯馬斯關於發達資本主義社會的政治社會學名著，但其內容本身具有明顯的馬克思主義色彩。

前面我們提到過，當代資本主義的基本特徵，一方面是古典理論所提到的社會階級衝突現象，在晚期資本主義階段，此現象已不明顯，甚至有逐漸消逝的跡象；另一方面是在經濟領域中國家與政府的角色越來越重，所謂國家干預、政府介入，其功能角色不能忽視。經濟結構與國家機器兩相比較，哈伯馬斯為經濟系統已經失去原有的自主性功能，因此先進資本主義中的危機現象已經失去它的本然性質，因此社會系統危機不再是可以預期的。

哈伯馬斯認為資本主義原有的經濟危機在後資本主義時期已經轉入到政治系統中去了，而資產階級民主國家可用「合法性」填充「合理性」的不足，也可以用組織合理性的延伸以彌補政權合法性的不足，一切社會規範性結構都在為合法性的權力宰制所服務，整個當代資本主義社會被「經濟危機」、「合理性危機」、「合法性危機」與「動機危機」所籠罩。

「危機」（crisis）本指客觀力量剝奪了主體在正常情況下所擁有的一部分自主權。危機之解除指能使陷入危機的主體獲得解放。用在社會系統的分析上，指社會系統的目標—價值觀念的變化超出其所能容忍的極限，或指社會系統無法解決其所駕馭之問題，即社會整合與系統整合發生矛盾，亦即生活世界與社會系統之間的內在聯繫出了問題。社會危機也指社會組織原則遭到破壞而無法修補復健。

哈伯馬斯把「危機」看作社會面對它生存界限困難狀態的一種反應，或社會面對整個社會體制所無法解決的困境，因而導致該社會組織架構的解體或轉型。就社會系統言，其中任一子系統或次級體制無法達到它對元系統或整體所應提供的「需求量」時，「危機」便會發生或出現。基此，所謂「合法性危機」，哈伯馬斯認為是權力關係的不穩或破壞，亦即一種足以破壞互動、聯繫、認同和溝通等社會構造權力關係的破壞。

哈伯馬斯所說的當代資本主義四種危機在分類上出自不同的系統，在趨向上也有不同，哈氏在其《合法性危機》一書中指一個社會整體系統中有三個子系統，它們是經濟系統、政治系統與社會文化系統。在經濟系統中會出現經濟危機，在政治系統中會出現合理性危機與合法性危機，在社會文化系統中會出現動機危機。

經濟危機來自勞動與資本的不均衡輸入（inputs），它是資本主義生產方式的破型（atypical）。在晚期資本主義社會裡，如果經濟危機持續存在，此表示政府在實際過程中所進行的干預行動順從於正在運作中的經濟規律，或根本臣屬於經濟危機的邏輯中，否則，如果進行強而有力實效干預，則經濟危機可被中止。

政治危機來自於政治系統所要求的大眾忠誠的輸入量不弱，而其政策的輸出（output）顯得失效，故政治危機既有它「輸入危機」（input crisis）的一面，又有「輸出危機」（output crisis）的一面。輸出危機指出政府因解決經濟危機而實施行政管理之無能，或作為社會組織的工具的形式理性失效，或已達理性化過程限度而國家決策有去勢無能傾向，此時此「合理性危機」（Rationality Crisis）形式出現。如果政府因此而無保持大眾忠誠應有的水平規模，則「輸入危機」此時採「合法性危機」（Legitimation Crisis）形式出現。哈伯馬斯認為「意識形態」（ideology）是用來包裝權力或使權力合法化的觀念，當一個政治系統的意識形態被發現是一種偽裝合法性的「社會共識」時，被發現是一種赤裸裸權力的面具時，將會使前述「合法性危機」加劇。同理，晚期資本主義社會科技本身已成為一種意識形態，當「科技意識」（technocratic consciousness）的宰制作用被大眾拆穿後，「合法性危機」對政治系統就會產生威脅。至於意識形態系統或文化霸權出現崩潰或鬆解現象時，政治統治的合法性或正當性危機也會出現。

社會文化系統是由經濟與政治系統中有關集體需求物品與服務，法律與行動，公共與社會安全與形式中而吸取其輸入項的。在經濟與政治系統內的輸出危機同時就是社會文化系統內的輸入不穩，並可轉化成為對合法性的抽離。而且前述諸危機唯有透過社會文化系統而爆裂出來，因為一個社會的社會整合係基於社會文化系統之輸出，尤其是直接基於它對政治系統之合法性的動機問題。因此社會文化系統不同於經濟系統，它本身不組織自身的輸入項，當然也就無所謂社會文化上的「輸入危機」問題，如有危機通常均指「輸出危機」而言，此即「動機危機」（Motivation Crisis）。

上述這四種在晚期資本主義社會的可能危機趨勢只要其中一項危機出現，即表示此社會有問題。如果經濟系統不能產生消費價值的需求量，或在行政系統未能產出理性決策的需求量，或合法性系統未能產出理性決策的需求量，或在合法性系統未能提供普遍化的動機的需求量，或者社會文化系統未能產生行動動機意義的需求量，則表示此資本主義社會已陷入資本主義系統基本矛盾中。因此，先進資本主義社會的任何「危機」都可在「合法性」場域內被發現，亦即在公眾接受的統治機構公平與正義的場域內被發現。總之，合法性危機發生在當社會與文化系統出現無法「適應」（fit）現存權力與剝削形式之結構矛盾時。

對於這四種晚期資本主義危機，哈伯馬斯的危機理論必須能對晚期資本主義社會中的權力與宰制給以新的說明，而且還要對晚期資本主義危機因不能克服而遭致「社會轉型」時能重估「先進資本主義的自我轉型的機會」。可見哈伯馬斯所形構的是一個以「結構危機」為特徵且具有「轉型效果」的危機理論，它欲提出足以改變社會組織原理的潛力，而且對馬克思的社會危機理論權做補充。

第九章　馬克思主義的未來

在本書第八章第四節有關科西的馬克思主義的論述中，筆者談到科西指出馬克思主義出現危機，而危機之克服，科西認為在於哲學之揚棄以及將馬克思主義的「理論」與「革命實際」相結合。科西所指馬克思主義之危機主要是指本體論上的危機。既然危機可以克服，馬克思主義／科學的社會主義便有未來，而不是如福山所說的「歷史的終結」。

二〇一八馬克思誕生二百周年，世界各地都有紀念，中共在北京舉行國家層次的紀念大會，作為馬克思主義在中國的發源地的北京大學甚至召開「世界馬克思主義大會」從學術知識與思想文化層面對馬克思主義在中國、在世界的影響進行研討，作者應邀參加此一世界性的學術大會，親眼見到馬克思主義的實存性。

二十一世紀的馬克思主義／科學的社會主義不但存在，而且發展著，在知識上滲透進入各種學科領域，在實踐上朝向區域化、民族化與多元化發展。本章論述馬克思主義的現實發展，並駁論「社會主義死亡論」，以說明馬克思主義在二十一世紀繼續存在的態勢。

壹、馬克思誕辰二百周年

二〇一八年五月五日，適逢馬克思誕辰二百周年，做為影響近現代世界最大的人物，紀念他，回憶他，都是應該的。

馬克思是現代共產主義的奠基人，他的理論一般稱之為「馬克思主義」（Marxism）或「科學的社會主義」（Scientific Socialism）。馬克思的思想及理論對人類的影響不僅在政治革命與社會運動上，同時也在文化批判與知識建構上。

馬克思生時生活困頓，後半生在流亡與貧困中渡過，死時在其葬禮上為馬克思送別者，包括恩格斯在內，只有九個人，馬克思死時的寂寞，與他死後在歷史上的地位以及對全人類的影響，其強烈的對比恐怕也是歷史上的空前乃至絕後。

一、馬克思主義影響人類二十世紀

「馬克思主義」是二十世紀影響人類最大的政治意識形態。以馬克思主義之名進行政治革命在二十世紀曾出現「共產世界」，地域涵蓋東歐、前蘇聯、中國大陸、北韓、越南、古巴、非洲。馬克思主義由歐洲到了俄國，成了俄國主流社會主義思想，而且還分成「正統馬克思主義」（Orthodox Marxism）的普列漢諾夫與「真正馬克思主義」（Authentic Marxism）的列寧兩大政治與理論派別。馬克思主義促成俄國「十月革命」，十月革命一聲炮響，又給中國送來了馬克思主義，北京大學陳獨秀、李大釗們首先成立了「馬克思主義研究會」。中國先進分子從這個理論看到了解決中國問題的出路，也因馬克思主義而促成中國共產主義運動，一百年後的今天並轉型為「中國特色社會主義」。在

「蘇東劇變」後，中國已是世界最大的社會主義國家，北京大學二〇一八年五月五日舉行「世界馬克思主義大會」以紀念馬克思誕辰二百周年，意義重大。

二、宜在知識上給馬克思以公道

借「馬克思主義」之名建立起的社會主義國家，頌揚、堅持、肯定馬克思主義自屬當然。西方世界因馬克思根本否定資本主義而反對、批判、拒絕馬克思主義可以理解。當年因國共內戰而失去政權退守台灣的國民黨政府因非共、反共而批判馬克思主義，今天看來也能夠理解。其實，不論把馬克思主義當作「科學真理」抑或「信仰系統」，還是把它視為「政治意識形態」或是「邪說謬論」，都涉及到哈伯馬斯、福科（M. Foucault）所謂的政治權力「合法性」和政治「價值取向」問題。如果從知識理論上來對待馬克思主義，便不涉及「贊成」或「反對」問題，而是要以理性、公平、正確的態度去「理解」、「解讀」馬克思主義。

一個多世紀以來，馬克思及其思想理論因為政治理由而遭誤解／曲解／否定／抨擊太深了，只有在知識上能還馬克思以原貌，並給以馬克思主義以正當性。馬克思在知識上的影響力，一如麥克里蘭所言，超過他在政治上的影響力，甚至我們願意在此指出，馬克思對人類知識影響面涵蓋整個人文與社會科學，不信你到國內外大學圖書館去查一下各類人文、社會科學著作，看看「馬克思」與「馬克思主義」出現的次數與頻率，便知我們所言不虛。這樣看來，馬克思作為人類近現代思想巨人當之無愧。因此，對於馬克思這樣的歷史人物，像馬克思主義這樣的大理論，在他誕辰二百周年之際，不但要開會紀念他，更要理解他，並要對他留下的知識遺產「馬克思主義」給以公正的知識解讀或詮釋性的研究。

三、為學當如馬克思

我們在本書第一章開場白論馬克思時便指出：作為一個思想家，固然要有天分，更要努力用功。馬克思十八歲進入波昂大學攻讀法律，不久轉學柏林大學主攻哲學，最後向耶納大學提出博士論文，時年二十四歲。他的整個思想是盧梭、伏爾泰、霍爾巴赫、海涅、黑格爾等人的熔鑄物，他的用心於學問知識，窮年累月埋首於大英博物館及其書房中，在英倫貧困生活日子裡，為資本主義之不公不義，為全人類之解放，耗盡腦汁，油盡燈枯，死於書桌前，讀過梅林《馬克思傳》的人無人不感動。而其《資本論》三大卷一如亞當斯密的《國富論》，其學術成就及對人類的影響不是諾貝爾經濟獎足夠美譽與肯定的。昔日朱執信有言：「求學當如馬克思，做人應效學尼采」，良有以也。

四、馬克思無意視自己理論為「普遍真理」

對馬克思及其思想理論做研究或評價，其中爭論頗多。主要原因是作為思想家的馬克思其著作絕大部分都在其身後陸續發現與出版，例如《一八四四年經濟學哲學手稿》、《歷史學筆記》、《人類學筆記》都是二十世紀上半葉才發現並陸續出版問世。此外，馬克思本人並沒有意思把他的思想理論一如恩格斯類比達爾文生物「進化論」所說的，當作「人類社會發展規律」看待。馬克思自己說過，「就我所知，我不是一個馬克思主義者」，他的謙虛信念處是：無產階級在追求「解放」的政治社會運動過程中不宜與任何思想家的姓名掛在一起。另外一層意涵是，馬克思不認為他的思想體系已無所不包，成為「完型世界觀」，例如他在一八七〇年回信給俄國社學家米海洛夫斯基（N. K. Mikhailovsky）時就說他自己根本無意把「唯物史觀」視為「普遍的歷史哲學」；而在一八八一年馬克思給俄國女革命家查蘇莉奇回信中也說「資本主義制度的歷史必然性只限於西歐」。可見馬克思本人只把他的理論當作一種人類歷史與社會發展的「觀點」、「途徑」，「理論模式」，而非「規律」或放諸四海而皆準的「普遍真理」。

如果一定要把馬克思主義當作「真理」、「規律」的話，按照馬克思的知識原意，他的理論是「相對真理」，按照頗柏的方法論是「走向真理」、「接近真理」或「近似真理」，而非「普遍／絕對真理」，也不是甚麼「一元論」。也可以這麼說，馬克思的著作與理論係針對十九世紀的歐洲資本主義及其社會說話，既不是普遍原理，也不是封閉系統，更非教條主義；相反，他的理論是開放性的知識系統，允許討論，因此，馬克思主義既不是「經濟決定論」，也不是「歷史定命主義」。

五、馬克思主義非歷史一元論

馬克思主義的本質既強調「理論」必須與「實際」相結合，也注意到時空的差異，不然他不會針對俄國的社會發展提出可以跨越「卡夫丁峽谷」（資本主義階段）的說法。這麼說來，馬克思主義在東歐實踐中出現南斯拉夫「民族共產主義」，在中國大陸出現「馬克思主義中國化」問題，並不違背馬克思的理論真義，反而對馬克思主義是一種發展；而鄧小平所說的「中國現代化建設須要學習和借鑑外國經驗，但不可照抄照搬別國經驗、別國模式，而是要把馬克思主義的普遍真理同中國的具體實際結合起來，走自己的道路，建設有中國特色社會主義」的政治知識論述也就可以理解為完全是合乎馬克思主義的。

馬克思主義不是政治教條、而是一種知識系統和開放型的世界觀，它允許爭論。它可以被各式信仰它或研究它的人加以解讀；它可以是一種政治社會運動，一種政治反對派的教義，一種依循馬克思思想觀念而行事的政治權力意識形態；也可以被視為一種有關人間狀態的哲學，一種當代最重要的社會理論；當然也可以作為一種實踐哲學，一個有關資本主義的邏輯或科學。如果用前述的語意概念去理解馬克思主義，則馬克思主義不應只是無產階級的世界觀，它與民族文化、政治取向，個人認知，乃至人生趣味都有關聯。

六、馬克思主義乃哲學與科學之統一

如果從知識層面去解讀／詮釋馬克思主義，則它並不是馬克思自發論式的言說，反而是馬克思有系統的知識建構。馬克思在人生道路上經歷了青年到老年階段，其思想也會有「青年馬克思」與「老年馬克思」之別。同理，馬克思主義的發展也會有「批判的馬克思主義」與「科學的馬克思主義」之異，阿圖舍認為這是馬克思在理論建構時的「認識論的斷裂」，其實整個馬克思主義的發展是一場與時俱進的「知識革命」與「範式轉型」，由「批判的馬克思主義」到「科學的馬克思主義」是「哲學的共產主義」到「科學的社會主義」的辯證發展，它雖是馬克思本人思想上的「知識革命」與理論上的「範式轉型」，但絕對是馬克思人本主義有關「人的解放」的哲學與科學的合一，不這樣便無法理解馬克思《巴黎手稿》中的「勞動異化」、「人的異化」何以能轉化成《資本論》中的「勞動」、「資本」之階級衝突一事。

因此，不宜用庸俗化／過分簡單化解讀馬克思主義，「批判的馬克思主義」表徵了馬克思的人文關懷理念，「科學的馬克思主義」形塑了馬克思的科學實證精神，不論馬克思的「批判的馬克思主義」，或是他的「科學的馬克思主義」，都是他對歐洲文明「大傳統」的傳承，而且也是馬克思思想與理論的一體兩面。可以這麼看，馬克思主義是一個理論與實踐相結合的知識系統，一個與科學合作並綜合哲學、史學、經濟學、社會學、人類學、政治學為一體的知識系統。誠如胡秋原所說：「馬克思主義的各部分分析開來，理論價值縱不甚高，但合起來，其平均分數實非一般系統個別所易與。」值此馬克思誕辰二百周年之際，紀念他，回憶他，我們也要像胡先生那樣公平地對待馬克思。

觀察馬克思一生，他早年由黑格爾派變成費爾巴哈信徒，轉入唯物主義，到巴黎後，受法國社會主義思想影響，成為社會主義者。後因恩格斯的啟發，研究政治經濟學，由「唯物史觀」、「剩餘價值說」研究資本主義及其制度，終將社會主義建構成最有力的學說，以此根本否定西方資本主義社會、制度與文化，這種知識力度、政治意志與道德勇氣是空前的，而且應予肯定。

總之，在社會主義運動史上，馬克思無疑應是影響力最大的一人，不論其思想與理論正確與否，馬克思的博學深思，堅強人格，絕不庸俗，反對勢力，是無可否認的。我們願在此指出：可以對馬克思提出批評，乃至批判，但不可對此思想巨人毫無敬意。

貳、馬克思主義中國化

談到馬克思主義中國化，便讓人想到「中國特色社會主義」問題。「中國特色社會主義」不但是馬克思主義中國化的最新範式，而且對現實存在且正在發展中的社會主義中國有極其重要的意義，對世界其他社會主義國家而言也有「發展範式」參照意義。

一、馬克思主義在中國

馬克思主義在二十世紀初夜與其他社會主義一起傳入中國，它在中國這塊土地上生根並發展，到了今天已經一百年了。

馬克思主義在中國不僅是思想上的知識理論，而且也是政治上的意識形態，並以革命實踐方式化為中國共產主義運動。馬克思主義在中國的發展的確經歷了許多挫折，它不像西方理論家所說的「社會主義」已到「歷史之終結」；相反，馬克思主義今天在中國正按馬克思的歷史主義軌道繼續發展、茁壯並轉化為「中國特色社會主義」。

為甚麼馬克思主義在中國能進入二十一世紀新時代？因為馬克思主義已經「中國化」。

社會主義一直受到資本主義世界的圍剿／圍堵；但毫無疑問的是，社會主義從馬克思發表《共產黨宣言》，出版《資本論》以來，也一直批判／挑戰著資本主義。沒有馬克思的「科學的社會主義」，便沒有俄國的「十月革命」；沒有「十月革命一聲炮響」，也不會有中國共產主義運動；沒有中國共產主義運動，便不會有今天的中華人民共和國；同理，沒有「馬克思主義中國化」，也不會有「中國特色社會主義」，可見馬克思主義與現代中國不可分。

筆者在《大轉變—後共產主義、後社會主義研究》一書中指出，社會主義／馬克思主義／共產主義在東西冷戰時期就開始多元化／民族化／國家化。「蘇東劇變」是「俄式共產主義」在前蘇聯、東歐地區「一元化」的結果。馬克思從來沒有說過「馬克思主義」必須「一元」，甚至他還說過「我不是馬克思主義者」，可見馬克思不認為他的理論必須是「教條」，亦即共產主義民族化／馬克思主義中國化並不違背馬克思的理論原義。

二、中共對社會主義的再認識

在中共的歷屆領導人中，鄧小平是最先對「社會主義」進行再認識的人。他說，「甚麼叫社會主義？甚麼叫馬克思主義？我們過去對這個問題的認識不是完全清醒的。」經過反思，鄧小平說：「貧窮不是社會主義」，「社會主義是要大力發展生產力」的。毛澤東主政期間在中國進行社會主義的實驗／實踐，尤其是「三面紅旗」下的「窮過渡」其代價是重大的，它不是鄧小平所認知的社會主義／馬克思主義，這就不得不使「後文革」的中共對馬克思主義在中國的實踐進行經驗總結與理論反思。

中共對馬克思主義的再認識始於一九七八年十一月的十一屆三中全會，全會〈關於建國以來黨的若干歷史問題的決議〉中指出，中共建政前二十年，從「三面紅旗」到「文化大革命」，因一連串的左傾錯誤，在中國出現了政治、社會、經濟重大災難與不幸，其原因都是因為對於社會主義建設經驗不足所致。

因此，文革之後中共在社會主義建設的理論思考上，面臨必須徹底改弦更張的局面，於是中共在十一屆三中全會後，從政策上走向「改革開放」，在理論上對「社會主義」有再認識的必要。

在認真探索與反思下，中共到一九八七年底召開十三大時，在理論建構上有了重大的階段性成果，它就是中共所提出的「社會主義初級階段論」。中共把「社會主義初級階段論」說成是馬克思主義在中國的「第二次歷史性飛躍」。中共自認花了近四十年時間，總結了「正反兩方面」的經驗，最後找到了建設社會主義的道路，那就是以「社會主義初級階段論」為理論基礎，走「有中國特色社會主義」的道路。

三、社會主義在當代中國的轉型

「社會主義」在現代中國經過了一個世紀，經歷了許多挫折、扭曲與異化，並辯證地轉化與轉型。如果從「發展理論」（Theories of Development）觀察，政治、社會與經濟發展不是直線式的，而是曲線辯證式的，它包括「發展」與「轉化」，而「轉型」（Transformation）是根據一個民族／國家的實際狀況對原來所堅持的理論作發展型態的轉換，這在馬克思的《歷史學筆記》乃至歷史唯物論中說得很明白。

當代中國社會主義的發展與轉化，大致說來，經過三大階段：「蘇維埃模式」（「史達林模式」）——「毛澤東模式」（「馬列主義中國化」）——「鄧小平模式」（「中國特色社會主義」）。如果說一九四九建立起來的新中國叫「社會主義中國」，則一九七八年以後的中國在學術上被稱為「後社會主義中國」（the Post-Socialist China），因此，「中國特色社會主義」又稱「後社會主義中國發展模式」，簡稱「中國模式」。

社會主義在中國由「動員式集體主義」（Mobilization Collectivism）向「市場社會主義」（Market Socialism）做轉型，除了「南斯拉夫經驗」可做比對外，它與傳統西方國家的發展歷程和發展模式絕不相同，甚至可以說無前例可循。它雖是在「試誤」的途徑中進行的，但方式上不是「休克療法（Shock Therapy），而是採取「漸進主義」（Gradualism），套句鄧小平的話說，在轉型實踐上是「摸著石頭過河」，這說明中共早年對馬克思主義／科學社會主義的理解與認識是不足的。

雖然在轉型實踐上是「摸著石頭過河」，但在對「轉型」的邏輯思考上卻是頗為明確且有路可尋。首先，就是「解放思想、開動機器」，強調「實踐是檢驗真理的唯一標準」。其次，在中共端正對馬克思主義的態度上，鄧小平提出「不論黑貓還是白貓，能捉耗子的就是好貓」的「貓論」，也給當代中國社會主義轉型在理論取向上注入實效主義／實用主義（Pragmatism）的成分。

在理論反思上，中共黨內改革派鄧小平們以非教條化的方式指出：「馬克思活在一百多年以前，不能要求馬克思、列寧的著作解決我們當前的所有問題。」這是要求中共黨內不要再把馬克思主義、列寧主義當成「絕對真理」或當成「教條」對待。對待馬克思列寧主義非教條化，不但有利解放思想，而且有助於「轉型」。因為中國是個社會主義大國，在發展方向上要向「中國式社會主義現代化道路」轉進，猶如一艘大船掉頭轉向，如果沒有打破「教條主義」的勇氣，其掉頭轉向幾乎不可能，難怪中共自稱這是「偉大的歷史轉變」，也是「第二次革命」。

四、馬克思主義中國化

社會主義在當代中國的「轉型」，從實踐意義上說雖然是「摸著石頭過河」，但在理論建構與政策制定上卻是個內部細緻工程。換句話說，「中國社會主義現代化」問題，中共經過長期摸索，最後才找到一條通過社會主義市場經濟來發展生產力，走向共同富裕的「有中國特色社會主義」的現代化道路。關於這一點，鄧小平在中共十二大開幕詞中說得最為明白：

「我們的現代化建設，必須從中國實際出發，無論是革命還是建設，都要注意學習和借鑒外國經驗。但是照抄照搬別國經驗、別國模式，從來不能得到成功。這方面我們還有不少教訓，把馬克思主義的普遍真理同我國的具體實際結合起來，走自己的道路，建設有中國特色的社會主義，這就是我們總結長期、歷史經驗得出的基本結論。」

所謂「別國經驗」、「別國模式」，鄧小平的經驗邏輯是指「俄國經驗」與「史達林模式」，亦即先走「過渡時期總路線」，對工商業進行基本改造，對農業進行合作化，最後完成工商業國有化和農業集體化，這就是所謂的「社會主義現代化」。然而，「中國特色社會主義」，相對於馬克思、恩格斯所設想的社會主義、蘇聯及東歐的社會主義和南斯拉夫的社會主義而言，它是按照「中國特點、具體情況」來搞社會主義建設。「中國特色」是個性，「社會主義」是共性，將「個性」與「共性」辯證統一起來就叫「中國特色社會主義」。中國的特點與具體實際是「一大、二雜、三農、四窮、五古老」，它不宜在「史達林模式」下用「社會主義總路線」、「大躍進」，「以階級鬥爭為綱」方式一夜之間進入共產主義社會，相反，它必須「走自己的道路」，重新回到「社會主義初級階段」，先「把生產搞上去」／「發展生產力」，並努力地、平穩地、階段式地走完社會主義，再談共產主義問題。

五、回返馬克思

中共重新回到「社會主義初級階段」其實就是回返馬克思。社會主義初階論的基本內涵為：（一）它不同於社會主義經濟基礎尚未奠定的「過渡時期」，也不同於已經實現「社會主義現代化」的成熟階段。（二）這個階段的社會主要矛盾是人民日益增長的物質文明需要同落後的社會生產之間的矛盾，「社會主義初級階段」要把發展「生產力」作為全部的中心。（三）這個階段的工作重點是堅持「全面改革」，擺脫長期形成的僵化體制的束縛，認定需要「非社會主義經濟成分」作為補充。亦即，在所有制方面，以全民所有制經濟為主導，以公有制經濟為主體的前提下，允許多種經濟成分、多種所有制同時存在。（四）在社會主義初級階段中，無論市場還是經濟規律，都不能排除。這樣看來，中國大陸這種社會所有制改革並不是如東歐社會主義國家那樣進行大規模和迅速地國有企業「私有化」（Privatization），而是朝向國有經濟的「非國有化」（De-nationalization）前進，而且意含了只要社會主義存在，那麼就是一個以商品生產，運用經濟規律和計劃為基礎的「矛盾」／「二元」社會。

按照馬克思的歷史發展階段說，「大體來講，亞細亞生產方式、古代生產方式、封建生產方式、以及現代資產階級生產方式，可以看成社會經濟型態發展中的幾個演進時代」。既然人類歷史社會發展有馬克思所說的幾個演進階段，表示這幾個階段是「連續的前進階段」，不能任意顛倒或跳躍。依馬克思的歷史發展公式，「資本主義社會」之後是「社會主義社會」，因此，首先，「社會主義初級階段」在社會發展認識論上是緊鄰資本主義社會的「初階社會主義社會」，這個社會也就是「社會主義市場經濟」社會，它有「市場經濟」的特色，同時還有「社會主義」的性質。

在當代中國，社會主義退回到「初級階段」，主要是因為「生產力」落後，「商品經濟」不發達，它必須重新走過這個特殊階段，以「商品經濟」／「市場經濟」加速提升這個社會的「生產力」，以便充分完成社會發展的「物質條件」。沒有充分足夠的「生產力」，只改變「生產關係」，連馬克思都認為這樣的社會不是「社會主義社會」。「生產力」與「生產關係」的辯證統一就是市場經濟的發展與生產資料所有制的社會主義改造的辯證統一，也是「社會主義初級階段」在中國至少需要走上半個世紀。中共認為，要完成「社會主義現代化」，這個「初級階段」非但需要，而且必須，並且強調：在近代中國的具體歷史條件下，「不承認中國人民可以不經過資本主義充分發展階段而走向社會主義道路，是革命發展問題上的『機械論』；如果以為不經過生產力的巨大發展就可越過社會主義初級階段，是革命發展問題上的『空想論』」。可見「社會主義初級階段」論是中共長期進行社會主義革命／建設，在「右傾機會主義」與「左傾冒險主義」的試誤實踐中最後找到的。由此可見中共對馬克思主義的認識有個發展過程。

由毛澤東時代「三面紅旗」激進的共產主義，經過「文革」狠抓階級鬥爭與繼續革命，到鄧小平時代堅持改革開放，退回社會主義初級階段，實行社會主義市場經濟，改走「中國特色社會主義」，這是中國社會發展一百八十度的大轉變，也是在馬克思的「歷史公式」上實事求是地實踐社會主義。由發展模式看，「中國特色社會主義」是中國大陸沿著馬克思主義的社會發展邏輯，在政治、經濟、社會面向上，以「利益取向現實主義模式」（Interest-Oriented “Realist” Model）取代毛澤東的「價值取向自力更生模式」（Value-Oriented Self-Reliant Model）。這種社會發展與轉型只有經過「回返馬克思」的理論反思與革命實踐的經驗總結下才能取得。

六、新時代的社會主義發展道路

中國大陸堅持「改革開放」，如今進入習近平所說的「新時代」。四十年來，中國社會主義的轉型與新的革命實踐是個巨大的、整體性的社會變革工程。問題多，難度大，但「轉型成功」是不可否認的事實，它不但使中國擺脫貧弱，走向「小康」，而且使「中國崛起」，可見在中共在「回返馬克思」後已經準確地掌握了馬克思所謂的社會發展規律與道路。

在社會主義發展上，中共進行這場「轉型」／「變革」，使中國大陸在發展道路上柳暗花明，峰迴路轉，既突破了「發展絕境」，又避免了如東歐和前蘇聯那樣走入「發展死巷」，這恐怕不是如布里辛斯基（Z. Brzezinski）所言共產主義走入「大失敗」，或是如福山（F. Fukuyama）所指共產主義走入「歷史的終結」那樣的以偏概全的經驗知識預測。

蘇東劇變是二十世紀結束前世界最大的政治變局，它使世界走入「後冷戰時期」，也使社會主義在世界遭到空前的挫折和嚴峻的挑戰，同時它也使世界社會主義發展進入「後共產主義」。在後冷戰、後共產時期，中國的社會主義不僅沒有像西方政治理論家預言和一般人擔憂的那樣，會因骨牌效應隨著蘇聯的崩潰而垮台，反而發展得格外健壯，並且引起全世界的注目。在眾花凋謝下，「中國特色社會主義」幾乎成了一枝獨秀，尤其最近幾年來，它已經發展成為世界第二大經濟體，一般預測，二〇二〇年它將超過美國成為世界第一大經濟體。中國社會主義的轉型與角色功能既概括了社會主義建設得失成敗的歷史經驗，更重要的意義在於它打破了「社會主義一元論」下的「蘇聯模式」／「史達林模式」的正統性，改走馬克思歷史公式類型論／亞細亞生產方式下的「社會主義多元論」，這就是「馬克思主義中國化」。

七、二十一世紀的社會主義

儘管世界上一個世紀前發生了社會主義革命，而且上世紀末葉出現了「蘇東劇變」，但社會主義依然有它的力量與影響。二十一世紀初葉的人類仍然生活在一個強而有力的再生產著晚期資本主義文明的價值準則的時代之中。因此，社會主義／馬克思主義可能成為甚麼？又可能已經變成甚麼？已經成為社會主義運動內部及關心並做出研究的任何嚴肅的理論家們應當認真思考的問題。

思考「馬克思主義中國化」在二十一世紀的作用與地位，首先在於對「社會主義」選擇的意義給予認知。「社會主義」的普世價值意義首先在於「社會正義」、「自由平等」、「非異化」、「無剝削」。雖然「社會主義」至今並未消除社會矛盾與利益衝突，也未許諾人間完全的和諧，但它有助於使人與人之間的關係變得更加文明、更加人道、更加公正、更符合人類存在的最高意義——人在社會中的自由發展（人的解放）是毫無疑問的。其次，「馬克思主義中國化」的存在現實，說明了「社會主義」並不等同於生產資料集體所有制。如果承認各種不同性質的（私有的、國家的、合作社的、半公半私的）生產資料所有制形式有相互結合的必要性，而且即使在可以動用「計劃」／「宏觀調控」的場合也讓「市場」發揮一定的作用，那就很難把「社會主義社會」體制運行的機制界定／描述為與「資本主義社會」的體制運行與機制「完全對立」起來。特別是繼「歷史的共產主義終結」之後，會出現共產主義向其本源回歸，然後又辯證地出現一個「新型共產主義」，這種新型社會主義／後社會主義不再是社會主義與資本主義的「傳統對立」，而是「必要的合作」，甚至「相互融合」。

在馬克思、恩格斯看來，社會主義意味著人類古代史的終結，意味著人類真正歷史的開端和有悖於「人的尊嚴」的生存狀態的結束。社會主義的目標是建立一個沒有剝削、沒有壓迫、沒有強權、沒有不公不義，沒有任何一個人類集團明顯受到歧視的社會。

毫無疑問，社會主義的世界歷史過程仍然在不斷地向前發展，「馬克思主義中國化」的出現，說明「社會主義」顯然已經逐漸脫離傳統的線性道路和一元性的發展模式。

過去的根本錯誤之一，是認為社會主義應當採取一元主義／單一模式，但社會主義在中國發展的存在現實，說明了社會主義在不同國家有不同的發展道路，二十一世紀的社會主義會沿著「科學的社會主義」方向前進，但不是二十世紀社會主義的重複／複製，也不是社會主義與資本主義簡單的複合，而是世界各國人民沿著馬克思主義的求真求實的科學精神以獨特的政治智慧做出創造與貢獻。

社會主義一如孔恩在其《科學革命的結構》中所說的，正處在「範式轉移」階段，社會主義的多元模式確實存在，「馬克思主義中國化」便是實例。

總之，二十一世紀的社會主義不從意識形態結構去展現，而是從生活本身加以建構，從人民的福祉利益中推論出來。「馬克思主義中國化」是這種發展趨勢下最具範式性的「現實存在」。毫無疑問，「中國特色社會主義」的實踐在二十一世紀會將馬克思主義推向新的未來。

參、駁「社會主義死亡論」

作者在本書第一章第一節第一段開宗明義便說，「不願將馬克思主義等同於共產主義」。而且進一步指出，福山所謂「歷史的終結」，從嚴格知識意義上說，應該指謂蘇東劇變下俄式共產主義的終結，不應該解釋為「社會主義的終結」，更不應該意謂馬克思主義的死亡。如果福山將「歷史的終結」等同於「社會主義的終結」或「馬克思主義的死亡」，那我要在此批評福山：你將社會主義、馬克思主義與俄式共產主義混同一鍋煮，是知識上的不妥當，在邏輯上也犯了「過分簡單化」謬誤。福山所說的「歷史的終結」充其量是指俄式共產主義／馬列主義（史達林主義）的終結、除此外，馬克思的「科學的社會主義」不會終結，相反，社會主義走向多元化，馬克思主義在理論結合實際的情況下已經以新的形式出現，並化為社會實在。

社會主義在歐洲、非洲、拉丁美洲以各式各樣形態存在著，在亞洲最有特色的社會主義便是「中國特色社會主義」。「中國特色社會主義」化為社會實在本身就說明了「社會主義」並未終結。這個社會主義不但使貧困的中國「站起來」、「富起來」，而且「強起來」，並且還讓苦難的中華民族正在走向「偉大復興」。作者想從「馬克思學」角度指出，「中國特色社會主義」就是馬克思「科學的社會主義」的「後現代版」，亦即「馬克思主義」有強大生機活力，絕不是當代西方資產階級理論家所謂的「社會主義死亡」論。

這麼看來，「中國特色社會主義」在知識理論上是「新型社會主義」，是二十一世紀新時代的社會主義／馬克思主義，而且它在中國的發展與實踐，已經由理論概念建構成發展模式，並且以「中國模式」型態為開發中國家提供有別於以「現代化理論」為基礎走向民族國家現代化之途的新發展理論與模式。

從比較政治學知識角度窺析，「中國特色社會主義」從概念、理論，到形成「國家發展模式」、「新型社會主義道路」，是政治發展理論知識上的創新，也是馬克思主義的實踐發展。

西方傳統觀點，尤其是海耶克（**F. A. Hayek**）（見其《到奴役之路》），認為社會主義計畫經濟「不可行」。馬昆德（**D. Marquand**）指謂蘇聯解體意味社會主義「無能」，只有資本主義才能帶來人類科技進步與社會生活水平的提升。其實「蘇聯解體」來至於俄共政治統治集團的「合法性危機」，哈伯馬斯、霍姆斯（**L. Holmes**）、布朗（**F. Brown**）、甘迺迪（**F. Kennedy**）均執這種看法。柯茲（**D. Kotz**）甚至以數據指證一九二八年至一九七五年蘇聯經濟增長速率超過美國，可見也不是「計畫經濟」「不可行」，換句話説，「計畫經濟」並不是蘇聯解體的內在主因。那麼蘇聯解體的主因到底是甚麼？霍姆斯在其《後共產主義》（***Post-Communism***）大著中直指是俄共與國內其他政治集團結盟，尤其是葉爾欽對著戈巴契夫搞兩個中央，趁機奪取政權，解構蘇聯所致。

難道是社會主義「無能」？也不是。柯茲調查指出，前蘇聯社會人民有百分之十贊成戈巴契夫「改革」前的社會主義，百分之三十六認同民主社會主義，百分之二十三主張瑞典社會主義，總之整個前蘇聯有百分之六十九人民依然擁護社會主義。至於蘇聯高層，也只有百分之二十六點七贊成資本主義社會型態，但是，這批政治菁英手中握有「離開」社會主義，實現「轉向」資本主義的「權力」。

蘇聯解體既然與社會主義沒有直接關係，那東歐共產集團崩潰是否與社會主義有關？答案有兩個：一個是「馬列主義」（一個變種的、教條的、異化的社會主義，實指史達林主義）在東歐的去勢。東歐共產國家，除南斯拉夫，都以馬列主義為政治意識形態，東歐一旦其官方意識形態去勢，其政權不瓦解也就很難；另一個是「史達林模式」的失敗。除了南共實行「南斯拉夫模式」外，「史達林模式」是東歐共產國家的主模式。「史達林模式」的失敗不能說是，也不等於是馬克思的社會主義（科學的社會主義）之「終結」或「死亡」，因為不論是馬列主義或是史達林模式，它們的社會主義性質與內涵都與馬克思的社會主義迥異。

蘇（聯）東（歐）波（蘭）巨變確是二十世紀結束前世界最大的政治事件，但充其量它意味著「歷史的共產主義」之失敗，但不等於社會主義走向「終結」，更不等於馬克思主義已經「死亡」。福山所說的「歷史的終結」，馬昆德（D. Marquand）所謂「資本主義與社會主義之間展開史詩般地鬥爭結束了，資本主義成了贏家」，達倫道夫（L. Dahrendorf）所謂「社會主義已經死亡」等等論述與言說，都是簡單地以「蘇東劇變」作為經驗檢證，但須知蘇聯與東歐終究是冷戰時期共產世界的一部分，亞里斯多德說過「部分」不等於「全體」，即使「各個部份」加總起來也不等於「全體」，這就是我們為甚麼在前面指出福山的論述與言說在邏輯上犯了「過分簡單化」謬誤（Fallacy of Over Simplification）。事實呈現的是，社會主義在東歐國家的經驗是「蘇聯模式」在東歐的失能，尤指「史達林模式」在東歐的去勢，根本不是、也不等於社會主義或馬克思主義已經終結。

不錯，社會主義一直受到資本主義的圍剿／圍堵，但毫無疑問的是，「社會主義」從馬克思發表〈共產黨宣言〉、出版《資本論》以來，也一直批判／挑戰著資本主義。社會主義是資本主義的一面鏡子，沒有社會主義，尤其是沒有馬克思的「科學的社會主義」對資本主義的批判，資本主義老早「自掘墳墓」。

「歷史終結」／「社會主義死亡」是西方政治世界言說下荒誕的「陰謀論」。西方世界自一九五〇年代起便對社會主義國家進行「圍堵」，蘇東解體／崩潰後，西方世界自認對共產世界「圍堵」成功，於今眼看社會主義中國崛起，以美國為首的西方資本主義政治軍事經濟霸權加速「遏制」中國，非讓「社會主義中國」崩潰乃致死亡不可，可惜不論是政治霸權或是軍事遏制，甚至經濟杯葛，都未能得逞，原因無他，社會主義在中國已經轉型，四十年前中國已經脫離俄式共產主義，放棄「史達林模式」，回到馬克思的科學社會主義，由「社會主義初級階段論」出發，將馬克思主義與中國發展之實際相結合，用「中國特色社會主義」建構出馬克思歷史唯物主義類型論下的「中國模式」。

總之，「蘇東劇變」既不能證明社會主義的「無能」與「死亡」，也不能反證資本主義的「優越」與「勝利」。中國特色社會主義在中國的實踐與發展經驗不但說明馬克思主義並不是一元的、封閉型的知識系統，相反，馬克思主義在社會實踐上是開放型的知識系統，它是階段線型與類型模式的辯證統一。

在中國大陸，「社會主義現實存在」的事實雄辯式地反證社會主義不但沒有「終結」，更沒有「死亡」，而是與時共進，繼續發展，甚至以「轉型」／「創新」的態勢對馬克思主義加以發展並走向未來。

新時代的社會主義——「中國特色社會主義」既為中國的「發展」找到了新的歷史定位，也辯證地否定了「社會主義死亡論」，更讓正統性的馬克思主義傳統克服知識與理論危機。

國家圖書館出版品預行編目資料

解讀馬克思 / 姜新立著. -- 4版. -- 臺北市：五南, 2019.08
面； 公分
ISBN 978-957-763-506-8(平裝)

1.馬克思主義

549.3 108010759

1P57

解讀馬克思

作　　者 — 姜新立（154）
發 行 人 — 楊榮川
總 經 理 — 楊士清
總 編 輯 — 楊秀麗
副總編輯 — 劉靜芬
責任編輯 — 林佳瑩
封面設計 — 姚孝慈
出 版 者 — 五南圖書出版股份有限公司
地　　址：106台北市大安區和平東路二段339號4樓
電　　話：(02)2705-5066　　傳　真：(02)2706-6100
網　　址：http://www.wunan.com.tw
電子郵件：wunan@wunan.com.tw
劃撥帳號：01068953

法律顧問 林勝安律師事務所 林勝安律師

出版日期 1997年10月初版一刷
1999年10月二版一刷
2010年 3 月三版一刷
2019年 8 月四版一刷

定　　價 新臺幣450元

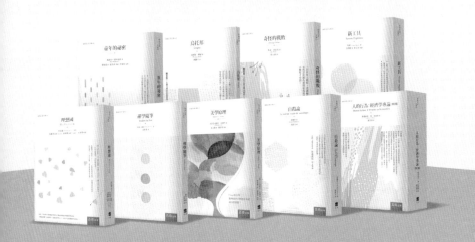

五南
WU-NAN
全新官方臉書
五南讀書趣
WUNAN
Books
since1966
Facebook 按讚
1 秒變文青
五南讀書趣 Wunan Books
★ 專業實用有趣
★ 搶先書籍開箱
★ 獨家優惠好康
不定期舉辦抽獎
贈書活動喔！！！